U0103239

鄭志明著

中國意識與宗教

臺灣學生書局印行

自序

自從投入「社會文化」這個學術領域之後，似乎與中文學界交往的少，反而與歷史、哲學、社會學、人類學等學科接觸的多，面臨到學術定位的問題。這幾年的摸索，我又重新拉回到中文學界來。

因爲我的研究不是歷史研究，雖然在研究課題上與歷史學界有相當大的重疊，可是關心的面向是不一樣的，不作歷史事實的陳述，偏重在文化意識的解析上，這樣的研究取向，在歷史學界中可能一點價值都沒有，可是在中文學界裏可以開出文化關懷的新視野。這種新視野，可以與哲學、社會學、人類學等學科合作，可是討論問題的面向是不一樣，中文學界關心的傳統社會自身意識轉化的問題，有著自己一套思維形態。

本書關心的課題就是傳統社會意識形態的問題，除了前面幾章是傳統經典的現代詮釋以外，大部份是針對當代社會的文化現象所作的評論，並釐清傳統價值意識在現代化運作的過程中可能引發的現實問題。這個研究取向對傳統知識份子來說，相當具有時代意義的，不僅要掌握到舊有的文化系統，還要緊扣住時代的意識脈動。

或者說，中文學界不是在研究中國文明的古老化石，而是繼往開來，展現傳統文明的再創力量。從這樣的角度，我願意繼續留在中文學界，這是我安身立命的地方，也是我繼續承先啓後的事業。就一個傳統的知識份子絕不會自滿於自身的學術研究，最重要的是要與大時代結合，供獻出自己微薄的力量，參與文化的傳承與轉化。

人生的遭遇是很難預測的，這一年來我有比較安定的生活，也較能深入的思考一些問題，生活就感覺到更確實一些，也就多了一些自信與自覺，人生的路是要靠自己勇敢地與踏實地走下去，至於是非成敗，又何必太在意呢？只希望自己能朝著理想不斷地精進罷了。

鄭志明

一九九三年一月二十日於北投大屯山下

中國意識與宗教　目錄

自序……I

第一章　緒論：文化意識與宗教之間……一

第二章　老子「人」的概念探述……五

第一節　老子二十五章中的問題……五

第二節　老子書中「人」的意義……六

第三節　地、天、道與自然的關係……九

第四節　聖人法道的意涵分析……一二

第五節　小結……一五

第三章　莊子內篇「人」的概念……一九

第一節　「人」的概念在思想上的意義……一九
第二節　天與人……二〇
第三節　眞　人……二四
第四節　至人、神人、聖人……二八
第五節　小　結……三一
第四章　試說無量壽經四十八別願的宗教精神……三三
第一節　往生淨土的大願……三三
第二節　四十八願的分類……三四
第三節　理想的人類本能……三六
第四節　理想的生命修養……三七
第五節　理想的社會狀況……三八
第六節　理想的宗教境界……四〇
第七節　小　結……四一
第五章　唐君毅先生的宗教觀初探……四三
第一節　唐先生的宗教關懷……四三

第二節 試論唐先生對宗教的理解……四四
第三節 哲學與宗教……四八
第四節 新宗教精神……五一
第五節 小 結……五五
第六章 儒釋道思想俗世化的危機與轉機……六三
第一節 俗世化的問題……六三
第二節 中國俗世社會的文化意識……六五
第三節 三教崇拜的社會……六八
第四節 理論學派與批評學派的整合……七三
第五節 小 結……七六
第七章 儒家崇拜與儒家社會
——兼評黃光國的「儒家思想與東亞現代化」……八一
第一節 儒家崇拜的由來……八一
第二節 對儒家思想的誤解……八三
第三節 識心與儒家崇拜……八六

第四節　交易與儒家社會……………………………九一
第五節　小　結……………………………………九六
第八章　清洪兩幫的忠義觀念……………………一〇一
第一節　幫派的文化意識…………………………一〇一
第二節　幫派教規中的忠義社會…………………一〇五
第三節　忠義社會的文化現象……………………一三一
第四節　小　結……………………………………一四一
第九章　老子思想對當前兩極化問題的化解之道……一四七
第一節　老子思想對現代社會的意義……………一四七
第二節　老子思想與威權體制……………………一四九
第三節　老子思想與兩極化問題…………………一五二
第四節　小　結……………………………………一五六
第十章　從殺害骨肉事件談基層社會的文化意識……一五九

第一節　基層社會的社會問題……一五九
第二節　民國八十年間的殺害兒童事件……一六二
第三節　事件背後的文化意識……一六六
第四節　小　結……一七二

第十一章　臺灣民間鸞書的神道設教……一七七

第一節　宗教與神道設教……一七七
第二節　尊神信仰與神道設教……一七九
第三節　神道的信仰與現象……一八九
第四節　神道的儀式與行爲……一九八
第五節　神道的觀念與境界……二〇六
第六節　修道的方法與工夫……二一四
第七節　人際的倫理與規範……二二一
第八節　小　結……二二八

第十二章　當今臺灣鸞書的政教立場……二三三

第一節　評董氏對民間宗教政教關係的認知……二三三

第二節　鸞書的政教理念……二三七
第三節　鸞書的政教主張……二四二
第四節　小　結……二五一

第十三章　當今臺灣鸞書的社會控制機能……二五五

第一節　宗教社會控制的三個面向……二五五
第二節　社會的失控現象……二五七
第三節　新舊社會控制有無調和的可能……二七一
第四節　小　結……二七九

第十四章　兩岸宗教交流之問題與展望……二八三

第一節　探親名義下的宗教接觸……二八三
第二節　大陸當局對宗教交流的態度……二八八
第三節　問題的分析與未來的展望……二九三
第四節　小　結……二九六

第十五章　當代儒學的宗教對談……三〇一
第一節　當代儒學的意義……三〇一
第二節　義理式的對談形態……三〇三
第三節　主題式的對談形態……三〇八
第四節　實用式的對談形態……三一〇
第五節　宗教對談的主要焦點……三一五
第六節　小　結……三一八
第十六章　臺灣民間宗教的成人教育……三二三
第一節　成人教育……三二三
第二節　「成人」教育的問題……三二四
第三節　「成人」教育的宗教性格……三二九
第四節　「成人」教育的人文性格……三三三
第五節　小　結……三三九

附錄：

當代（一九八〇—一九九〇）臺灣民間信仰研究的面向（摘要）……………三四三

第一章　緒論：文化意識與宗教之間

在西方近代文明尚未進入亞洲以前，中國文化在東方一直擁有著絕對優勢的領導地位，有其自成系統而又長久流傳的文化體系。這個文化體系也由於其宏博精微與兼容並蓄，常令人歎為觀止，將所有的眼光集中在形上而又超越的精緻義理上，對於形下的器物世界往往大而化之，避而不談。這種現象造成中西接觸之後，中國不僅不了解西方的社會，也不清楚自己的體制，一旦政治經濟不如人家，也賠上了社會與文化等整個實際運作體系。

在西方優勢的器用文明與社會體制下，也有不少知識份子從中西文明的對照之中發現中國文明不亞於西方文明，如唐君毅先生的「文化意識與道德理性」一書，從西方文化哲學的觀點來重新建構中國的文化哲學，涉及的層面有家庭、經濟、政治、國家、哲學、科學、藝術、文學、宗教、道德、體育、軍事、法律、教育等，在義理的疏通與詮釋上，也確實能展現出中國文化博大精深之處。問題是中國文化不是形上部分不如人家，而是在實際的運作中出現了差錯，即形上的價值世界是否完全地落實到現實的社會裏面，我們的傳統社會眞的能相應其精緻的價值理念嗎？假如不行，他們之間有何差距呢？現在有人說中國文明正在沒落，實際上就其形上體系而言，中國未曾沒落過，就其現實生活來說，中國早已在沒落之中了。

中國人最喜歡以五千年的悠久文化自豪，卻不敢眞實地面對數千年來早已沒落的事實與現象，原因是當中國文化體制面臨到困境時，上層的理性思想常會適時地提供文化的滋養，展現創造的活力；可是在實踐的安置過程有著形式異化的趨勢，有一套貌似理性思想的價值體系也在社會漫延，到最後依舊是理想的歸於理想，現實的歸於現實，這種價值的矛盾與文化的衝突，幾千年來早已存在了，只是我們教化體系常停在形上的迷思之中，用理性的價值體系把現實問題一一壓蓋住。今日大陸學者提出中國傳統社會的超穩定結構，也只不過是將過去所忽略的東西重新呈現出來而已，我們不該在理性文明中自我麻醉，也不該只是強烈地批判或譴責現實文明；理想與現實的價值體系都是我們的文化遺產，也都是我們所應該承擔的共同命運。

當務之急，是以行動的實踐來流暢價值的管道，使得理想與現實之間能達到一種均衡的境界。如此的實踐的行動，是全民所應該共同參與的，可是在長期的威權體制下有自覺的依舊只是少數的知識份子，而且在現實利益的牽制下，作爲主導的價值理念也常會被扭曲與誤導。或許首先要走的還是教育的路，透過學理的研究與事理的分析，在經由教育的傳播，成爲一種生活與知識的信念。此一前提還是要仰賴知識的傳播。

在現實社會裏的文化意識以宗教最具有潛在的傳播性，也具有著最大的感染力，可以成爲民間最大的教化主體，以其信仰的理念，轉化成生活價值的共同認知，形成了一套社會規範與倫理秩序。傳統社會是以儒釋道的天道思想作爲其主要的宗教信念，但是儒釋道思想同時也是構成中國主要價值的文化意識，故在中國社會任何的文化意識都與宗教有著密切的關係，故本書以宗教作爲切入點，探討傳統文化意識的生存原理，以及經由現實運作而成的具體社會規範。

本書原本計劃分成理想的理論體系與現實的價值運作兩部分，但是前面的部分體系相當龐大，且前人已有不少專門著作，故僅在第二章、第三章與第四章作一些小問題的討論，其它篇章集中在於現實問題的討論上，也是本書撰寫的主要目的與作用。

傳統的官方教化體系一直是以儒家文化自豪，很少自覺到其現實運作的難題，故本書省略了其理論體系的討論，著重在現世社會的經驗運作上。對於老莊的道家思想，一般多偏重在其超經驗的神秘體驗上，本書第二、三章則指出老莊思想仍然有強烈的人道關懷，亦重視個體生命的安身立命，其方法在於以虛靜爲體，來圓成自己，進而圓成衆生。佛教雖然是外來的，其思想文化卻自成體系，深入到中國社會的文化底層，是值得專門研究，筆者亦有此心，留待後日完成之，故本書第四章僅討論到無量壽經的理想世界與宗教精神，作爲以後佛教文化研究的肇端。

在對現實社會的價值批判以前，應先探討知識份子對此一文化現象的態度；唐君毅先生對宗教的研究相當深入，且主張談中國現代化絕不可以取科學而避宗教，甚至認爲理想中未來的中國文化，亦復當有一宗教。唐先生對宗教的期許是比較高，認爲宗教具有著人文世界的價值意義，應該是現代文明的重要基石。唐先生的這種肯定是有助於中國文化內在系統的自我完成，指出一種調適而上遂的可能之路。

不過唐先生對現實比較少批判，本書第六章直接指出儒釋道思想俗世化後的必然危機，這種危機是由儒家崇拜、道家崇拜與佛教崇拜所造成的，即三教的俗世運作已超出了三教原創精神的範限，落入到社會強制性的權力機制之中成爲謀求利益的手段。第七章對儒家崇拜與儒家社會有更深入的討論，指出傳統社會現代化的阻力，來自於儒家思想深入人心型塑而成的心理結構。第八章以幫會的忠義觀念爲例，對此種心理結構有進一步的說明，分析出冒似道德取向的儒家崇拜，其存在的困境。

第九章則以老子的思想來反省當前兩極化的社會問題，指出老子思想對東方文明的現代機能有著轉化與調適的可能之道。第十章則是一篇更人道主義的反省文章，注意到最低層社會的文化意識的問題，強調要有不同族群文化區隔現象的認知，來避免文化斷層的發生，使得上層理想取向的文化價值，能經由中層社會規範性文化的具體運作，對於下層社會個人的社會人格有著提昇的作用。第十一、十二、十三等章對臺灣基層社會的宗教現象有更具體的觀察，第十一章是對民間宗教神道設教的概念有較全面性的反省，可以瞭解到當今民間宗教神道設教的行爲動機，以及其背後的義理與價值。第十二章討論到民間宗教的政教立場，這是一個比較敏感的問題，也是一個值得重視的問題。第十三章討論民間宗教的社會控制機能，指出民間宗教如何在霸權宰制的空隙中開出一番天地，可是如此的發展也有其內在的文化隱憂。第十四章則對當前兩岸的宗教交流現象作一個通盤性的觀察，也對未來的可能性發展，提供出個人的淺見。第十五、十六章則對當代的文化思潮再作反省。

本書各個篇章對問題的各個討論，對學中文的我來說，仍然是一種嘗試性的研究，其中必然有很多不周延之處，願專家學者不吝指教。過去幾年的到處奔波，使我有著歸隱山林的念頭，今日終於定居於新北投的大屯山下，希望以後能投入更多的心力在這些問題上。

第二章　老子「人」的概念探述

第一節　老子二十五章中的問題

老子第二十五章云：「故道大，天大，地大，王亦大。域中有四大，而王居其一焉。人法地，地法天，天法道，道法自然。」這一段文字將老子形上學的幾個重要名詞：「道」、「自然」、「天」、「地」等字眼加以串聯，並說明彼此間的關係，架構出老子獨特的形上體系❶。

然而，這一段文句言約旨遠，歷年來經過多人的注解與詮釋，是引發爭議最多的地方，衆說紛紜，莫衷一是。首先是訓詁問題：「王」字是否應改爲「人」字，「人」字的實質意義爲何？其次是斷句問題，李約主張應讀爲「人法地地，法天天，法道道，法自然。」❷高亨承其說，懷疑此文原應作「王法地，法天，法道，法自然」❸，而帛書老子小篆本作「人法地法天法道法……」❹，下有缺文。最後是內容詮釋問題，人、地、天、道、自然等五者的層次相互關係，一直是學者所關注的焦點。

第二節 老子書中「人」的意義

此章「王」字是否應改爲「人」字，正反有兩派說法，各有其理論根據，主張「王」字是「人」字之誤的有吳承志、奚侗、陳柱等人，近人多根據他們的說法，將「王」字改爲「人」字。主張「王」字應保留的有蔣錫昌、高亨等人。茲將二派說法各舉一說爲例，主張應修改的舉吳承志之說作代表：

> 據大部：「大，天大，地大，人亦大，故大象人形。」許所據古本，「王」作「人」，證以下文「人法地，地法天，天法道。」作「人」是矣。「人」古文作「𡰥」，是以讀者或誤為王。❺

主張保留「王」字，舉蔣錫昌之說作代表：

> 老子屢以天、地、侯王與道並言，蓋以三者皆為道所生，而得其一體故也。……古者「人」、「民」二字往往互用，但此「人」字，則為人君之代名詞，不能解作普通的人民。五十八章：「人之迷，其日固久。」河上注：「言人君迷惑失正以來，其日已固久。」該「人」字亦用作人君之代名詞，其例正同。吳奚二氏執下文「人法地」之語，以為「王」應作「人」，不知「王」「人」一耳。❻

以上二種說法實可相輔相成，爲了語意連貫，該章二個「王」字可以改爲「人」字，但是必須依據老子書，將「人」字的意義作明確的界定。

老子一書「人」字出現的次數相當頻繁，大多與「聖」字連用，稱「聖人」共有三十一處，「聖人」一詞的使用多在結論部分，前加上「是以」二字，即以「聖人」爲老子的理想人格，是老子哲學思想的化身，如第二章云：「是以聖人處無爲之事，行不言之教。」「人」解釋爲一般人大多受詞使用，如云：「令人」、「救人」、「棄人」、「善人」、「殺人」、「愚人」、「示人」、「治人」、「傷人」、「畜人」、「加人」、「用人」、「使人」、「爲人」、「與人」等❼，當主詞使用時，加上「衆」字，成爲「衆人」❽。但是下列五章直接以「人」當主詞：

1. 人之所惡，唯孤寡不穀……（第四十二章）
   人之所教，我亦教之。（第四十二章）
2. 人之迷，其日固久。（第五十八章）
3. 人之不善，何棄之有。（第六十二章）
4. 人之生也柔弱，其死也堅強。（第七十六章）
5. 人之所畏，不可不畏。（第二十章）

這六句結構相同，在介繫詞「之」上使用「人」字，是有限定意義，與「人法地」的句型不同。「人法地」的句型在老子書裏僅此一見，故此「人」字的意義必須先加以界定。

「人法地」一段在第二十五章可以當結論看待，若依老子書的慣例應加上「是以」二字，則「人」也該換成「聖人」。就第二十五章的文氣看，此處的「人」不是普通人，也該是聖人，如蔣錫昌云：「解作普通之人民，則此般無智無識之人，亦安足與道同名爲大乎？」❾

亦即與道同名爲大的是「聖人」，而非「衆人」。

在老子書裏「侯王」或「王」一詞有聖人的意義，如下列幾章云：

1.知常容，容乃公，公乃王，王乃天，天乃道，道乃久，沒身不殆。（第十六章）

2.侯王若能守之，萬物將自賓。（第三十二章）

3.道常無為而無不為，侯王若能守之，萬物將自化。（第三十七章）

4.萬物得一以生，侯王得一以為天下貞。（第三十九章）

第十六章的文字也頗受爭議⑩，在斷句上，高亨疑原作「容乃公，乃王，乃天，乃道，乃久。」句型與第二十五章同，公王天道等字皆後人所益⑪，此處「公」、「王」等字王弼等注家當虛字解，蔣錫昌認爲應作實字解⑫，「公—王—天—道—久」的層次，與「人—地—天—道—自然」的層次頗爲相近，「公」與「王」的意義與「人」應有相通之處，皆有老子的「聖人」含意，黃茂材注「王乃天」云：「王者與天爲徒也。」⑬老子是以「聖人」的標準來要求侯王，第三十二、三十七章的侯王若能守之，則與聖人無異，故第三十九章云：「侯王得一以爲天下貞。」

老子是以「聖人」的理想來要求侯王，其心目中的侯王即是聖人，而非一般的人主。因此老子書裏，「聖人」常與「民」、「百姓」相對待，如第三章云：「聖人之治……常使民無知無欲。」第五章云：「聖人不仁，以百姓爲芻狗。」就老子全書而言，所謂「聖人」是指理想的人君⑭，其目的在於導正人民的生活，如第五十七章云：「故聖人云：我無爲而民自化，我好靜而民自正，我無事而民自富，我無欲而民自樸。」雖然老子書中的聖人是其理想人君的化身，但是其內在德性，應是莊子天下篇所云：「以天爲宗，以德爲本，以道爲門，兆於變化，謂之聖人。」聖人以天爲宗，即是法天的意思，以道爲門也就是法道。

綜合以上所述，第二十五章的「王」字即是「得一」的聖主，亦即聖人，所謂「王亦大」就是「聖人亦大」，「王處其一焉」就是「聖人處其一焉」，然而聖人之所以爲大，在於法地、法天、法道、法自然。

第三節　地、天、道與自然的關係

在老子書裏「天」、「地」二字經常並稱，與「道」的關係極爲密切，如第一章即云：「無，名天地之始；有，名萬物之母。」「天地」在老子的思想體系中與「無」、「有」的概念同等重要。學者認爲天地之始的「無」與萬物之母的「有」，都是指道而言[15]，天地與萬物的根源即是緜緜若存的「道」，故第六章云：「玄牝之門，是謂天地根。」天地的根源即是「道」的生化作用。

天地與萬物應該是同一個層次的變化，如第三十九章云：「天得一以清，地得一以寧，神得一以靈，谷得一以盈，萬物得一以生。」此處的「一」，即是第四十二章中「道生一」的「一」，天地的清寧與萬物的生長皆是道的生化作用，牟宗三先生認爲：「天地爲萬物的總稱，萬物爲天地之散說，天地與萬物其義一也，只隨文而異辭耳。」[16]書泰誓云：「惟天地萬物父母。」天地與萬物並稱，因此，第四十章云：「天下萬物生於有」的「萬物」，與

第四十二章「三生萬物」的「萬物」，實包含有「天地」的意念。

但是天地與萬物的不同，在於其自身的特性，比萬物更能凸顯道的存在，如第三十二章云：「天地相合，以降甘露，民莫之令而自均。」第五章云：「天地不仁，以萬物為芻狗。」王弼解為「天地任自然」、「天地無心而成化」皆說明天地自身的特性可以反映道的存在。有關天地的特性，老子曾云：「天長地久」注意其「長久」的特性，天地的長久在於道的「不自生」，即云：「天地之所以長且久者，以其不自生，故能長生。」（第七章）萬物有生有滅，受到形體的限制，故不能長生，而天地的長久純是道的妙用玄德，捨棄道的存在，天地的變化也都是有限的存在，如第二十三章云：「飄風不終朝，驟雨不終日，孰為此者，天地。天地尚不能久，而況於人乎？」飄風驟雨是天地有心自為，故不能久，人若有心作為，同樣也不能維持長久，故第五章云：「天地之間，其猶橐籥乎！虛而不屈，動而愈出。」天地存有道的廓然空虛，包容萬物，生化無窮，此即人法天地的基本特性。

天地反映道的存在，道的特性因天地而彰顯，從有形的天地之中取材與效法，領悟道的虛靈本體。在老子書裏則又常用「天」來與「道」並稱，稱之為「天之道」或「天道」，亦即天更接近道，可就天言道，道的實質意義由天來完成。第七十三章云：「天之道，不爭而善勝，不言而善應，不召而自來，繟然而善謀。」天不爭、不言、不召、繟然，似無所為，卻能善勝、善應、自來、善謀，似若有為，故第八十一章云：「天之道，利而不害。」效法天之道的聖人，則「為而不爭」能見素抱樸少私寡欲。為而不爭則適可而止明哲保身，如第九章云：「功遂身退，天之道。」此天之道符合老子一再強調的「玄德」：「生而不有，為而不恃，長而不宰，是謂玄德」（第十章與第五十一章）生育萬物不執其有、不恃其能、不自居主宰，即是清淨無欲的道心，才能功遂身退，知其所止，如第七十七章云：「天之道，損有餘而補不足。」

「天之道」應與「自然」同義，如第十七章云：「功成事遂，百姓皆謂我自然。」與第九章相對照，百姓皆謂我自然，是天之道的完成。「自然」一詞又見於第五十一章云：「道之尊，德之貴，夫莫之命而常自然。」是指道與德不支配干涉萬物，而無心無爲，因任自然，使萬物得以各遂其生[17]。任其自化自成即是天地的特性，道的特性，亦即自然的意義，如第六十四章云：「以輔萬物之自然而不敢爲。」任其萬物自生自長而不敢有爲，亦即「爲無爲，事無事，味無味」（第六十三章）的身退工夫。又第二十三章云：「希言，自然。」實與「不言而善應」同義，說明無言而順乎自然的道理[18]。

綜合以上分析，第二十五章的地、天、道與自然並非層次的問題，也不是各自獨立法則問題，應是一貫相通的。四者並提，在於提示「法道」的進路與特性，其主要的目的是說明聖人之所以爲大的內在德行與境界，故王弼曰：「所以爲主，其一之者主也。」[19]正說明聖人法地、法天、法道與法自然的一致性。是以無爲自化的道來涵育聖人，由於道隱無名，藉天地以明之，體悟「有物混成，先天地生」的道體妙用，並以「自然」來補充詮釋道體自生自成的法性。

第四節　聖人法道的意涵分析

第二十五章所謂域中有四大，道大，天大、地大與人亦大，不是四大並列，而是相混相成，如莊子天下篇云：「至大無外」又莊子秋水篇亦云：「大至於不可圍。」至大則無所不包，因此天大地大即是道大的涵攝，人亦大者說明人法道，而與道同其爲大，即由人之德彰顯道之大。「法」字爾雅釋詁解爲：「法，常也。」王弼注：「法，謂法則也。」墨子經上篇云：「法，所若而然也。」故人法道是法效道之大，以道爲常，成其人之大。老子書中聖人是顯現道的完美人格，故對聖人描述甚詳，可透過聖人的內在德行來探求法道的具體意義。「聖人」在老子形上思想中，具有特殊的意涵，必須加以強調[20]。

聖人的玄德是在體現大道，第二十一章云：「孔德之容，惟道是從。」聖人的德行是與道相冥合，發揮道體的境界與作用。聖人的這種德行，老子稱爲「玄德」、「孔德」、「常德」與「上德」[21]，契會道體的發用，形成聖人處世的態度與原則。聖人的處世智慧，是透過德向道回歸，與儒家的人生道德不同，徐復觀認爲：「道家的德，是提供人生以安全保證的虛、無；他的復性，乃在守住此虛無的境界與作用」[22]。

虛無的道在人生境界上即是「生而不有，爲而不恃，長而不宰」的玄德，第七十七章云：「是以聖人爲而不恃，功成而不處，其不欲見賢。」道的虛無即是聖人的無所爲，施與人而不自矜其能，「功成而不處」即是第九章的「功遂身退」與第十七章的「功成事遂」，

第二章又作「功成而弗居」，因不居功，所以不欲示其賢能於世，第七十二章云：「是以聖人被褐懷玉。」深藏不露，不求表現，懷道而行，第七十二章云：「是以聖人自知不自見，自愛不自責。」「自知」即第三十三章的「自知者明」，「不自見」即第二十二章的「不自見，故明。」不以己見爲見爲知，有內視之明，不外顯其知，同時也不自貴其身，即第八十一章云：「聖人之道，爲而不爭。」施於人而不與人爭。衆人慾望多，有爲而多事，而老子主張：「是以聖人去甚、去奢、去泰。」（第二十九章）去除一切有爲之心，回復爲而不爲。第六十四章云：「是以聖人欲不欲，不貴難得之貨，學不學，復衆人之所過。」爲而不爲，即「欲不欲」與「學不學」。衆人所欲，衆人所學，是聖人所棄，聖人在衆人不欲、不學處下工夫。這種功夫稱爲「抱一」，見於第二十二章云：「是以聖人抱一，爲天下式。不自見，故明；不自是，故彰；不自伐，故有功；不自矜，故長。」「抱一」之「一」即是道，道表現在「不自見」、「不自是」、「不自伐」、「不自矜」之中，亦即無私、無欲、無我、無爲，韜光晦迹，不顯露其才能，隨處而安，如第五十八章云：「是以聖人方而不割，廉而不劌，直而不肆，光而不耀，其不欲見賢。」

聖人的「抱一」在生活的準則中即是無爲，第二章云：「是以聖人處無爲之事，行不言之教。」所謂「無爲」應是第三十七章的「道常無爲，而無不爲」與第三十八章的「上德無爲，而無以爲」的意義，道以「無爲」爲常，一切順乎自然，似若無爲，却又能生化萬物，妙用無窮，則又無所不爲。聖人法道的意義即在此，法其無爲，而讓人民自生自長，如第五十七章：「故聖人云：我無爲而民自化，我好靜而民自正，我無事而民自富，我無欲而民自樸。」由無爲、好靜、無事、無欲導致人民自化、自正、自富、自樸，即是順乎道的自然作用。第四十七章云：「是以聖人不行而知，不見而名，不爲而成。」去除一切有爲心，不爲而成，即是「損之又損，以致於無爲，無爲而無不爲」（第四十八章）。這種無爲正是無常心於有爲，任百姓之自化，故第四十九章云：「聖人無常心，以百姓心爲心。」又云：「聖人在天下歙歙，爲天下渾其心。」亦即聖人努力爲百姓泯除辨析的念頭，隨感而應，順乎自然㉓。第二十七章云：「是以聖人常善救人，故無棄人；常善救物，故無棄物；是謂襲明。」聖人以「常善」救人救物即是導人入於道心，泯除外在的分別心，此即是聖人因襲道而來的智慧。

這種智慧是聖人無常心的虛靜明照，如第三章云：「是以聖人之治，虛其心，實其腹，弱其志，強其骨。常使民無知無欲，使夫知者不敢爲也，爲無爲則無不治。」「虛心」、「實腹」、「弱志」、「強骨」即是聖人內修自證素樸自足的明照，第十二章云：「是以聖人爲腹不爲目，故去彼取此。」去除慾望的追求，摒棄外物的引誘，呈顯自心的清靜無欲。無知無欲即守眞反樸，則能爲無爲而治平天下，此即第六十三章所示：「是以聖人終不爲大，故能成其大。」無爲治物，不自其大，却能表現天地與道之大。第七章云：「是以聖人後其身而身先，外其身而身存，非以其無私邪？故能成其私。」「後其身」、「外其身」即第十三章的「及吾無身」使生命歸於素樸，仿效天地之無私，彰顯存在的虛靜無爲。

第五節　小　結

「人法地，地法天，天法道，道法自然。」說明聖人經由「地」、「天」，法「道」之「自然」的相互關係，但是自王弼注以後，學者們認為地、天、道各有其性㉔，如鄭曼髯注云：「人何以法地？以其有生畜之德。地何以法天，以其有陰陽之道。天何以法道？以其能混成一也。道何以法自然？以其能從自然而然也。」㉕使得聖人與道的直接關係支離決裂，義理疏遠了。

在老子思想裏，「道」具有核心概念的地位，凡研究老子的學者必扣及「道」，且多反覆申論，言之甚詳，但是老子的「道」不是純思辯的形上理論，必須落在人事上，經由聖人品格與德性的實踐，才完全展開。因此聖人法道，是老子形上思想的關鍵所在，經由聖人生命的明覺修證，道體的妙悟，才具有眞實的意義。故老子這段文句直接視為聖人與道的相互實踐與完成，即可由致虛守靜，開出生命的微妙玄通，回歸素樸的本眞，印證令萬物自賓、自化的形上智慧。

注　釋

❶ 唐君毅先生在「中國哲學原論——原道篇」第八章以「人法地，地法天，天法道，道法自然」來疏解老子

的天道思想，足見這一段文字與老子的形上哲學關係密切。

❷ 見道藏本的李約「道德經新注」。

❸ 高亨，「老子正詁」（臺灣開明書店）第六二頁。

❹ 「帛書老子」（河洛圖書公司）第二五頁。

❺ 見於吳承志「橫陽札記」卷七。

❻ 蔣錫昌，「老子校詁」（東昇出版公司）第一七二頁。

❼ 以上詞彙見於老子第十二、二十、二十七、三十一、三十三、三十六、五十九、六十、六十一、六十二、六十八、七十九、八十、八十一等章。

❽ 見於老子第八、二十、六十四等章。

❾ 同注釋❻。

❿ 有關此段文字校注，參閱嚴靈峰，「老子達解」（華正書局）第八二頁。

⓫ 「老子正詁」第四〇頁，另第二十五章的「強爲之名曰大，大曰逝，逝曰遠，遠曰反。」高亨也疑原作應爲：「強爲之名曰大，曰逝，曰遠，曰反。」

⓬ 「老子校詁」第一〇五頁。

⓭ 嚴靈峰輯校，「老子宋注叢殘」（學生書局）第一五五頁。

⓮ 「老子校詁」第一四頁。

⓯ 王邦雄，「老子的哲學」（東大圖書公司）第七七頁。

⓰ 牟宗三，「才性與玄理」（學生書局）第一三〇頁。

⓱ 余培林，「新譯老子讀本」（三民書局）第八六頁。

⓲ 嚴靈峰，「老子達解」（華正書局）第一一三頁。

⓳ 此一句，學者們認爲句意不明，是爲錯簡，參閱「老子王弼注勘誤」（無求備齋出版）第二〇頁。唐君毅

先生指出「一」之一字，則又重見此四者之通貫義。（中國哲學原論原道篇第二九四頁）。

⑳ 袁保新，「老子形上思想之詮釋與重建」（鵞湖月刊第一一四期）第三二頁。

㉑ 玄德見於第十、五十一、六十五章，孔德見於第二十一章，常德見於第六章，上德見於第三十八、四十一章。

㉒ 徐復觀，「中國人性論史」（臺灣商務印書館）第三四〇頁。

㉓ 張起鈞，「老子哲學」（正中書局）第七七頁。

㉔ 王弼注：「人不違地，乃得全安，法地也。地不違天，乃得全載，法天也。天不違道，乃得全覆，法道也，道不違自然，乃得其性，法自然也。」

㉕ 鄭曼髯，「老子易知解」（中華書局）第三二頁。

第三章 莊子內篇「人」的概念

第一節 「人」的概念在思想上的意義

「人」這一個概念，是中國哲學思想發展的核心，在個體生命存在的基本要求下，哲人的形上智慧總環繞在人自身亙古常存的問題上打轉。如徐復觀認爲中國思想的發展，是澈底以人爲中心；總是要把一切東西消納到人的身上，再從人的身上，向上向外展開❶。王邦雄也指出吾國哲學思想，不管是儒家或道家，總是站在人之有限存在的體驗感受，再反省人之生命何以成爲有限的問題，並試圖就精神的修養，與道德的實踐，去打開即有限而可無限的可能之路❷。

但是對於「人」的理解，由於不同的思想進路以及詮釋系統，遂產生不同的觀念形態與精神境界，如荀子解蔽篇批評莊子「蔽於天而不知人」，即是二人對於「人」的概念各自有不同的詮釋方式，造成名實相互衝突與矛盾的現象。莊子不知「人」，則無法開展其內在生命的主體境界，「人」的概念是莊子思想的重心，有其自成圓融的詮釋系統，值得進一步探述，理解莊子如何以有限的個體存在，開拓出無限而又超越的生命價值與意義。

第二節　天與人

莊子內篇與外雜篇在思想體系上扞格不一，內篇條理一貫，首尾相承，自成一家之言，外雜篇大多爲莊子後學轉出的思想，雖亦有與內七篇相應相輔的學理鋪陳，宜視爲另一個思想系統做個別的研究，如對「人」的概念分析，內七篇直接就「天」與「人」的關係處兼通人我，朗現了宇宙的整體與生命的眞相，這種生命境界的超拔提升，是主體的靈明覺照下自我朗現，其「人」的意義消融在生命人格的精神涵養之中，而外雜篇則由外在形軀的心執情結，所引起的恐怖不安處，強調「人」應由危懼壓迫的束縛下解脫，擺掉世俗人情的風險叵測。

外雜篇對「人」的體會，是來自於現實社會的實際觀察，產生出對立性的衝突，如「在宥篇」云：

> 世俗之人，皆喜人之同乎己，而惡人之異於己也。同於己而欲之，異於己而不欲者，以出乎衆為心也。夫以出乎衆為心者，曷常出乎衆哉！

外雜篇特別注意到「世俗之人」的私心，其好惡的私心以及出衆的私心，是造成社會混亂與人性失落的根源。外雜篇對於這種私心，稱之爲「人心」，如「列禦寇篇」云：

> 凡人心險於山川，難於知天；天猶有春秋冬夏旦暮之期，人者厚貌深情。故有貌愿而益，有長若不肖，有順懁而達，有堅而縵，有緩而釬。

人心難測甚於知天，這是在現實生活的壓迫阻害中有感而發的悲情，尤其是人的表裏不一，易造成價值的混亂，而且任何維持現實社會秩序的原理與規範，桎梏了人明潔的心靈，在欺騙與作僞下歪曲了人存在的眞實意義，故「田子方篇」云：「中國之民，明乎禮義而陋乎知人心。」不知人心的邪惡，則難實踐禮義，理想與現實仍有一段距離，即「胠篋篇」云：「天下之善人少而不善人多，則聖人之利天下也少而害天下也多。」或者進一步云：「聖人不死，大盜不止。」故觀察人心的翻覆無定，可知外在的仁義法度，不但不能改變人心，反而攖亂人心，造成天下大亂，故「在宥篇」云：「女愼無攖人心。」且對變化無定的人心現象作說明：「人心排下而進上，上下囚殺，淖約柔乎剛彊。廉劌彫琢，其熱焦火，其寒凝冰。其疾俛仰之間而再撫四海之外，其居也淵而靜，其動也懸于天。僨驕而不可係者，其唯人心乎！」人心的反覆無常，使人句藏於自身的危機之中，故外雜篇強調「絕聖棄知」，克制人爲的衝動，達到「無以人滅天」（秋水篇）返歸於生命的本眞。

外雜篇對人的理解，側重在外在人事的弊端，而內七篇則著重在內在人格超拔的虛靜境界，如「德充符篇」云：

> 有人之形，無人之情。有人之形，故群於人，無人之情，故是非不得於身。眇乎小哉，所以屬於人也。謷乎大哉，獨成其天。

所謂「無人之情」即無人之私情，也就是前所謂的「人心」，然而外雜篇的「人心」含有理想與現實的對待，但德充符篇裏所謂的情，是針對德充於中並非外鑠的修養工夫上，談人形中的外在限制，要突破這種限制必須無情，所謂無情，如續云：「無情者，言人之不好惡內傷其身，常因自然而不益生也。」人有形體只是自然的存在，若能捨棄私情，不以好惡內傷其身，而能順依自然，則可絕俗超塵，與自然同體。

「人」這個概念除了無情外，尚須「忘形」，即德充符篇云：「德有所長，形有所忘。」又云：「所愛其母者，非愛其形也，愛使其形者也。」說明人雖有具體的形骸，却是個體的、局限的、隔閡的，存在了許多「形」限，若透過忘形的過程，可以凸顯出「使其形者」的超越力量，此力量即是德，即德充符篇云：「德者，成和之修也。德不形者，物不能離也。」超越形軀官能之上，有一成和之「德」來開展生命的意義。此「德」又稱之爲「心」，如「人間世篇」云：「形莫若就，心莫若和。」「大宗師篇」云：「彼有駭形，而無損於心。」亦即莊子所謂的「人」，不在於「形」與「情」，而是主體活動的「德」與「心」，形骸官能只是生命主體的寄身之「竅」而已❸，個體之竅可以共鳴宇宙整體的萬竅，以開展出人的主體精神世界。因此，莊子所謂的「人」，必與「天」並稱，如「大宗師篇」一開始即標出「人」的生命意義：

> 知天之所為，知人之所為者，至矣。知天之所為者，天而生也。知人之所為者，以其知之所知，以養其知之所不知。終其天年而不中道夭者，是知之盛也。雖然，有患，夫知有所待而後當，其所待者，特未定也。庸詎知吾所謂天之非人乎？所謂人之非天乎？

這段話對於「人」這一個概念有精確的界定，但是在義理的疏證上衆說紛紜，尤其是「所知」與「所不知」的義涵解說上有許多的分歧。莊子對「人」的詮釋，是透過天來確定，天人在本質上可以相通，故謂「知天之所爲，知人之所爲者，至矣。」釋德清云：「知天人合德乃知之至也。」所謂天人合德，是指人含有天德，知天之所爲不離人之所爲，二者可以貫通而知之，但是天德是自然而天生的，而人德在於「以其知之所知，以養其知之所不知」。唐師君毅認爲「所知」與「所不知」，當從人的主觀生命心知之「原」而言❹，所謂以「所知」養「所不知」，即所知的天德，來還原生命本原的人德。知道「天生人」，而在修爲上以「人養天」，即是兼知「天所爲」與「人所爲」，是知的至盛，也確實掌握了「人」的根本意義。

人的主觀生命心知之「原」，即是「天」，人的生命心知皆是天的自然流行，無窮而不竭，亦即天雖超越宇宙萬物之上，却又內在於宇宙萬物之中，故人可以透過自我的體證，達到天至高絕妙的境界，即天下篇所謂的「天人」——不離其宗，也就是「終其天年而不中道夭者，是知之盛也」的意思。人能盡人德，以應不可知的天命，終其分內應享的天年，即是天人交盡，生命境界的擴展提升，是眞正的知人以知天，故謂「知之盛」。這裏所謂的「知」不是形軀感官知覺的「知」，也不是知識分解作用的「知」，而是心知，即「德充符篇」云：「以其知，得其心；以其心，得其常心。」以知得心，是去除感官的知覺，不是耳目的作用，而是心的全體朗現，如「德充符篇」又云：「不知耳目之所宜，而遊心乎德之和。」因此人的意義不在於外在形軀耳目的作用，而是心德的合順，即養生主篇云：「以神遇而不以目視，官知止而神欲行，依乎天理。」天理即是心德的發用，是人生存的主要依據，其法則爲「緣督以爲經」（養生主篇）以自然作爲人處事的常法，如「人間世篇」云：「乘物以遊心，託不得已以養中。」順任自然而悠遊自適，是心靈的自由與和諧。

心知的貞定作用，在於自然，不爲形軀所拘限，如「德充符篇」云：「審乎無假，而不與物遷；命物之化，而守其宗也。」處於無待，不受外物的牽制，更能主宰萬物的遷變而已獨能守住不遷不化的本眞。因此，有待必有患，所待未定即是無待，當境忘知，然後無患，故謂「知有所待而後當，其所待特未定也」精神生命的超越，不是自我封限在某一種特定的現象上，而是生命主體的全般作用，當下天即人，人即天，天人一體，守其眞宗。人如何與天一體呢？「德充符篇」云：「道與之貌，天與之形，惡得不謂之人？」人的實質意義即是天道的展露，天道落實在人生命主體中消融合一，故「大宗師篇」云：「與造物者爲人，而遊乎天地之一氣。」亦即「齊物篇」所云：「天地與我並生，而萬物與我爲一。」人最大的悲哀，是困於形體，而不能彰顯天道的精神，如「齊物篇」云：「一受其成形，不化以待盡，與物相刄相靡，其行盡如馳，而莫之能止，不亦悲乎？」人若不能與天相合，則是一種假我的活動，天人合一的精神在形體之中困縛消毀，即是「成心」的障蔽，是自己的成見封閉了明照的心靈。

第三節　眞人

莊子對「人」的理解，是以人合天，將道具體地落實於人，亦即道的人格化，使人成爲涵容萬化感通物我的生命主體，這種超越物外的存在現象，是將人的生命由有待轉爲無待，與天道同體流行純然爲一，「大宗師篇」以「眞人」稱之，所謂眞人即是人格的道體化[5]，以人來彰顯至道的妙用。對於眞人如何溝通「天」與「人」，由下文可以探知：

其好之也一，其弗好之也一；其一也一，其不一也一。其一與天為徒，其不一與人為徒；天與人不相勝也，是謂之真人。

眞人者是豁然無所滯的生命境界，忘懷了美惡與好憎，在好與弗好的俗情下皆能抱一守眞，故天與人不相勝而相合，即是天人合一，在天理中涵攝人事，即道的人格化，故云：「其一與天爲徒。」在人事中寓藏天理，即人格的道體化，故云：「其不一與人爲徒。」天人相合，會歸於道，齊是非之辨，泯彼我之情，是天人不相勝的意義及其作用，以「眞人」來說明天不離人、人不離天的道體發用。

大宗師篇主旨在宗大道爲師，寫眞人體道的境界。將「眞人」與「衆人」做一對比，說明與道相合的境界，如云：「眞人之息以踵，衆人之息以喉。」眞人以道爲師，與道同體，有別於形軀假我的衆人，因此大宗師對於眞人特性的描述，有助於理解莊子理想人格的生命形態：

古之真人，不逆寡，不雄成，不謨士。若然者，過而弗悔，當而不自得也。若然者，登高不慄，入水不濡，入火不熱，是知之能登假於道也若此。

眞人與衆人的區別在於心知的作用，衆人將心知作用加到外在的慾望上，產生營謀、競逐等現象，導致人的存在只是純生理本能的存在，在是非、好惡的抉擇下，由對立引起物我的差別相。然而眞人的心知是泯除物我、泯除是非的知，回歸自然的虛明靈覺。因此眞人的知，是道的創生，以無爲柔弱來自生自長，忘却認知而因任自然，澈底把知覺作用消納掉，玄同於道而開展剛大自主的人格，故不以寡少而加以逆拒，不以成功而加以自豪，不以謀慮來圖求生存，人世間向外追求的慾望都是有限的存在，易造成抗拒迕觸的情形，唯有上體天心的無為，才能結開奔競爭逐的情識，做到「過而弗悔，當而不自得」的坦然自處，這是上達於道的眞知灼見。眞人自然渾沌的人格，除了去掉知覺外，尚須無思慮、情意、嗜欲，才能一體自然：

古之真人，其寢不夢，其覺無憂，其食不甘，其息深深。

衆人心知的定執，產生主觀的束縛，追逐形式上的價値，終日恍恍惚惚，睡覺時百夢紛呈，醒來時萬事煩憂，纏結於有限的身軀，掉落在驚恐憂疑的忙碌生活之中。眞人則超越形式，不以虛名妄執，在萬象流轉中，涵化自身的光輝，渾同於天地，自生自長，湛然永存，故睡時不做夢，覺來無憂慮，無口腹之慾，呼吸直入丹田，是以天的虛無妙用來順遂自身。衆人對生死也無法忘却，而眞人的人格則不以生死為念：

古之真人，不知悅生，不知惡死；其出不訢，其入不距；翛然而往，翛然而來而已矣。不忘其所始，不求其所終；受而喜之，忘而復之，是之謂不以心捐道，不以人助天，是之謂真人。

人的有限生命，是存在的最大困惑，當衆人用盡心機去保養其身，反而加速墮於死地。衆人大多是重生而畏死，而莊子認為死生有命，故謂「不知兩忘而化其道」，其結論為「故善吾生者，乃所以善吾死也」（大宗師篇）解除生死觀念的桎梏，任化而生，順化而死，是眞人的生命境界，與大化同體，不以自己的心智去傷害大道，不以自己的行為去輔助天然，忘懷形軀，直入天渾樸的氣象。眞人的人格形態，下面有更進一步的說明：

> 古之真人，其狀義而不朋，若不足而不承；與乎其觚而不堅也，張乎其虛而不華也；邴邴乎其似喜乎！崔乎其不得已乎！滀乎進我色也，與乎止我德也；厲乎其似世乎！謷乎其未可制也；連乎其似好閉也，悗乎忘其言也。

衆人專在儀容、行爲上下工夫，故有一定的形貌，而眞人一任萬物的自適，冥合大道，所以眞人的相狀無一定的形貌，行爲無一定的標準。比如他的神態巍峨却不至崩壞，他的處事堅硬却不固執，他的心志開濶却不浮華，他的心情舒暢却非心有喜事，是充實而有光輝的人，其德行寬厚，其精神遼濶，能優游自得，廢然忘言，無思慮而純任天然的抒發。這種消解相對認知的虛靈明照，是內在生命的主體修證，從人的存在朗現天的玄德妙用。

莊子是要離形去知，不受形軀物象的拘限，自作生命的主宰，故其「眞人」是通貫物我，開展自我無限的存有，以有別於世俗的衆人，又稱爲「畸人」，「大宗師篇」云：

> 畸人者，畸於人而侔於天。故曰：天之小人，人之君子；人之君子，天之小人也。

畸人即是不合禮教的方外之人，一般衆人拘泥於禮法，以煩亂的節文來取悅於衆人，而眞人則脫離禮法超然世外，雖不合俗於衆人，却契於天道。人間的君子受到禮法的限制，虧損性眞，是天之小人，所以莊子的眞人是要去除一切外在的束縛，甚至連道術也須忘情，所謂「坐忘」，即云：「魚相忘乎江湖，人相忘乎道術。」（大宗師篇）使人的存在本質超越一切相待的有限性，朗現與天契合無待的主體性。

第四節 至人、神人、聖人

莊子除了以眞人來說明人格的道體化外，在內七篇裏尙有至人、神人、聖人等詞，如「逍遙遊篇」云：「至人無己，神人無功，聖人無名。」眞人是就道的全體展現而言，至人、神人、聖人則就道的作用處加以形容，成玄英云：「至言其體，神言其用，聖言其名，其實一也。」郭慶藩輯「莊子集釋」更進一步云：「詣於靈極，故謂之至；陰陽不測，故謂之神；正名百物，故謂之聖也。一人之上，其有此三，欲顯功用名殊，故有三人之別。」❻至人是就本體而言，人與道爲一，與造化者遊，揚棄了偏執我見，會通萬物根源，故云無己。神人是就功用而言，人應道而變，乘萬化而不窮，雖功在萬世，却又無功可見，故云無功。聖人是就名相而言，人順道而化，與天地精神相往來，涵攝宇宙萬有而自由解放，雖有聖名，却民無能名，故云無名。

在內七篇裏對至人、神人、聖人三詞，亦有個別的詮釋，摘錄於後，再作探討。關於「至人」，「齊物論篇」云：

至人神矣！大澤焚而不能熱，河漢沍而不能寒，疾雷破山風振海而不驚。若然者，乘雲氣，騎日月，而遊四海之外。死生無變於己，而況利害之端乎！

至人虛己，體與物冥，故火水不爲災，風雨不能駭，即眞人的「登高不慄，入水不濡，入火不熱」之意，「乘雲氣，騎日月，而遊四海之外。」與「逍遙遊篇」云：「乘天地之正，而御六氣之辯，以遊無窮者。」彼此間的意義相類似，乘雲氣是消除人我對待，任天而行，即是乘天地之正了。去掉爲形軀所拘泥的己，則可回歸到萬化的根源，與日月常新，萬變而不窮，達到無對待而絕對自由的逍遙境界，不知是非、仁義等衡量的標準，連生死也無變於己，取消了以我爲中心的思考活動，上與造化者遊，下與外死生無終始者爲友。「應帝王篇」對至人如此形容：

至人之用心若鏡，不將不迎，應而不藏，故能勝物而不傷。

了無主客物我的對待，至人的生命是自我的解放，故用心若鏡，超越一切差別對立，涵融於萬有之心。物來物去，不送不迎，無所繫戀也無所聚注，使心不隨物牽引，保持靈明的本性，來觀照人生，故能勝物而無勞神之累。「人間世篇」云：「夫道不欲雜，雜則多，多則擾，擾則憂，憂而不救。古之至人，先存諸己而後存人，所存於己者未定，何暇至於暴人之所行？」所謂「先存諸己」是韜光晦迹，契合天道，世俗的人間勾心鬥角，雜事繁多。至人則在亂世中，以己化而物自化爲處世之道，亦即至人應物，順乎自然而遊心於其間。

關於「神人」，著重在「無用之用」，尋求自全以養神，如「人間世篇」云：「嗟乎神人，以此不材！」又云：「此乃神人之所以爲祥也。」點出人世間的自處之道在於自全其生，以免攖世禍。如何自全其生，「逍遙遊篇」對神人的自生有詳細說明：

藐姑射之山，有神人居焉，肌膚若冰雪，淖約若處子。不食五穀，吸風飲露。乘雲氣，御飛龍，而遊乎四海之外。其神凝，使物不疵癘而年穀熟。

應物而不逐物是神人凝靜而一的妙用。莊子將老子的人生哲學「守靜處虛」「專氣守柔」的觀念，內在於人的生命本身，做整體全幅的展現。將道落實在生命人格的涵養中，整個天地就是生命，在開濶無垠的天地下，交感主體生命的靈明，玄同於混渾，開顯天道的境界與作用。

「聖人」一詞，內七篇出現的頻率很高共有二十八次❼，其詞性大多出現在結論部分，與老子書用聖人一詞的情形頗爲類似，前加「是以」或「故」等連接詞❽。以「是以」作連接的有「齊物論篇」云：「是以聖人不由，而照之於天，亦因是也。」「是以聖人和之以是非而休乎天鈞，是之謂兩行。」指出聖人不偏執成見，而能調和是非，甚至因任是非，超越對待以入無待，所謂「道隱於小成，言隱於榮華」去除我執，法天之自然。以「故」作連接有下列二則：

1.故聖人有所遊，而知為孽，約為膠，德為接，工為商。聖人不謀，惡用知？不斲，惡用膠？無喪，惡用德？不貨，惡用商？四者，天鬻也。天鬻者，天食也。既受食於天，又惡用人。（德充符篇）

2.故聖人將遊於物之所不得遯而皆存。善夭善老，善始善終，人猶效之，又況萬物之所係，而一化之所待乎！（大宗師篇）

聖人能正名百物，辨別形軀假我的迷失，掌握存有的主體生命，因任自然，受食於天，絕俗超塵，忘却衆人機巧變詐的行爲，和光同塵契入虛明之境。聖人與衆人的差別在於：聖人不圖機詐，所以不用衆人的智謀；順任自然，所以不用衆人的固執；渾然無缺，所以不用衆人的市德；不求商利，所以不用衆人的財貨。人由天生，無心而爲，生養萬物，透過致虛守靜的主體修證，朗現聖人虛寂渾化的妙用。聖人悟出物我的根源，超然於生死，人世間的夭壽始終，悉任自然，這是天道的玄德妙用，助引人自身清靜自正的生命。

第五節　小　結

「人」這一個概念，在內七篇是將人直通於天，大宗師篇的眞人，即是一種無待的生命主體，通貫物我，展現人的無限存有，是心體的自覺與開拓，同時張其體明其用。其他至人、神人、聖人，雖就道的作用處加以形容，名雖異而質同，直與天地造化融爲一體。

莊子天下篇並列七種人：天人、神人、至人、聖人、君子、百官、民，宣穎解爲七等人，王邦雄則以上下內外的結構關係說明內聖外王的層次❾。內聖外王是人生命的根本價値。但是就內七篇而言，僅偏重在人天一體的聖化工夫，只談具體人格的眞實生命，不談人間禮教法政的外王事業，這可能牽涉到「道」落實到「人」的安置問題，虛明自照是形上之道的神體向人內在生命的收歛，若投射到外在的人事運作，將闇而不明，鬱而不發。內聖之德往外王通攝，易產生道的錯置，偏離了無對待絕對自由的精神境界。

人的外王事業，莊子繼承老子無爲的要旨，積極地成就每一個人內在的主體生命，消解治人的私欲，順物之自然，自安其性命，化除存在的壓迫。因此，莊子的外王即是內聖，以虛靜爲體來圓成自己，進而圓成衆生。可見莊子「人」的概念，是要離開形軀的制限，去掉知識的執著，解開人生的倒懸，彰顯眞實的生命，超拔提昇到絕對無待調適上遂的造化境界。

注釋

❶ 徐復觀,「中國人性論史」(臺灣商務印書館)第三六三頁。
❷ 王邦雄,「老子哲學」(東大圖書公司)七四頁。
❸ 王邦雄,「中國哲學論集」(學生書局)第九〇頁。
❹ 唐君毅,「中國哲學原論——原道篇一」(學生書局)第三七六頁。
❺ 張默生,「莊子新釋上」(洪氏出版社)第一六二頁。
❻ 郭慶藩輯,「莊子集釋」(河洛圖書公司)第二二頁。
❼ 陳冠學,「莊子新注內篇」(三信出版社)第二二頁。
❽ 老子一書聖人一詞前多加「是以」連接詞,參閱鄭志明「老子人法地、地法天、天法道、道法自然的義理疏證」一文。
❾ 王邦雄,「論莊子天下篇評析各家思想的理論根據」(鵞湖月刊第一一二期)第一二頁。

第四章　試說無量壽經四十八別願的宗教精神

第一節　往生淨土的大願

淨土思想，淵源於佛陀時代的念佛與生天的概念，是佛弟子夢寐嚮往的理想世界，希求擺脫現實的痛苦，追求永遠安穩的歸宿。因此佛陀爲了救濟衆生，設立解脫現實痛苦的方便法門，創立以念佛往生淨土的思想，以爲人們發大菩提心，廣修菩薩道，即可到達無量無邊的諸佛淨土世界。

往生淨土，不是單單解脫自我生存的困頓，自了於快樂安詳的享福，而是要立大心、發大願，將來與佛陀同樣救度衆生，發願以今世的成就，從事衆生的救濟工作，不僅個人解脫，也促成衆生都能解脫，此爲佛陀的本願思想，亦是淨土法門的主要教理。所謂「本願」，係指自身成爲覺者，同時使他人完成正覺的誓願，俾使理想的佛國世界早日完成。

本願一般分爲總願與別願兩種，所謂總願即四弘誓願：一、衆生無邊誓願度。二、煩惱無盡誓願斷。三、法門無量誓願學。四、無上菩提誓願證。總願精神大致上爲上求佛道，下化衆生的學佛決心，是原則綱領的提示，較爲抽象。別願則補充總願的不足，是較爲具體的誓辭，是本願思想完全展開，透露佛教普渡衆生的宗教情懷。

本文取無量壽經中的四十八願，重新加以分析，探討此四十八願在文化、社會、宗教、思想等四方面的具體意義與價值，進而探討佛教在中國社會的時代精神，及其教化的發展與功能。本文不是要討論佛理的殊勝，只因閱讀無量壽經時，以爲此段具有文化史研究的價值，因此不揣譾陋，妄以粗疏的理解，賦予新的闡釋，錯漏之處必多，說理未必完善，衷心盼望對佛理研究有興趣的同道們不吝指教，或導引出更精采的學術論著。

第二節　四十八願的分類

爲了解說方便，根據了慧的無量壽經鈔，設定四十八願的專有名稱：1.無三惡趣願，2.不更惡趣願，3.委皆金色願，4.無有好醜願，5.宿命智通願，6.天眼智通願，7.天耳智通願，8.他心智通願，9.神境智通願，10.速得漏盡願，11.住正定聚願，12.光明無量願，13.壽命無量願，14.聲聞無數願，15.眷屬長壽願，16.無諸不善願，17.諸佛稱揚願，18.念佛往生願，19.來迎引接願，20.係念定生願，21.三十二相願，22.必至補處願，23.供養諸佛願，24.供具如意願，25.說一切智願，26.那羅延身願，27.所須最淨願，28.見道場樹願，29.得辯才智願，30.智辯無窮願，31.國土清淨願，32.國土最飾願，33.解光柔輭願，34.聞名得忍願，35.女人往生願，36.常修梵行願，37.人天致敬願，38.衣服隨念願，39.受樂無染願，40.見諸佛土願，41.諸根具足願，42.住定供佛願，43.生尊貴家願，44.具足德本願，45.住定見佛願，46.隨念聞法願，47.得不退轉願，48.

得三法忍願。

以上四十八願，按慧遠的無量壽經義疏分爲三大類：㈠攝法身願：第十二、十三、十七願。㈡攝淨土願：第三十一、三十二願。㈢攝衆生願：其餘四十三願。日僧聖冏將慧遠的攝衆生願又分爲攝凡夫願與攝聖人願。攝凡夫願包括：攝自國願（一—十一、十五、十六、廿一、廿七、卅八、卅九），攝他國願（十八—廿、卅三—卅五、卅七）。攝聖人願包括：攝聲聞（十四）、攝善根願（分爲攝自國願廿三—廿六、廿八—卅、四十、四十六，攝菩提願廿二、卅六、四十一—四十五、四十七、四十八）。攝法身又作求佛身，成就佛的法身，攝淨土又作求佛土，成就淨土，攝衆生又作利衆生，利益十方衆生。以上的分類就誓願的對象加以區分。本文嘗試就誓願的性質與功能來區分：

㈠ 理想的人類本能：人最大的障礙，來自於有限的身軀，遭遇到許多限制，因此超越時空，顯現各種神通，完成各種妙用，是人夢寐以求的信仰憧憬。因此一旦自身成佛，也期求衆生能各顯神通。

㈡ 理想的生命修養：人格的圓滿完成，是求佛身的基本功夫，唯有從自身的功德著手，方能自利利人，已渡渡人，因此內心的修德，透過謙遜，無私慾等反省，方能成就正覺。

㈢ 理想的社會狀況：由於現實社會的痛苦，引起理想家鄉的願望，希望塑造出一個無災無難、清淨莊嚴的理想社會，俾使生命有個永遠安穩的歸宿。

㈣ 理想的宗教境界：宗教助人完成企求願望，著重在救濟人類生存的不足，因此宗教境界實包括前三種願望，也就是透過宗教的力量，作爲人類生活的精神指標。

第三節 理想的人類本能

這一類願望的有：三—九、十二—十五、廿六、廿九、卅、卅三、卅五等十六願。據此十六願勾繪出理想人類所具有的特性：人體的顏色以金色爲佳（第三願），而且無美醜的分別（第四願），無男女相的差異（第三十五願），身心柔輭（第三十三願），壽命無限（第十三願），長短自在（第十五願），即稱爲金剛那羅延身（第二十六願）。具備的本能有：宿命通（第五願）、天眼通（第六願）、天耳通（第七願）、心智通（第八願）、飛行自在（第九願）、聲聞佛法（第十四願）、智慧辯才無限（第二十九、三十願）。

不論任何時代與空間，因爲人類身軀的有限性，遭受自然環境的無盡壓迫，因此在人類的心靈裏萌芽產生各種人生思考，包括宗教、哲學、科學等具體反應。其中以宗教成效最大，幾乎支配了廣大百姓的意識型態。佛教雖然源生於印度，屬於印度文化的一部分，但是以宗教方式思考人生問題，具有普遍共存的特徵。無量壽經所描繪的人類本能的願望，我們也可以傳統的文化背景來解釋。

生命的長壽永生與社會的和諧安樂是一種追求現世利益的宗教理想，使人可以不必追求飄渺的未來，努力於現世的滿足，賦予人無窮的妙能。如此人類具有特殊保命延生的通靈法術，以消除困擾人類已久的生存問題。首先，生命的形態要澈底的改變，才能符合生命的再生，完成長生不死的願望，此種改變必然與當今的生命不同，現在的身體有一定形狀，遂產生男女、美醜、高短等差別相，而理想的人類應該突破形軀的固態化，形成柔軟長短自在又無男女美醜的金色人，所謂金色是金光閃閃，完全透過光來呈顯自己，如此可以任意往來人間施展各種神通，故飛行自在是人最大的願望，可以不受任何羈絆，表現超越形體永恆存在。其次宿命、天眼、天耳、心智等神通，是使人的靈魂與意志超越時空，與外在超能力相感應，化解許多不必要的生存煩惱。

第四節 理想的生命修養

這一類願望的有：十、十六、十八—廿二、三十七、四十二、四十四、四十五、四十八等十二願。理想的人類應具有向上發展的文化精神，可使人格圓滿完成。這十二個願望代表人類生存的價值需求：使人人無欲愛，不生貪念（第十願）；無惡心，無有不善（第十六願）；至心信樂（第十八願）；發菩提心，修諸功德（第十九願）；植衆德本，至心迴向（第廿願）；具足三十二相（第廿一願）；積累德本，渡脫一切（第廿二願）：修菩薩行，爲人天所敬仰（第三十七願）；得善分別清淨解脫三昧，住是三昧（第四十二願）；修菩薩行，具足德本（第四十四願）；逮得普等三昧，住是三昧（第四十五願）；得第一忍，第二第三法忍（第四十八願）。

佛教是倫理色彩濃厚的宗教，善惡的分辨極爲清楚，以爲惡的表現是以我執爲中心的貪、瞋、癡。是人我執我欲的放縱，故唯有消極的去除欲愛，不生貪念，才能獨善其身，但是消極的獨善其身仍是一種潛著的我執，要眞正打破我執，更須積極地開拓善端，以德行的淨化，達到生命的解脫。發菩提心，是企圖以道德打破我執，開拓新的自主世界，故「修諸功德」、「植衆德本」、「積累德本」、「具足德本」說明了道德與佛教修養有極密切的關係。善是成德的依據，亦是解脫的階梯，雖然宗教的理想是超越是非善惡，達到絕對平等的眞如涅槃境界，破除一切的存在假象，完成眞空妙有，但是欲達到此一境界，還是必須經由道德的實踐，方能完成清淨解脫三昧。

佛教重道德的修行觀念，與中國傳統的儒家教化相契相合，故能迎合百姓重現世的固有文化，巧妙爲民衆所吸收，進而混同於民間習俗。雖然佛教中國化的因素很多，但是佛教重道德的精神是不可忽視的重要一環。

第五節　理想的社會狀況

這一類願望的有：一、十一、二十七、三十一、三十二、三十八—四十一、四十三、四十六等十一願。發菩提心，欲往生淨土，即認爲淨土是人類理想的修行道場，也是一個完美的國土，呈現出和樂的社會秩序。這樣的社會，人類不再有地獄、惡鬼、畜生，人人可以取正覺脫離輪迴（第一願）；無滅度逐住涅槃（第十一願）；國土中一切萬物嚴淨光麗，形色特殊，窮微極妙，無能稱量（第二十七願），國土清淨猶如明鏡，覩其面像（第三十一願）；自地以上至於虛空，宮殿樓觀，池流華樹，國土所有一切萬物，皆以無量雜寶百千種香而共合成，嚴飾奇妙（第三十二願）；衣服隨念即至，自然在身，不必裁縫擣染浣濯（第三十八願）；身心無限快樂（第三十九願）；於寶樹中照見十方無量嚴淨佛土（第四十願）；國人具足諸根，未有殘廢之人（第四十一願）；壽終之後，生富貴家（第四十三願）；隨其志願，所欲聞法，自然得聞（第四十六願）。

每一個民族都有其共同的理想與願望，以滿足其心理與社會需求的功能，其中樂園的追尋，是人類嚮往的理想世界，居於人類對現實社會困頓，產生而成一種超越時空的樂園社會，這樣的社會，首先強調平等性與自由性，平等的表現是不再有六道輪迴，人人都可以取得正覺，也多可以證涅槃，消除生存的憂慮，又人人具足諸根，未有差異相，不致有殘全、貧富之別。自由的表現是人可以隨心所欲，欲聞法就能自然得聞，欲穿衣就能自然在身，最重要的是人人都能身心快樂，自由自在。

理想的社會景觀，是與現實社會完全不同，首先它是由人間罕見的金、銀、瑠璃、珊瑚、琥珀、瑪瑙、硨磲七寶所造成，其組合的方式是七重欄楯、七重羅網、七重行樹，樹是以紫金爲根、白銀爲幹、瑠璃爲枝，瑪瑙爲華，硨磲爲果實。上有樓閣，下有寶池，光明照耀世界，無山水高低之別，是一平坦大地的國土，四季永無寒暑，常保溫和。如此的樂園世界充滿了人類豐富的想像與奇幻的歌誦，具體表現出人類意識深處理想的時空環境。這樣的樂園世界，因中國自古以來常受水災、旱災以及各種人爲災害，以致由於生存危機，而易安頓於無災難的宗教追求，故能普及流傳，使淨土信仰，成爲民衆樂於接受而普遍存在的宗教。

第六節　理想的宗教境界

除了以上三節的別願外，其他別願歸類於此，包括有二、十七、二十三—二十五、二十八、三十四、三十六、四十七等九願。所謂宗教境界，是指宗教修持精進所完成的滿足感，是無限開拓的宗教情懷。這種情懷爲：經過修持，不再退轉三惡道（第二願）；我名聞於十方世界（第十七願）；承佛神力，供養諸佛（第二十三願）；在諸佛前，現其德本（第二十四願）；國中菩薩，演說一切智者（第二十五願）；知見道場樹無量光色（第二十八願）；世界衆生得菩薩無生法忍諸總持者（第三十四願）；常修梵行，至成佛道（第三十六願）；聞我名字不再退轉修道（第四十七願）。

四十八願可以說是以生天的福樂思想引人入信，進一步發揚往生淨土的定慧力量。就其本質而言，是以極樂淨土發掘自性的宗教情操，藉著佛力，成就一切衆生。成就衆生，救渡衆生，首先必須脫離輪迴，與迷妄的現象界完全斷絕，進一步完成解脫，呈顯眞空妙有。

阿彌陀佛以四十八願爲其救世的悲懷，表現其廣修功德迴向願生的修行善法。一切衆生的墮落生死，皆是無始惑業所致，若能使衆生聞我名號，以致專心修道，不再退轉，故能斷除惑業，常修梵行，終成佛道；若能使衆生聞我名號，而能承續佛力，現其德本，得無上正覺，則可以少掉許多自力的苦修，藉菩薩的大願，超凡入聖，得以渡苦海而獲解脫。就其內涵而言，最富有宗教精神，最能表現宗教情懷與理想的修行法門，也因爲具有簡易的實踐方法與普渡衆生的悲願，比一般修行法門，更具宗教性與超越力量的神秘信仰，故廣泛爲鄉土百姓所推崇，藉念佛以斷煩惱，以求永生。

第七節　小　結

四十八別願是阿彌陀佛以自己修道的成就，攝受衆生，使衆生依果修因，依淨境得淨智，普度上中下根，同成佛果，得涅槃三德（法身、般若、解脫）秘藏的快樂。如此的法門，由信生願，由願導行，以願代解，是簡易修行的佛法，順衆生避苦趨樂之心，因勢利導，而進一步圓攝一切。

就四十八願的內容分析，彰顯出佛教文化理想境界的價值內涵與解脫要義，是符合佛教積極創世的精神，一般念佛者久念此經，自然與佛意相通，產生締造理想國的悲情，因此念佛者不只在自身的往生西方，而在於帶願往生，以求自身早日開佛知見，具顯佛的智慧、佛的德相，進一步拓大要求呈現衆生心內諸佛，念念證眞，發菩提心，廣行利人事，以證理想樂園世界，解脫生存的困頓。如此，有著個人實踐履行的動力，共同爲理想的社會，積極的努力，則美好的人生，將會及時到來，故四十八願雖意在出世，卻有救世之功。

第五章　唐君毅先生的宗教觀初探

第一節　唐先生的宗教關懷

唐君毅先生對「宗教」的討論，在質與量上皆不亞於其他文化課題，幾乎將宗教、道德與哲學智慧等三者，蔚成生命存在與心靈境界的主要內涵，以爲宗教上的篤實信念，道德上的眞切修養，以及哲學智慧所養成的識見，互以廣大高明的心境，可以使人類世界得免於分崩離析與破裂毀滅之虞❶。

唐先生且曾指出宗教問題的複雜性與重要性，不亞於現代中國的任何文化問題，但是卻被中國學者與知識份子所忽略，成爲最未被客觀地認眞思索的問題之一❷。唐先生將宗教視爲人文的重要領域亦由來已久，如在「心物與人生」一書中，即肯定宗教的正面價值，認爲是天人之際的一種文化❸。其後，對宗教問題的審思，更是精闢入裏，討論的層面甚廣，可以說是當代新儒家最重視宗教的學者。

唐先生並未特意撰寫一部「宗教學」的著作，但就其與宗教相關的論文排列起來，在內容上卻是包羅萬象，幾乎涵蓋了整個宗教學的範圍。比如宗教定義的問題，唐先生在「人類宗教意識之本性及其諸形態」一文中❹，以三萬多字的篇幅來界定宗教意識，說明人類信仰的宗教意識之十種型態，以及宗教與其他文化活動的關係。唐先生最大的貢獻，即在以宗教義理的會通作比較宗教學的研究，對中西各大宗教的異同作相當深入的解析，如中西的宗教比較❺，中印間的宗教比較❻，世界各種宗教的比較❼。唐先生對宗教作綜合性的研討，其目的在於銷融各宗教間的衝突與矛盾，藉以凸顯出中國宗教思想的特色❽，指出中國宗教信仰的理想走向❾。

唐先生對宗教的研究來自於對文化關愛，立足於中國現代化的考量上。在中國現代化的討論上，大部分學者集中在民主、科學等論題，偶而旁攝到道德與倫理，絕少將宗教等量觀之。唐先生以爲科學宗教爲西方文化的重心❿，談中國現代化絕不可能取科學而避宗教，因此理想中未來的中國文化，亦復當有一宗教⓫。本文即以唐先生的宗教觀爲核心，討論宗教與現代化的文化問題。

第二節　試論唐先生對宗教的理解

宗教表面看來似乎是擺在眼前的明顯事實，但是要替宗教下一個本質定義幾乎是不可能的事，因爲馬上就會捲入到每個人均無法避免的「先有觀點」或成見之中⓬。故當前有關宗教的定義，展現出多樣性與歧異性，原因在於宗教並非一成不變的東西，它的伸縮性遠比我們所知道的還要大，且不停地變換面貌並轉移陣地，它不是以接受一個客觀存在的聖界爲唯一標準，更不是一種純粹主觀的意識形態，而是人類心靈與實在界之間的一種複雜的辯證關係⑬。

唐先生實際上已理解到宗教本身並非一種簡單的經驗，而是心靈藉以發現新的實在界的一種複雜活動，唐先生名之爲「宗教意識」，並且解析世界已存有宗教意識的十種形態，指出宗教意識即是個人整體經驗的感受形式，牽涉到個體主觀性的信念與意志，以決定其信仰的對象及其存在方式。唐先生以爲就人類的心靈活動而言，宗教意識有高低之別。其十種型態如下：

1. 最低之宗教意識乃信仰一自然神，而向之祈求助我滿足欲望之宗教意識。
2. 較高之宗教意識爲信仰有限之人神民族神或超自然神之無限神，而同時對之表示欲望者。
3. 求神滿足吾人來生之願望之宗教意識。
4. 求神主持世界正義之宗教意識。
5. 求靈魂之不朽以完成其人格。
6. 信神以克欲之宗教意識。
7. 不信神亦不執我之宗教意識。
8. 擔負人類或衆生苦罪，保存一切價值，實現一切價值，於超越世界或永恆世界之宗教意識。
9. 通過對先知先覺之崇拜以擔負人類衆生之苦罪之宗教意識。

10.包含對聖賢豪傑個人祖先民族祖先（即民族神）之崇拜皈依之宗教意識⑭。

唐先生所謂十種型態，即是指人類十種信仰的心理狀態，偏重在人類心靈的活動上，屬於宗教發生的內在條件⑮。然而信仰本身原即出於廣泛而又複雜的人心之需求上，以一絕對超越存有的力量，來結合自我心靈與外在世界。

這裏牽涉到信仰的內涵，必然存有著一個超越的神秘能力（神）。唐先生對此種理念採肯定的態度，以爲宗教意識恆原於感自己之無力解脫其苦罪，故皈依崇拜神以求神之助我解脫苦罪⑯。所謂的「神」，唐先生以爲有其轉變超升的階段。第一個階段是對地上自然之神的崇拜；第二個階段是移向天上日月星之神的崇拜；第三個階段再移向日月星之外，太空之天的崇拜；第四個階段以天爲無所不覆的永遠存在著，轉而形成一普遍永恆的神。到了第四階段以後，人要求天神爲一涵萬能具萬德的超越實體，足以滿足人們各種慾望的索求⑰。

由此可見，唐先生對宗教的理解並非純哲理的思考，亦即形上學的存有經驗與人類的宗教經驗是有段距離的，因形上學對存有的直觀不是宗教的，就像宗教對上帝的探討不是形上學的一樣，神的存有之獨立性與偶存事物之依賴性都不是形上學的論斷所能肯定⑱，因此有關「神」的討論必須進入到宗教學的領域。從唐先生前後的作品可以看出其從純哲理思辨的立場走出，以宗教經驗的態度來討論宗教問題，如一九三六年所發表的「中國宗教之特質」一文⑲，指出中國民族無含超越意義的天的觀念，中國民族不相信神有絕對的權力等，這些想法到後來多作了修正，首先他承認中國有類似西方的宗教信仰，唐先生稱之爲「原始宗教」⑳。

但是「原始宗教」在唐先生的宗教觀念裏是屬於起源問題，當解說「神」有不同轉變超升的階段時，即認爲宗教信仰先於哲理思辨而存在，故討論宗教問題時，可以外於哲理思辨，注意到宗教經驗的客觀事實。唐先生對於宗教經驗的觀察是相當細緻的，直接探觸到信仰的心靈層次，追問宗教經驗的感受程度及其表達方式。

一九四〇年代以後的著作，唐先生很明白的指出：「人類一切文化學術最初皆統於原始宗教」㉑，但是唐先生以爲東西方的原始宗教其性質差異甚大，歸納出中國原始宗教六點特性云：一、原始罪惡觀念的缺乏。二、神造世界、神造人等神話的缺乏。三、中國神話傳說中亦缺乏神之權力絕對高於人的想像。四、中國傳說中對於天帝的特殊意志無所規定。五、社稷之神、祖宗與天神之並重。六、命運感預言的缺乏㉒。基於以上的觀察，唐先生認爲中國原始宗教中對神的超越感以及神與人的距離感等觀念是相當薄弱的。在「論中國原始宗教信仰與儒家天道觀之關係兼釋中國哲學之起源」一文裏，指出中國的天道觀念擺脫了天神信仰四個不合理的成分，而成爲哲學智慧的道德意識。此四個成份爲：一、在原始的天神信仰中，恆視天神爲擬人的人格，而想像之爲能動作、言語、發命令之一實際存在的大人，此爲天神的人格性。二、爲以天神存在於吾人之心以外，吾人之心雖可與通，而其本身終爲超越於吾心者，此爲天神的外在性。三、爲人對天神有各種現實的希求與願望，且將我之慾望反映於天神，以天神爲有欲者，於是對之作交易式的祭祀與犧牲，此爲天人相對而有欲性。四、爲以人之外在的禍福，如貧賤富貴死生利害皆原於天神對吾人的賞罰；天神的賞善罰惡唯表現於人所實受之外在的禍福，此爲外在禍福與內在善惡的不相離性㉓。

唐先生認爲天道觀念與天神信仰是有差別的，由天道觀念發展出儒家的道德文明，與由天神信仰流傳下來的民間宗教，是屬於二個不同層面的文化課題。其早期「中國宗教之特質」一文所討論的宗教，是以儒家爲核心的文化現象，認爲儒家思想支配下的文化系統即是中國文化的主流。但是唐先生在解說宗教意識的十種型態時，已轉移到日常經驗的現實世界，認識到不同層面的個體各有其生活的價值，如其注意到民間道教思想的潛力，理解了其包容性的文化特色，爲知識份子及其他宗旨明朗的宗教所瞧不起的原因所在㉔。故唐先生後來對宗教的理解，不單是作一純理性的思索，而是探觸到個體心靈或生命的安頓，有著如宗教徒般的宏願：「爲四海之人道立極，爲世界之宗教立樞，以轉移世運，斡旋天心」㉕。

第三節　哲學與宗教

唐先生肯定宗教存在的價值，以爲人類心理上的宗教要求是有必要，人生無論在任何情境，實皆不能永不發生一宗教要求，則吾人決不能有任何理由，謂吾人的宗教要求爲不當有㉖。故唐先生不排斥宗教，以爲宗教亦具有人文世界的價值意義。儘管世間縱然沒有神，而人相信有神，願意相信有神，建立一神靈世界，即可以使我們不致只以物的世界或自然的世界爲託命之所，也可以平衡人類精神的物化或自然化，而背離人文的趣向。唐先生的這種主張，主要是反對科學的唯物論與馬克斯唯物論的人文觀，認爲這是斷絕人之慧命，斷喪人性的人文觀㉗。唐先生對宗教的肯定，是有積極的時代意義，如其爲宗教辯護，並非向已信宗教者說話，而是對不信宗教或未信宗教者說話，以使人更公認宗教在文化中應獲得地位[28]。唐先生並非是宗教宣傳家或傳教士，然為什麼急於要世人認識到宗教價值及其對人類文化之必需呢？

唐先生以為新人文主義者，不特不能反對宗教，而且要為宗教精神辯護，才能對治逐漸下墜而物化的文明與物化的人生。唐先生所直接要糾正的，即是馬列的唯物主義，其面對的是反人文的馬列主義何以征服中國大陸的問題[29]。唐先生以為中國人解決中國問題，根本上在於求自身立起之道[30]，亦即以德性為中心而全幅開展的人文世界[31]。宗教對於人文世界的建立有其正面的價值，至少是使人超越唯物之宇宙觀的一精神條件。唐先生分成兩個層面來作說明，一為社會大眾之求神化的嚮往，皆可以平衡其一往追逐物欲的趨向。二為人文化成的極致，也必須在社會文化上肯定科學與宗教的客觀地位[32]。

第一個層面是就信仰的本質而言，亦即一般人能信從超越的神，而依之以生宗教精神，並非是迷信頹敗，亦即不管任何一宗教之所信，是如何稀奇古怪，只要其所自發之要求是當有，此宗教之生起，在開始點，即是當有而合理的[33]。唐先生在這樣的觀念下肯定宗教種種活動及儀式，如謂：由我心求上達於天之理想或觀念，而有對天的信仰皈依之態度，遂有宗教精神。在宗教精神下，我們身體對神禮拜，此時我們身體之禮拜動作，即為宗教精神之客觀表現。我們呼神之名，即以口之發聲，表現我們之宗教精神。我們將香花奉獻於神，即以香花之物表現我們之宗教精神。此一切稱為宗教儀文[34]。

所謂宗教儀文，即是以某些儀式行為而賦予生命一種獨特意義，是由神聖經驗而來的歸屬感，以照明其所認知的經驗世界。當凡夫俗子投入其宗教感受時，唐先生呼籲人文學者勿以迷信視之，因爲衡量吾人的宗教經驗宗教意識及其境相時，吾人沒有權利以判定其爲主觀虛妄之物㉟。這牽涉到第二個層面，即宗教有其客觀存在的地位，並不影響人文世界的完成，亦即所謂「人文化成」則一切人的文化皆在內，宗教亦在內，中國人文思想，自來不反天而只贊天，故我們對文化的態度，亦不須從反神反宗教之精神開始㊱。自五四時代崇尚科學之口號下，以宗教爲迷神斥爲不科學，一時反宗教的氣燄囂張，甚至讓共產黨乘勢而起。唐先生面對這股風潮加以排斥，謂不能肯定科學以外之文化活動的價值，亦不能眞建立科學。並指出信仰因其爲自人之超現實世界的心靈所發出，故亦非人據現實世界的情狀而加以否定者㊲。

唐先生以爲中國文化缺乏類似西方科學與宗教之精神狀態㊳，以至面對西方文化的衝擊下，必須貫通的發展民族生命文化生命之精神使命㊴。唐先生以這樣的態度將宗教問題擺在文化的大脈絡中來討論，以爲宗教原爲人類精神生活之一最高表現㊵，中國的文化內涵都與宗教有著密切的關係。換句話說，中國文化的主體精神融攝於原始宗教信仰之中，復轉而支配了中國人後世宗教精神㊶。

唐先生提出如此的觀念是爲了修正中國只有倫理道德而無宗教信仰的看法，在其「中國文化與世界」的宣言裏，呼籲世界人士研究中國文化，勿以中國人祇知重視現實的人與人間行爲之外表規範，以維持社會政治之秩序，而須注意其中之天人合一的思想，從事道德實踐時對道之宗教性的信仰㊷。唐先生不認爲中國無宗教，亦不主張中國不須有宗教，而認爲中國自古以來實信天爲一宇宙之絕對精神生命實體㊸。雖然孔孟將宗教性的天神意識轉而爲哲學上的天道意識㊹，但是形上學的思索並不能取代宗教性信仰，或者說：唯有在信仰之前，才能安頓此作形上學思索者的心靈或生命㊺。

哲學雖然不能建立宗教，但是可以期望宗教㊻，導引宗教的發展，有助於宗教意識的開拓與提昇。或者說哲學與宗教有著共同的原始動機與終極目的，即在解決其在生活中所眞切感到的問題，以使其生活有一最後的安頓寄托㊼。亦即哲學的形而上思索與領悟，有助以成就吾人之純粹的宗教活動㊽。但是唐先生反對庸俗化的知識文化之學，而深愛著宗教，兼肯定各宗教之價値與地位，而望其存在發達㊾。唐先生是正面肯定宗教，甚至以爲哲學家必須有所信仰，以其自己的覺悟或信仰，來啓發他人的覺悟或信仰㊿。但是唐先生並非獨斷的取任一宗教的教義爲標準，而是強調各宗教復位於各人的宗教精神，自飽滿充實於其所托的形式51，提出了「宗教良知」的主張，以協調和融各宗教，而使之各得其所，而永絕各宗教徒間互相輕藐之意52。

第四節　新宗教精神

唐先生是以「宗教良知」作爲其終極關懷，以爲中國社會文化的未來發展，必須自覺地肯定宗教的價値。但是其所謂的宗教價値之內涵爲何呢？唐先生指出必須建立一種確立現有的不同的宗教之不同的價値思想，以眞實的成就宗教間的相互寬容，與互認對方之長而相互取資，以求宗教精神的融通，化解人與人間由宗教信仰的分歧所造成的對峙與衝突[53]。這是一種悲憫之情，希望化解掉世界各大宗教間彼此的誤解、軋轢、衝突等問題，此即其長久以來的期望，要求世人能發展出一大情感，以共同思索人類整個的問題[54]。所謂宗教的一大情感，並非要建立一個融合一切宗教的宗教[55]。仍在於各宗教徒依自己的宗教良知與良知所統率之純知的理性與經驗，成就新宗教精神[56]。

唐先生心目中的「新宗教精神」，即為了摒棄世間一般宗教的種種流弊，其方法則只在人的充量發展而至乎其極的仁心處而言宗教信仰[57]。所謂「宗教良知」即是仁心，是順著儒家思想所發展而出。這牽涉到儒家是否為宗教的問題，唐先生指出儒家精神，亦有與一切人類高級宗教共同之點，此共同點即其宗教性。今後之儒家思想，亦將不只以哲學理論姿態出現，而仍可成為儒者之教。此儒者之教與一切宗教有著共同點，即重視人生存在自己之求得一確定的安身立命之地[58]。

從儒者之教的內涵而言，是要人之充極其善良的心之量而表現之，故依儒家思想儘可不贊成其他宗教信仰的若干內容，但我們必須肯定其他宗教徒，亦是一個人，而當尊重其信仰，以求了解之[59]。唐先生曾以此種理性的人文態度，撰寫「儒家之學與教之樹立及宗教紛爭之根絕」一文，以為儒家之學與教的樹立，可以協調世間一切宗教衝突，而安和天下[60]。故唐先生的新宗教精神，並非新創一個宗教，而是依孔孟宋明儒精神之轉進而自覺的表現出，亦即新宗教精神乃由吾人道德文化精神之充量表現而自覺建立的[61]。或者說：新宗教精神即是發揚即道德即宗教的中國儒者之學[62]。其所謂「新」是針對文化的花果飄零而言，作自植靈根的創造性實踐[63]。

另一方面唐先生的新宗教精神是針對儒學的流弊而言，以爲反宗教、反形上學而祇自局限於人的現實存在之儒學，決非緣孔孟宋明儒之儒家精神的向上發展，以更升進的儒學[64]。唐先生以爲極致的儒學，是貫宗教、哲學與道德精神以爲一，斯即中國宗教精神之極高明而敦篤厚的至誠[65]。唐先生秉持著如此的文化信念，在其晚年綜合了他一生的學問，完成了「生命存在與心靈境界」的鉅著[66]。此一最後的著作，也是一部總結性的書，實是面對古今中外各種形態的「文化、宗教、哲學」，所作的一種新的判教工作，來「別同異、定位序」，以建立綜攝融通的基準和軌轍[67]。

這一部一千二百頁的大著，在導論中提出「哲學之目標在成教」的一貫主張，以爲不同領域與層次的文化活動，皆統攝於人的生命心靈裏，以成學而成教[68]。全書的歸趨，則不出「立三極」（人極、太極、皇極），「開三界」（人性世界、人格世界、人文世界）、「成三祭」（祭天地、祭祖先、祭聖賢）[69]。唐先生有關宗教精神的討論是以「成三祭」來作說明，以爲儒家三祭之禮，正可以融通各大宗教而使之各得其所。

唐先生以爲三祭的教化意義，除了重自然生命的安頓外，亦重開拓人之純粹的精神文化之生活[70]，是立三極與開三界的基礎。其所祭的精神，即是先秦儒家所謂大報本復始，使吾人復回天地之化生萬物的根源處，重新攝住與貞定，肯定一保存一切有價值者之超越的絕對存在，斯可致價值之生發創造與保存之圓滿與悠久[71]。有關「報本」的觀念，唐先生曾撰「說中國人文中之報恩精神」一文中指出：人之所以報天地生人之恩，以使全宇宙合爲一之大恩澤所流行之境界者72。故三祭是中國儒者崇效天卑法地的報恩精神，既教人於禮上謙卑，又教人於智上高明，乃為宗教道德之極致，由此可知完滿之宗教，不僅當事神如有人格，必包含事人如有神格。亦唯由此而後吾人對異教中之人格，能加以尊禮崇祀，以成就一兼祀天與祀人，天人並祀之新宗教精神73。

新宗教精神是以自覺心的向內凝聚，肯定各種宗教的存有之禮。唐先生雖曾注意到回教與道教74，但是其判教的對象則以基督教、佛教與儒家為主，即是終三境的觀神界的「歸向一神境」（神教境）、觀法界的「我法兩空境」（佛教境）、觀性命界的「天德流行境」（盡性立命境，儒教境）75。此終三境超越主客的相對，都屬於「超自覺境」，其彼此間的關係，唐先生曾舉例說明云：依一神教之勝義，則人與神覿面相遇時，超越之神必化為內在而屬私，如神秘主義之說；依佛教之勝義，佛自以大悲普度為其心性，視衆生如子，則內在者亦化為超越而大公，則二義終當交會；依儒家義，則人當下之本性本心，在人未盡之之時，亦是潛隱，而屬私，然當人盡心盡性，而全幅顯現，則亦必普萬物而無私76。

由此唐先生認為儒者的盡性立命之道，在根本上乃一中正而圓融之道，即執兩用中之道，使兩端之相繼而次序為用77。此即唐先生判教的基本內涵，以為歸向一神境所遇到的困難在於要對此所歸向的一神之存在的證明，我法二空境所遇到的困難是佛教徒要否定與他們所嚮往的涅槃境界相對立的現實世界。儒家同時面對這兩種困難，提出由人的道德實踐上展現出一超越的境界，不走歸向上帝或否定現實人生的路，而是要在現實有限的生活現象見到一超此現象，而要藉此現象以表現的另一價值的意義。除了由人欲中見天理外，道德價值、意義世界、聖賢人格皆在現實有限的生活中呈現，亦即在人人所藉以過日的倫制的生活中呈現[78]。

唐先生理想的新宗教精神，即直接依吾人注重於「人與人精神之貫通」中，於人倫人文世界中見天心，而置人間於天上的宗教精神[79]。故新宗教不在於獨斷的教條、生活的禁戒與宗教的組織儀式，而是由道德的實踐，以達於知性、知天的形上學境界，而有一無私求的承天、祀天、以及承祀祖先聖賢之鬼神的禮樂，以表現一充實完滿的宗教精神[80]。唐先生肯定這種宗教精神，即是希望中華子女能自信自守、自尊自重，發揚五千年華夏民族凝攝自固之道[81]，疏通出新的生存方式，以來協調世間一切宗教衝突而安和天下。

第五節　小結

本文將唐君毅的宗教觀念作初步的建構，主要是想化除目前學者二種不當的解讀方式，其一以爲唐先生主張儒釋道三教可以結成一單純的超越信仰，而歸向於一神的神教境[82]。另一以爲唐先生的九境說並非宗教，只是側重在心靈的活動罷了，不能視之爲宗教。這兩種心態剛好各執兩端，而不知唐先生用中的判教精神。其盡性知命的道德實踐，可容許有種種超越的信仰，轉入人之生命的核心[83]。可以消解掉外轉、下轉的生存與文化危機，應世而生之宗教道德與哲學的大方向[84]。

唐先生以豐富的宗教知識作哲理的思考，提出新宗教精神的文化意識，是當今新儒家的第一人，以宗教良知爲主導，通觀了文化心靈活動的全部內容。本文僅是緒論而已，初探唐先生終極關懷的核心所在。至於唐先生整個宗教理論的解析，則有待二探、三探……。

注釋

❶ 唐君毅，「生命存在與心靈境界」（學生書局，一九七七）後序——當前時代之問題，本書之思想背景之形成及哲學之教化的意義，第一一四三頁。

❷ 唐君毅，「中國人文精神之發展」（學生書局，一九七九第五版，初版一九五八）第三三七頁。

❸ 唐君毅，「心物與人生」（亞洲出版社，一九五四）第一四〇頁。

❹ 唐君毅，「文化意識與道德理性」（學生書局，一九七五再版，初版一九五八）第七章人類宗教意識之本性及其諸形態，第一五六—二〇八頁。

❺ 有關中西宗教思想的比較，見於「哲學概論」（學生書局，一九七五第四版，初版一九六一）第三部第七章、第九章、第十章、第十一章、第十九章等。「生命存在與心靈境界」第十九章、第二十章、第二十一章等。「人文精神之重建」（學生書局，一九七四再版，初版一九五五）第二部中西文化之省察，第八三—一〇四頁。

❻ 有關中印宗教思想的比較，見於「哲學概論」第三部第十八章，「生命存在與心靈境界」第二十二章、第二十三章、第二十四章。「人文精神之重建」第五部印度與中國先哲之宗教道德智慧之方向，第四八一—四九九頁。

❼ 有關各大宗教的比較，以「宗教信仰與現代中國文化」一文最爲精闢，收入「中國人文精神之發展」第三三七—三九九頁。

❽ 唐君毅，「中國文化之精神價值」（正中書局，一九五三）第二章中國文化與宗教之起源，第十四章中國之宗教精神與形上信仰。

⑨ 唐君毅，「中華人文與當今世界」（學生書局，一九七五）第三部儒家之學與敎之樹立及宗敎紛爭之根絕，第四五六—四九二頁。

⑩ 唐君毅，「人文精神之重建」第八四頁。

⑪ 唐君毅，「中國文化之精神價値」第三八七頁。

⑫ 參閱項退結，「宗敎的定義與宗敎哲學」（「中國人的路」，東大圖書公司，一九八八）第二一七頁。

⑬ 參閱 Louis Dupré 著，傅佩榮譯，「人的宗敎向度」（幼獅文化公司，一九八六）第一—二頁。

⑭ 「文化意識與道德理性」第一八八—二〇〇頁。

⑮ 參閱林惠祥，「文化人類學」（臺灣商務印書館，一九七九臺六版）第二七七頁。

⑯ 「文化意識與道德理性」第二〇三頁。

⑰ 「中國人文精神之發展」第三五〇頁。

⑱ 同注釋⑬，第三十六頁。

⑲ 收入唐君毅，「中西哲學思想之比較論文集」（學生書局，一九八八）第二四一—二五四頁。

⑳ 「原始宗敎」原爲文化人類學家最常使用的術語，以爲哲學家所研究的宗敎，只是含有哲學意義的敎理，只限於高等宗敎，實際上宗敎仍包含未有哲學意義的低級宗敎，人類學家稱之爲原始宗敎，同注釋⑮第二七三、二七四頁。唐先生四〇—五〇年代間的論著，使用「原始宗敎」一詞的頻率不低。

㉑ 唐君毅，「中國科學與宗敎不發達之古代歷代的原因」原發表於一九四七年七月「文化先鋒」七卷一期，收入「中華人文與當今世界補編」（學生書局，一九八八）第一〇七頁。

㉒ 同注釋㉑，第一〇〇—一〇五頁。

㉓ 「論中國原始宗敎信仰與儒家天道觀之關係兼釋中國哲學之起源」原發表於一九四八年三月「理想歷史文化」第一期，收入「中華人文與當今世界補編」，第一五九頁。

㉔ 唐君毅，「宗敎信仰與現代中國文化」原發表於民主評論第七卷二十二期（一九五六年十一月），收入「中

國人文精神之發展」，第三六三頁。
㉕ 同注釋㉔，第三九九頁。
㉖ 唐君毅，「中國之宗教精神與形上信仰」約四十年代後期的作品，爲「中國文化之精神價值」第十四章，第三一五頁。
㉗ 唐君毅，「理想的人文世界」，一九四九年五月，民主評論一卷二期，收入「人文精神之重建」一書，第五三—五四頁。
㉘ 唐君毅，「宗教精神與現代人類」，一九五〇年三月，民主評論一卷十九期，收入「人文精神之重建」，第二三頁。
㉙ 唐君毅，「中國人文精神之發展」，一九五四年五月祖國周刊十卷九期，收入「中國人文精神之發展」一書，第三七頁。
㉚ 唐君毅，「人的學問與人的存在」，一九五七年二月，民主評論九卷四期，收入「中華人文與當今世界」，第一〇八頁。
㉛ 唐君毅，「科學世界與人文世界」，一九四九年五月，民主評論一卷一期，收入「人文精神之重建」，第三九頁。
㉜ 同注釋㉘，第二二頁。
㉝ 同注釋㉔，第三四八頁。
㉞ 唐君毅，「人文主義之名義」收入「人文精神之重建」第六〇一頁。
㉟ 同注釋❹，第一八二頁。
㊱ 同注釋㉘，第二〇頁。
㊲ 同注釋㉔，第三四六—三四八頁。
㊳ 同注釋㉑，第九〇頁。

❸❾ 唐君毅，「中國清代以來學術文化精神之省察」，一九五〇年五月民主評論一卷二十四期，收入「人文精神之重建」，第一二五頁。

❹⓿ 唐君毅，「儒家之學與教之樹立及宗教紛爭之根絕」，一九六四年八月二十七日大學生活，收入「中華人文與當今世界」，第四五七頁。

❹❶ 唐君毅，「中西文化精神之比較」，一九四七年三月東方與西方第一期，收入「人文精神之重建」，第九五頁。

❹❷ 「中國文化與世界」爲牟宗三、徐復觀、張君勱、唐君毅等人共同宣言，初發表於一九五八年，收入「中華人文與當今世界」，第八八四頁。

❹❸ 唐君毅，「中國文化之創造」，收入「中國文化之精神價值」，第三八七頁。

❹❹ 同注釋㉓，第一六八頁。

❹❺ 同注釋㉔，第三五二頁。

❹❻ 同注釋❹❸，第三八七頁。

❹❼ 唐君毅，「我對於哲學與宗教之抉擇」，收入「人文精神之重建」，第五五七頁。

❹❽ 同注釋❹，第二〇六頁。

❹❾ 同注釋㉔，第三七五頁。

❺⓿ 同注釋❹❼。

❺❶ 同注釋㉔，第三七〇頁。

❺❷ 同注釋❹❼，第五八七頁。

❺❸ 同注釋㉔，第三四三頁。

❺❹ 同注釋❹❷，第九二五頁。

❺❺ 同注釋㉔，第三六八頁。

56 同注釋47，第五八七頁。
57 唐君毅，「與勞思光先生論宗教書」，一九五五年二月十六日民主潮第五卷第四期，收入「中華人文與當今世界補編」，第二六三頁。
58 同注釋24，第三七三頁。
59 唐君毅，「世界六大宗教了解堂之建立之感想」，一九五〇年十月民主評論十二卷十二期，收入「中華人文與當今世界」，第四九八頁。
60 同注釋40，第四七七頁。
61 同注釋43，第三八七頁。
62 同注釋47，第二六五頁。
63 參閱唐君毅「中華民族之花果飄零」、「花果飄零及靈根自植」等文，收入「中華人文與當今世界」。
64 同注釋24，第三七八頁。
65 同注釋26，第三四四頁。
66 李杜，「唐君毅先生的哲學」（學生書局，一九八三），第五八頁。
67 蔡仁厚，「唐君毅先生的文化意識——紀念唐先生逝世十週年」（鵞湖第七屆學術研討會，一九八八年十月），第四頁。
68 唐君毅，「生命存在與心靈境界」，第二五一—四八頁。
69 同注釋67，第五頁。
70 唐君毅，「中國人之日常的社會文化生活與人文悠久及人類和平」，一九五三年十一月人生六卷六期，收入「人文精神之重建」，第五〇九頁。
71 同注釋24，第三九五頁。
72 唐君毅，「說中國人文中之報恩精神」，一九七五年十二月鵞湖第六期，收入「中華人文與當今世界補編」，第三六九頁。

73 同注釋47，第五八七頁。

74 同注釋24。

75 同注釋68，第四三頁。

76 同注釋68，第一〇三一頁。

77 同注釋68，第一〇三九頁。

78 同注釋66，第一〇七頁。

79 同注釋43，第三九四頁。

80 同注釋40，第四七六頁。

81 同注釋63，第二七頁。

82 參閱古虔民「羅光、牟宗三與中國文化意識」（鵞湖月刊一五八期，一九八八），第四一頁。

83 同注釋68，第九八〇頁。

84 同注釋68，第一一四四頁。

第六章　儒釋道思想俗世化的危機與轉機

第一節　俗世化的問題

當談論到儒釋道思想的時代意義與社會功能時，不能僅停留在知識傳統的內在理性與實踐精神，仍必須考慮到中國社會結構的特殊面貌及其價值系統。即知識份子企圖將儒釋道思想與現代社會結合作有系統的理論性思索之前，不能忽略社會裏理所當然的文化成份與認知習慣。原因是理論內在邏輯的周延性，轉換爲實際的實踐行動時，必須考慮一些外衍意義的社會因素，比如既有文化傳統、傳播體系的性質、權力結構的型態、經濟體系的特性等等，即在「理論——實踐」的轉換與安置的過程中，就必須從社群間之權力、利益和意識的關係來探討，才可能獲得較爲滿意的答案❶。這個過程是以功利的實用效率爲考量的標準，有強烈俗世化的傾向。然而，俗世化的發展，將與理論性的原創精神背道而馳，不符合當初付諸實踐的理想內涵。

就儒釋道的思想本質而言，是要普遍地參與人性的社會運作，以其一套完整的知識體系與實踐工夫，介入個體行爲的是非標準與良知的價值抉擇，進而由設計、推展與實踐等努力，來詮釋建構宇宙、人生和種種社會制度。故儒釋道思想，不會安於僅停留在思想層面的抽象徵價值，反而寄望在整體的實踐過程中有著決定性的創造力量，經由制度化的轉移，使思想的象徵意義具有文化傳統的典範作用。

就文化傳統的歷史傳承而言，儒釋道思想早各有其精心設計的體系性制度機制，經由實踐的安置功能，給予社會行動的詮釋意義，樹立指導現實運作的典範權威，自然地成爲界定文化活動內範疇和其制度之合法正當性的重要決定力量。當儒釋道思想介入文化體系的權威運作，必然在理想與現實之間有其運作策略化的轉化過程，調整或修正其理論的抽象度與實用性，能與現實結合，展現其功利效率範疇的多元性與特殊性。

儒釋道思想在社會的大力傳播與普遍教化，逐漸與其理論本身內在周延性格脫節，深入於社會結構的集體意識，另外集結大衆常識性的認知體系，牽就於現實運作形成新的詮釋意識，作爲社會化日常行爲的內在規範。此內在規範基本上以滿足社會情境的俗世功能爲主，與儒釋道思想原本的理解體系與詮釋系統有著本質上的差異。

若欲討論儒釋道思想與現代倫理精神之相貫或相違、與現代價值標準之相同或相異、與現代政經情境之相順或相逆等問題時，必須注意到正統學術與民間意識間的層級性質及蘊涵其中的價值判斷。儒釋道的思想功能絕不能脫離社會結構的運轉軌道，因此儒釋道思想智慧在特定環境下的調適性實現，有其不容抹煞的價值意義，可從理想與現實之間實踐過程中所顯示的裂罅潛勢，探究其彼此間貫通與背反的關係，確實掌握到社會文化的內在本質與外在動向，建構符合新時代需求的文化慧命與社會情操❷。

目前尚存在一個更嚴重的問題值得探究，社會文化的急遽變遷，原有的民俗文化亦面臨著調適的危機與轉型的矛盾。儒釋道思想能否不管現實層面具體運作的文化問題，直接從其理性的思維模式中即可重新開啓其健全的人文心靈與社會秩序嗎？儒釋道思想形態的綜合與落實，早已成爲民族生命的歷史網脈，有其維護傳統的合理規範與積習成的內在弱點，當文化的轉型與變遷時，弱點所形成的危機才是問題的核心所在，也是近代中國文化面臨到一個大的生存困境，儒釋道思想的兼容並蓄，在文明的相互交接下突然間軟弱無力，動搖了原有的文化經脈，把脈後的抓藥，是不能高掛在理論的可能性上，必須從文化自我生機的重建，調整其內在本質與思想模式，方能上溯到理性的知識系統，再展現文化自覺的生活傳統。

第二節　中國俗世社會的文化意識

中國社會的文化基礎與價值系統是什麼呢？是儒家？是道家？是佛教？是三教雜揉？還是以上都不是？分析傳統社會的價值系統實不是一件易事，其文化形態是極其繁富的❸。由價值系統所表現而出的人生態度、行爲模式與人格結構等都不是單一思想模態能夠周延涵蓋而盡。有些人常將中國文化等同於儒家思想，實際上是一種認知上的誤差。這種誤差隨著學術界研究熱潮的「大陸熱」與「韋伯熱」❹，激起了海內外學者的熱烈討論。儒家傳統的現代轉化是知識份子自覺的終極關懷，問題是在中國的文化心理結構中有沒有眞正的儒家思想？儒家那些孤零零的道德信條，足以抵抗整個社會生活的壓力嗎❺？這牽涉文化認同危機的問題，不能忽略了文化結構的多樣性與矛盾性，僅美化了儒家思想的道德性與超越性，誤把儒學的理想情操當成了現實的必然存在。但是也不能因此忽略了儒學創造性轉化的生機，然唯有眞實的面對社會既有的結構，從事社會變遷工程的設計，使知識系統的價值理念與理想目標得以轉化實踐，而不被扭曲❻。同樣地，雖然少有人以釋道思想作爲現代轉化的改造系統❼，若欲以釋道思想作爲主導終極文化理念與價值的依據，也必須注意到傳統社會已成軔性的表現形式與教化機制。未經充分察知，一昧地強迫高壓驅使，不僅未能達到意識詮釋的文化認同，反而威脅到生活世界的整體和諧。

在哲學的討論過程中，「俗世」這個概念較少被強調或重視，頂多視爲一個佐證的時空背景罷了。當這個時空背景牢牢地嵌進現實的生活世界中，吸納融滙成一個民衆衆趣性格與行爲模式的意識場域時，即具有文化表現體的主導優位性，凸顯出俗世的重要性，不得不在超越性與現實性的相互作用下來面對俗世。亦即哲學的終極關懷，仍是要通過現實的具體世界來成就其高遠的人文理想。

但是，我們對於「俗世」這個概念了解多少？除了作爲時空背景的歷史知識外，「俗世」應該還要包涵那些素材與內容呢？俗世指的是一個眞實存在的文化空間，而非一個抽象認知的理想情境，故俗世是社會整體活動所展現的結構形式，包括經濟制度、價值系統、社會結構、政治體系、人格構造等方面相互運作所建構的文化特性與風俗面貌。儒釋道思想在實踐策略與行動的轉換安置過程中，其演變與分化極爲龐大與多樣，在分殊歧異的多元多變下，其俗世化現象的複雜性，實難以適當而又準確地加以典型化，故儒釋道思想俗世化過程所包括理論架構、實踐形式、行動策略與利益歸屬等內涵不容易作系統性的分析，導致在學術交談與溝通的場合中，很難對準彼此的口徑，在某一個共同關心的課題下能有著一致的詮釋體系。

中國的俗世社會到底是怎樣的社會，曾引起中國與西方學者廣泛的關切與興趣。中國學者自梁漱溟先生以來，亦有不少的學者企圖以完整的理論架構來詮釋俗世的內涵，其中以孫隆基的「深層結構」❽與金觀濤的「超穩定結構」❾等主張較具規模。

孫隆基以「良知系統」作爲中國俗世最基本的文化深層結構，即以「良知系統」來安定個人、社會、政治等不變意向的原則。孫隆基是以儒家思想世俗化爲反省的核心，認爲儒家的仁心觀念在世俗的意向導引下，形成了以「一人」之「身」恆受「二人」之「心」所照顧的系統化觀念結構。如此的觀念結構也受老子「柔勝剛、弱勝強」等思想的影響，以陰靜的「身」利用陽動的「二人」關係，達到爲本身利益服務的目的❿。孫隆基由此種理論的認知，指出中國俗世的人生觀，即在陰陽調和、儒道合用的思想陰影下，一方面出現「大公無私」的表態，另一方面又存在不能去定義的「私心」。孫隆基對於俗世人性的陰暗面確有其精闢入裏的卓見，但是由人性的陰暗推論出俗世的政治、社會、世界等觀念系統，似乎又過份地簡化俗世社會精簡繁複的認知結構。陰暗的人性僅是集體意識中的一部分。意識的分化與整合，的確有一套自身的理解體系和詮釋形式，但是人性的陰暗並非是社會結構內涵意義的全部，其意識化的過程，有其自我辯證的能力，對社會既有的優勢規範、價值和行爲模式有反省批判的辯證性格。儘管現實社會裏理性的聲音微弱，但是其創造轉化的能力依舊是存在的。

金觀濤的超穩定系統結構是建立在政治結構、經濟結構和意識形態結構的一體化結構上。認爲任何一種穩定的社會結構必定是在經濟、政治、意識形態三個子系統中存在有互相適應的組織力量，並通過它們之間的相互調節而保存自身的固有形態，從而形成整個社會結構的穩定⑪。金觀濤思考的面向比孫隆基更爲寬廣，尤其在意識形態的反省上，從外適應與內和諧談儒墨的不相應性，以及儒道的互補性，也注意到佛教中國化的問題，表現出其體大的思維形式。金觀濤的一體化是要建立在一個大一統的國家學說上，否定有一自主系統的俗世社會，忽略了潛伏在社會表象下的詮釋模式，過份地強調依存於政治結構的運作形式，誤解了集體意識的心靈創造能力，使其認知模式在政治傾向的干擾下，以某種主觀的詮釋形式來觀察社會現象，如此就不能相應俗世自身自足圓融的文化意識與價值趣向，及其調適與安置後俗世文化的整體內涵與實質意義。

第三節　三教崇拜的社會

筆者近十年來頗爲關心傳統社會的文化特質，企圖經由各種歷史文獻與佐證資料，來探討中國俗世的內在文化心靈，先後集結了「臺灣民間宗教論集」⑫、「中國社會與宗教」⑬、「中國善書與宗教」⑭、「臺灣的宗教與秘密教派」⑮、「臺灣的鸞書」⑯、「民間的三教心法」⑰等書，遺憾的是，在這些著作裏尚未提出一套詮釋俗世的理論架構，僅是根據研究素材隨機建構相關的詮釋理念。或許任何理論架構的提出都有其客觀存在的不周延性，不強調某種特定的理論主張，反而能有效地還原俗世固有的意識形態。

本文僅從儒釋道思想與俗世結構間的關係，提出淺薄的詮釋理論架構。即儒家思想經由漢儒體制化後，逐漸形成了儒家崇拜，再由此崇拜的普遍化與平民化，建構了儒家社會。道家思想經由六朝的名士化與道教化，再結合百姓原有的宗教形式與心理，形成了道家崇拜，進而建構了道家社會。佛教思想傳入中國，經由隋唐本土化，與固有的民俗傳統打成一片，形成了大衆化的佛教崇拜，再與民間禮俗結合，建構了佛教社會。這三個社會是依存於同一個生態環境下相互的揉合混融，把俗世推向於一個多彩多樣的三教社會[18]。

把傳統社會儒家運作的文化形態等同於儒家，是相當危險，本文提出「儒家崇拜」與「儒家社會」兩個名詞，來與原創性的儒家思想作個對照。或者說儒家思想在實踐的轉換與安置的過程中，其與社會制度結合下的價值運作，雖然類似儒家的價值系統與觀念思想，已非儒家思想自身。若硬要冠上儒家一詞，可以相對於「原創性的儒家」稱之爲「俗世化的儒家」。俗世化儒家基本內涵有二，即「儒家崇拜」與「儒家社會」。

當儒家思想成爲社會運作的主宰力量，其發展的潛勢已非儒家思想所能完全操控，如漢武帝的獨尊儒術，重點在「術」，而非在「儒」。作爲「術」的儒家思想，無法擺脫塵世間社會機制的群性活動，現實利益高於終極理想，最後儒家思想在「術」的實際需求下變成了統治利益的護身符，如漢武帝的「內多欲而外施仁義」[19]，即是以儒家豐富的知識及其王道的政治理想作爲滿足其帝王利益的詮釋工具。

在現實社會裏，儒家倫理的具體操作，未必符合儒家道德主體的自證自覺，在社會取向的功利性格下，當儒家作爲主要教化的理論依據時，其理想性與現實性是同時存在的。一方面道德自覺的超越精神具有涵融人性的向上價值，一方面道德落入於強制性的權力機括之中成爲謀求利益的手段。所謂俗世即有別於思想的原創生命，其與現實結合的功利心態是必然而且正常的。這裏所謂的「正常」，是擺開儒家道德傳統的教化標準，以平常心來看待同化於習俗社會的人際關係與生活態度，未必就認同這種功利的現實狀態。相對於「儒家思想」的「儒家崇拜」與「儒家社會」，雖然超出了儒家倫理原創精神的範限，卻不能因此否定其確實存在的具體事實，以及經由集體實用的策略行動涵化而出的意識形態與行爲模式。

何謂「儒家崇拜」與「儒家社會」？

當儒家思想外現爲客觀禮文，以其鮮明有力的教條，策勉人們熱情踐行時，已逐漸強化成類似宗教信仰的崇拜心理⑳。如此的崇拜心理大致有兩種路向，一是以宗教天人感應的效力來支撐儒家的道德教化，一是將儒家人文理念權威化形成類似宗教的支配力量。前者是俗世宗教約化現象，以固有的宗教信仰，吸收融化新的教化理念；後者是人文精神的俗化現象，將主體性的人際行爲委曲於外在的威權之下，形成具有絕對支配權利的主宰者。

自漢武帝獨尊儒術後，將崇拜心理的意識形態與政治文官體系結合，爲社會體系提供了帶頭的動機性價值㉑，以類似道德取向的儒家崇拜，作爲秩序操作的意識形態，提供了社會規範的價值取向，形成了誤把儒家崇拜視爲儒家教訓的俗世社會。這個社會即是儒家崇拜的社會，本文簡稱爲「儒家社會」。

就歷史事實而言，儒家崇拜的社會是比儒家思想的社會更爲普遍與眞實。或者可以問：

中國有無眞正儒家思想的社會？宋明時期曾集結不少具有儒家人文自覺的理學思想者，亦提供了社會整體秩序的價值規範，但是並未能安全扭轉儒家與社會下層脫節的情勢[22]，反而強化了道德崇拜的通俗文化與社會倫理，擴大了儒教教誨權威的世俗化與普遍化，陷入儒家理論在實踐過程中一個不可解的兩難式中：理論的傳達與應用，依賴士大夫（知識份子）領導的必要性，然而，事實上，這個領導權却只由十分少數理想主義的士大夫來執行，至於他們的許多同僚則只滿足於正當儒家行爲的一個較少要求性的詮釋[23]。

由「道家崇拜」、「佛教崇拜」所建構的「道家社會」與「佛教社會」較能避開理論實踐的兩難困境，原因在於其思想與崇拜之間的關係不是對立的，而是相成的。儒家理想與現實的衝突，即是「入世」與「出世」間統整過程的辛勞，佛道思想基本上就是出世的，沒有儒家入世苦行的道德壓力。雖然佛道教亦有入世的關懷，仍然遠離官僚體系的政治權力，在沒有權力的牽制下，較能與人間性的文化傳統打成一片，在情感認同中有著利益的歸依。也因此佛道社會，偏重在俗世的精神生活層面，不如儒家社會的全面性。故就制度化政治權力的社會運作來說，往往僅標舉了儒家社會，忽略了佛道社會。

佛道在俗世裏也多以宗教形態出現，思想反而不是頂重要的問題。俗世重視的是戒律、儀式與境界，遠大於純說理的教義思想。在儀式與境界的追尋過程中，其思想經由俗世化的轉化，成爲最親切的語言文字，統攝在其宇宙人生的整體建構之中。故佛道思想俗世化的問題屬於其信仰內部轉化的文化體系，與儒家思想俗世化的變形怪胎極不相同。儘管佛道兩家亦有正統異端之爭，高級低級之別，但是轉爲俗世工作的宗教實踐時，若欲在一俗化世界保持自身的意義與價值，就必須繼續供一個超驗的視野與理論的依據，作爲終極的統合點[24]。即佛道在宗教的直接體驗下，思想俗化不是理論實踐下的難題，反而可以視爲宗教信仰的內在情操，把在現實生活所經驗的實際資料與所綜合的理性詮釋統攝於一個終極的非理性綜合體，它使存在與超越界接上關係，而賦予存在一種新的意義。

那麼，能否將儒家的俗化，也視爲其思想本身內部轉化的問題？從儒家的思想本質而言，其異於宗教信仰的人文理念，能否接納信仰化的通俗義理結構，似乎是不太樂觀的，此即儒家思想進入俗世所顯露出的危機。

佛道社會亦有其潛存的危機，佛道的危機在於信仰俗化後的迷失。

佛道兩家思想基本上仍想突破生命的有限性而取得無限的意義和永恆的價值，其宗教的信仰是要歸到生命主體上來自覺實踐與圓滿超越，若僅停留在「保佑平安」、「祈福消災」、「滿足欲求」以及「求內心安寧」、「求消解罪孽」、「求來生幸福」等[25]，是以宗教信仰的權威意志來滿足人類渴求利益的私心，是一種較低的宗教意識[26]，在涉世的陰暗面中失去宗教的超越面，糢糊了佛道超越性主體自覺的宗教境界，回歸到原始宗教的權威性與神秘性上，成爲失却佛道精神的巫術信仰。

將佛道兩教視爲中國民族性的宗教與傳教性的宗教[27]，實際上也可不必在意其思想的原創性與信仰俚俗性。但是打著佛道信仰的旗號，其骨子裏却是民間習俗的古老思想與原始信仰，根本背離了「道家崇拜」與「佛教崇拜」的實質內涵，導致佛教社會、道家社會在現世的運作中僅是曇花一現，馬上轉換到原始宗教色彩濃厚的「三教社會」，忽略了佛道追求生命美善圓融自足的宗教形式。

第四節 理論學派與批評學派的整合

傳統俗世基本上是三教社會，儒家崇拜是其陽性作用，佛、道及原始巫術崇拜是其陰性作用。一般以儒家崇拜作爲俗世問題的討論核心是可以理解的。韋伯以儒教道教、正統異端來說明俗世的陰陽兩面，在理論架構上提供了認識俗世的典範。但是韋伯將儒家崇拜與儒家思想混合來討論㉘，使其二者的分際無法彰明，就如同把儒家崇拜當成儒家思想的學者一樣㉙，都存在著理論視野的盲點。

目前對傳統社會意識形態的研究，大致上可分爲理論學派與批評學派兩大類㉚。理論學派大多環繞在中國社會現代化的省思上，批評學派大多以近代中國社會問題及其價值意識爲其關心的主題。

近百年來傳統文化的崩潰與社會秩序的解體，引起不少知識份子理智的深思，在文化變遷與現代化的發展等問題上有著痛定思痛的沈思，作品數量相當多，周陽山編的「中國文化叢書」及其續編㉛，包括不少理論性與經驗性的作品，這其中如余英時、金耀基、林毓生、成中英、唐君毅、牟宗三、沈清松、蔡仁厚等人都有專門性的著作。最近大陸學者如湯一介、包遵信、劉再復、金觀濤等人作品的翻印，更擴大了文化問題人文反省的範疇。但是站在知識系統與學術路徑的人文觀點，與從社會科學觀點對社會經驗的批判，有著明顯「理論——

批判」間的差異，即人文學者大多沒有明確的俗世觀，其對文化傳統與現代化的調適、取捨與展望，討論的層次較高，偏重在精緻文化中最精微的思想層次，企圖從思想脈絡中發掘到比較周遍的解釋理論，找到傳統與現代之間轉化與融合的可行途徑。但是忽略了文化層級性，任何創造性轉化的建構理論，似乎僅能掌握到文化傳統的精緻思想賦予現代意蘊，對於現實俗世的轉化並未能具有有效的指導原則與具體批判。當然理論的建構，有時可以不必要有實際的批評經驗，此即人文研究的特質。

社會科學學者其對文化的認知是相當俗世化，以爲文化不僅是精緻深刻的思想或價值觀，還包括生計與現實的基本需要；不僅是指精緻文化與大傳統，同時也還包括了大衆文化與小傳統㉜。故社會科學學者將相關的人文論題作衆數傾向的分析，從實證角度來觀察大衆的信仰、態度或價值觀，代表作有「中國人的性格」㉝、「中國人的心理」㉞、「中國人的蛻變」㉟、「現代化與中國化論集」㊱、「中國人：觀念與行爲」㊲、「中國人的價值觀」㊳、「社會學中國化」㊴、「社會及行爲科學研究的中國化㊵」等書。大量地引用西方社會科學的研究理論來觀察中國社會的觀念與行爲，反省儒家社會的意識形態，以及在這種意識形態下的政治經濟結構、家族制度，社會規範等。但是由於中西思想形態模式的差異，批評學派對於思想觀念在文化傳統的定位問題較缺乏辯證關係的認知，雖有實證資料的可靠性，但是在詮釋理論上難以釐清歷史因緣下的文化脈絡與價值取向，導致批判的強度大而重建的能力小，無法對文化傳統的重建賦以多元角度的深思。

理論學派與批評學派原本應該是相承相成，就如文學的理論與批評間的關係一樣，但是這兩個學派剛好跨越人文學科與社會學科的不同研究途徑，各有其專業知識主客觀條件的限制。理論學派自有其批評的視野，而批評學派也自有其理論的依據，使得二者之間的對話與溝通，存在著先入爲主的成見意氣。

比如對儒家社會的觀察與研究，理論學派偏重在儒家思想的開展與檢討，以爲文化動向與思想趨勢是重建中國價值系統的源頭，中國傳統中的基本價值與中心觀念經由形式的轉化，可以解開現代的文化危機。批評學派則偏重在儒家思想社會化的意識形態，從社會情境的價值與規範中，去理解社會既有觀念與行爲的傳統性與現代性。由於兩大學派關心面相的不同，有著相當程度的歧異，當彼此認識不足時，雙方的優缺點即成爲相互攻擊的最佳利器。其實彼此間相互地取長補短，能提供更廣濶的學術天地。理論學派若能肯定大衆文化的世俗意義，即可理解不同意識形態的文化模式，很難用單一的理論作周延而有效的解釋，如此多元化的省思，能提高思想的深度與廣度；批評學派若能強化人文研究的文化素養，即可從精讀原典中找到歷史傳承的文化心靈，重新奠立社會科學研究中國化的理論基礎與終極目標。

儒釋道思想世俗化的轉機，若從理論學派與批評學派相互整合的綜合觀點分析，是可以從社會文化發展的合理方式中探求到調適的生機。

思想俗化的危機，在於儒釋道思想與三教社會彼此不能調適而產生的文化失調，這種失調使得社會失去均衡而引起變遷。若能肯定俗世化的欲望、動機、意向、興趣與目的，配合其內在規律的互動關係，可以從大衆所接受的價值取向中，尋找到思想與俗世間的溝通管道，化解掉社會結構改變所引起的文化體系失去均衡而導致的混亂與危機。這裏牽涉到文化設計的問題，若以理論學家對人性的尊重結合批評學家對俗世的肯定，即可以根據已有的知識與技術研究出某種「綱領性的系統」以作爲啓導性的原則㊶。

文化設計牽涉到文化傳統的返本開新，除了精神文明的復興外，俗世社會社群行爲的重估，亦是相當迫切而需要的。儒釋道思想如要具有歷史與時代的意義，除了價值、觀念等層次的返本，還要有更基本現實、生計等層面的開新。即在終極信念的體悟與人生價值的定位之外，更必須關注社會互動情境下大衆文化統制關係的優勢與影響。

思想俗化亦具有價值取向的指導作用，如尊重儒家傳統的宇宙觀與權威態度之認知價值，敬天祭祖祀鬼神的宗教價值，以及追求功名重視立德立言之成就價值等㊷。這些價值觀念雖然未必符合儒釋道思想的原創精神，却是社會環境中文化體系與人格體系重要的部分，對於文化有其穩定作用，在歷史傳統與文化環境的運作下，塑造了俗世的國民性與價值觀。

第五節　小　結

傳統社會眞正的危機，不在於西潮的衝擊與入侵，而在於文化環境長期君主專制所造成威權性格的認知價值，在君權父權的威力下，過分的重視農業經濟與嚴格道德，使得一般老百姓在敬天、尊祖、安份、知命的價值觀下求生存、討生活。保守安份沒有什麼多大的罪惡，但是威權性格阻礙了政治的現代化與民主化，進而統治階層掌握老百姓順應環境與服從權威的性格，進行既得利益的威權拓張。但是當傳統威權的政治無法應付現代化所產生的問題與需求時，隨著政治權力合法性的文化與心理基礎的根本毀損，產生了權威危機㊸。

由權威危機擴大爲意識形態的錯亂，破壞了社會結構既有的優勢規範、價值與行爲模式，造成兩極的對立，即保守與開放性格的尖銳化，導致價值系統的解體，文化的轉向決定於優勢權力的擁有與運作。如此，理性的人文精神更難以彰顯，原由價值取向所造成的性格更趨向於兩極的評價標準，即一是保守勢力的反撲，傾向於遵守傳統規範的權威性格，一是開放觀念的落實，傾向於擴張民主精神的人本性格。

儒釋道思想若要與現代社會結合，重現其主調體系的價值理性，就必須對俗世的威權體制作全面性的省思與抵制。有些人認爲權威系統是由儒家思想所設計的一套行爲，一直在中國的政治、社會、家族中發生維持傳統和穩定社會結構的功能㊹。權威系統確實支配了中國社會達二千年之久，但是就儒家的價值取向而言依舊是反威權的。傳統社會的權威價值取向與權威性格是假借儒家思想的一種神性權威，不允許對既存權威作任何批判性的檢討與評價。此即前面所謂的「儒家崇拜」與「儒家社會」。

儒家崇拜之社會的權威性格絕不等同於儒家思想，儒家思想基本上是人道主義的，全幅地尊重人性的尊嚴及其主體成就的價值，反對權威與道德的教條，可以由民本轉向民主㊺，成爲民主政治的典範。但是這種轉化的生機在於文化慧命的靈根自植，一方面吸納理論學派對傳統文化系統分析的價值理性，一方面實踐批評學派對現實行爲實證批判的實用理性。以思想的智慧來克制俗世原已惡化的體質，達到終極至高的完美境界。如此境界的達成，有賴理論學派與批評學派達成理性的共識，集結與訓練更多的行動者，經由設計、推展與實踐的努力，以社會行動的成果，將理論的知識轉換成可資實踐的典範。那麼俗世化的危機，在行動者的詮釋、創新、修飾、批判與傳播的具體實踐，重新建構社會共有的意識形態與價值規範。

本文不能算是一篇嚴謹的學術論文，僅對思想俗化的問題，提出個人主觀的思維論點，希望借由學術討論的媒介場合來自我批判與反省，從坐而言進而起而行，不要只是做理論的建言，更要有批判的實踐。

寫作的目的，僅是觀念的陳述，並未對危機轉化提出任何具體可行的策略，仍未擺脫「藉思想、文化以解決問題」思維模式的窠臼。但是觀念的溝通或許可以開啓彼此的視野，糾正自我思維的盲點，開展出一個更寬廣平順的空間，經由辯詰與責難的概念解析，相互刺激以作系統的設計，冀圖爲思想理論轉化安置的社會開出一條光明的道路。

注釋

❶ 葉啓政，「社會、文化與知識分子」（東大圖書公司，民國七十三年）第一〇五頁。
❷ 鄭志明，「中國社會與宗教」（學生書局，民國七十五年）第三五一頁。
❸ 金耀基，「從傳統到現代」（時報文化出版公司，民國六十七年修訂本）第五〇頁。
❹ 黃光國，「儒家思想與東亞現代化」（巨流圖書公司，民國七十七年）第三頁。
❺ 杜維明，「儒學第三期發展的前景問題」（聯經出版公司，民國七十八年）第九九頁。
❻ 葉啓政，「創造性轉化的社會學解析」（紀念殷海光逝世二十週年學術研討會論文集——自由民主的思想

與文化，自立報系出版，民國七十九年）第三二六頁。
❼ 此處是就學術研究而言，不包括佛教界與道教界。
❽ 孫隆基，「中國文化的深層結構」（臺灣翻印本）。
❾ 金觀濤、劉青峰著，「興衰與危機——論中國封建社會的超穩定結構」（天山出版社，民國七十六年臺版）
❿ 同注釋❽，第一八頁。
⓫ 金觀濤等，「問題與方法集」（谷風出版社，民國七十七年臺版）第一九頁。
⓬ 鄭志明，「臺灣民間宗教論集」（學生書局，民國七十三年）集結了八篇論文。
⓭ 鄭志明，「中國社會與宗教」（學生書局，民國七十五年）集結了十四篇論文。
⓮ 鄭志明，「中國善書與宗教」（學生書局，民國七十七年）集結了十六篇論文。
⓯ 鄭志明，「臺灣的宗教與秘密教派」（臺原出版社，民國七十九年）集結了評論文章。
⓰ 鄭志明，「臺灣的鸞書」（正一善書出版社，民國七十九年）集結了七篇論文。
⓱ 鄭志明，「民間的三教心法」（正一善書出版社，民國七十九年）集結了四篇論文。
⓲ 鄭志明，「明代三一教主研究」（學生書局，民國七十六年）第三四一——三八三頁。
⓳ 「史記」一百二十卷汲鄭列傳。
⓴ 曾昭旭，「道德與道德實踐」（漢光文化公司，民國七十二年）第二〇二頁。
㉑ 孫隆基譯，「儒家思想的實踐」（臺灣商務印書館，民國六十九年）第一七六頁。
㉒ 余英時，「中國近世宗教倫理與商人精神」（聯經出版公司，民國七十六年）第九二頁。
㉓ 同注釋㉑，第九六頁。
㉔ 傅佩榮譯，「人的宗教向度」（幼獅文化公司，民國七十五年）第二五頁。
㉕ 蔡仁厚，「儒家思想的現代意義」（文津出版社，民國七十六年）第三五七頁。
㉖ 唐君毅，「文化意識與道德理性」（學生書局，民國六十四年）第一八八頁。

㉗ 秦家懿、孔漢思合撰，「中國宗教與西方神學」（聯經出版公司，民國七十八年）第一九五頁。
㉘ 簡惠美，「中國的宗教：儒教與道教」（遠流出版公司，民國七十八年）第二一七—二二四頁。
㉙ 如黃光國的「儒家思想與東亞現代化」一書，談的是儒家社會的問題，却以爲是儒家思想的問題。
㉚ 理論學派指的是專談思想與歷史變遷的學者，所謂批評學派指的是針對社會問題批判的學者。
㉛ 「文化中國叢書」八輯由時報文化出版公司出版，書名爲：「中國現代化的歷程」、「中國現代化的前瞻」、「民主與中國」、「五四與中國」、「知識分子與中國」、「近代中國思想人物論」、「中國文化的危機與展望」、「西方學者論中國」等，續編預定出版六輯。
㉜ 周陽山編，「中國文化的危機與展望——當代研究與趨向」（時報文化出版公司，民國七十年）第一四頁。
㉝ 李亦園、楊國樞主編，「中國人的性格」，原中研院民族所出版，後由桂冠圖書公司出版，民國七十七年。
㉞ 楊國樞主編，「中國人的心理」（桂冠圖書公司，民國七十七年）。
㉟ 楊國樞，「中國人的蛻變」（桂冠圖書公司，民國七十七年）。
㊱ 李亦園、楊國樞、文崇一等編著，「現代化與中國化論集」（桂冠圖書公司，民國七十四年）。
㊲ 文崇一、蕭新煌主編，「中國人：觀念與行爲」（巨流圖書公司，民國七十七年）。
㊳ 文崇一，「中國人的價值觀」（東大圖書公司，民國七十八年）。
㊴ 蔡勇美、蕭新煌主編，「社會學中國化」（巨流圖書公司，民國七十五年）。
㊵ 楊國樞、文崇一主編，「社會及行爲科學研究的中國化」（中央研究院，民國七十一年）。
㊶ 金耀基，「中國現代化與知識分子」（時報文化出版公司，民國六十六年）第一一六頁。
㊷ 文崇一，「中國傳統價值的穩定與變遷」同注釋㉜，第三二二頁。
㊸ Lucian Pye 著，徐火炎譯，「中國現代化過程中的權威危機」（收入「中國現代化過程中的權威危機」，民國六十九年）第二五七頁。
㊹ 文崇一，「從價值取向談中國國民性」同注釋㊳，第一三〇—一三一頁。
㊺ 金耀基，「中國民主之困局與發展」（時報文化出版公司，民國七十三年）第六二頁。

第七章 儒家崇拜與儒家社會

——兼評黃光國的「儒家思想與東亞現代化」

第一節 儒家崇拜的由來

一般人以爲儒家思想與中國社會有密不可分的關係，甚至認爲整個中國社會的文明走向都是與儒家思想的內在理路相互一致，進而主張傳統社會現代化的阻力，來自於儒家思想深入人心型塑而成的特殊心理結構。

如此的觀念，由於缺乏了一個中間轉折的認知過程，容易造成似是而非的荒謬意識形態，近代的文化論戰有不少來自於這種荒謬的意識形態，把傳統的中國社會，等同於儒家思想的社會。實際上，傳統中國社會是儒家思想崇拜後的社會，已遠離了儒家思想自身的哲理體系。即儒家思想崇拜的社會不等同於儒家思想的社會，因此儒家思想崇拜的社會所造成的種種文化問題，不能單從儒家思想的義理模型來加以分析與解構。

當儒家思想被政治體制或社會控制所吸收與轉化時，其價值運作雖然類似儒家的觀念系統，却已非原來的儒家思想，尤其當它成爲社會群體的宰制力量時，已異化爲一種萬民必須遵從的權威主體，把儒家思想神聖化，形成了社會群體的崇拜活動，與宗教的儀式功能頗爲類似。即儒家思想外現爲客觀禮文，以其鮮明有力的教條，策勉人們熱情踐行時，已逐漸強化成類似宗教信仰的崇拜心理。如此的崇拜心理在實際的歷史時空裏大致有兩種路向，一是以宗教天人感應的效力來支撐儒家的道德教化，一是將儒家人文理念權威化形成類似宗教的支配力量❶。從董仲舒以後，類似道德取向的儒家崇拜，逐漸成爲集體認可的社會規範，形成了誤把儒家崇拜視爲儒家教誨的俗世社會。這個社會即是儒家崇拜的社會，本文簡稱爲「儒家社會」。

這中間存在著一種吊詭的關係，即儒家思想希望啓發每一個人涵融人性的向上精神，一方面又必須避免淪落爲集體宰制的神聖崇拜。這在具體實踐的過程中是相當兩難的，當儒家思想成爲社會大衆共同追尋的存在價值時，這種存在價值經由群衆的仰慕與追尋，並在政教的渲染下，使整個社會都瀰漫在「儒家崇拜」的氣氛之中。即推動儒家思想的教化力量竟然來自於社會群體宗教儀式的崇拜心理。故當談儒家思想與中國社會的互動關係時，若忽略了這一層崇拜心理的轉折現象，則將是瞎子摸象，扣不到問題的核心。本文不打算從歷史文獻來驗證此一論點的重要性，僅從黃光國的「儒家思想與東亞現代化」一書中，指出其對儒家思想的誤解，並且說明在討論儒家思想社會化問題時，必須加入「儒家崇拜」與「儒家社會」等概念，方能說明思想理論在安置的過程中所產生的各種異化現象，看清楚了理想與現實之間某些必然存在的社會問題。

第二節 對儒家思想的誤解

本文基本上是肯定黃光國這本書的價值，其從社會心理學的角度，來討論儒家思想與東亞國家現代化之關係，提供了我們一個更寬廣的思考空間。本文想糾正的是其在談儒家思想的內在結構時，應分清楚何者爲儒家的原創思想，何者爲儒家的俗化崇拜，方能建構出一套合理的詮釋系統。如黃光國所提出的「仁、義、禮」倫理體系，表面上是建立在儒家的思想體系，實際上是從個人行爲的俗化規範而來，是從社會行爲的實徵研究得來的概念架構❷，已非單純的思想問題。黃氏卻想從「儒家的心之模型」導出其「仁、義、禮」倫理體系的必然性。硬將二種不同層次的價值理念湊合在一起，就難免出現牽強附會、盲目論斷等種種理論上的缺失。

首先，應檢驗黃氏對儒家思想的理解。黃氏雖然引用了不少儒家經典的文字，其對儒家的了解相當淺薄，以「孔—孟—荀」三分的方式來概括儒家的思想體系是相當危險的，並且曲解了「以仁識心」與「以智識心」的哲學內涵，形成了一種頗爲怪異的論調，如其第三章「儒家的心之模型」前言云：

> 儒家諸子所體會到的「心」，基本上是一種「雙層次的存在」(bi-level existence)，它包含有超越層次的「仁心」，也包含有自然層次的「識心」。「識心」其實就是一般心理學者所謂的「認知心」；儒家思想最大的特色，不在於「識心」，而在於「仁

心」。在先秦儒家諸子中，孔子提出「仁」的理念；孟子全力闡揚「仁心」的表現；荀子則特別重視「識心」；他們鼎足而三，締造了一套完整的思想體系。❸

這一段話即是該書第三、四、五章的總結說明，經由這一段話的檢正，可以追溯出黃氏對儒家思想所理解到的程度。讀了這一段文字大致上會產生三點疑惑：㈠儒家的心眞的是一種「雙層次的存在」嗎？㈡識心是指心理學家的認知心嗎？㈢孔子的「仁」、孟子的「仁心」與荀子的「識心」如何鼎足爲三呢？試對以上三點疑惑說解於後：

黃氏以康德的道德哲學爲基礎，以爲儒家的「心」分成「以智識心」和「以仁識心」兩大類。此一觀念是黃氏對儒家思想最大的誤解。實際上儒家的「心」仍是指本體界或形而上的超越存在。「以智」、「以仁」僅是體悟本心存在的兩種不同進路罷了。而且黃氏有意在名相上造成誤導，如「以仁識心」簡稱「仁心」，那麼「以智識心」就該簡稱爲「智心」，而非「識心」。黃氏將陸王尊德性與程朱道問學的兩種識心的進路，硬視爲超越層次的「仁心」與經驗層次的「識心」，然後建立其所謂「雙層次的存在」，可說是誤將工夫進路的作用層，視爲本心朗現的本體層，造成錯誤的「雙層次的存在」之概念，再以此錯誤的概念去建構對儒家思想的詮釋體系，眞可謂「差之毫釐，失之千里」，彼此的不相應就理所當然了。

「智心」不是識心，也不是心理學家所謂的認知心。如孔孟經常仁智對稱，謂「仁者安仁，智者利仁」、「仁者樂山，智者樂水」、「智者動、仁者靜」、「智者樂、仁者壽」、「仁者不憂，智者不惑」等，指出「仁」、「智」是兩種不同的生命形態，「仁」偏重於本體的自覺與朗現，即是孟子反身而誠的踐形工夫，「智」則偏重作用的實踐與完成。孟子的

「性善」是偏重在本體的自覺而言，荀子的「性惡」是偏重在作用的實踐而言，而非有一性善與性惡對立的二元心。當荀子的「心」是個人的主宰時，即不是具有認知及思慮功能的「識心」，黃氏引了不少荀子的篇章來證明荀子是有「識心」的主張，是曲解了荀子心知的求道工夫❹。荀子的「心」能知「道」，是心與道是一，達到至人的境界，而非「識心」權衡個人在經驗界中的是非利害，作出最有利於自己的判斷。爲什麼會造成黃氏對荀子的誤解呢？主要是荀子不認爲心的虛壹而靜是可以當下自己呈現，必須經由心的「知」，而使人由惡通向善。但是荀子發揮心的知性活動，與黃氏所謂的「識心」是不同的兩個層次的概念，荀子的「智心」是由心善通向心知，是肯定心的主宰性，仍是一種超越的精神主體，與黃氏所謂權衡是非利害的「識心」，純粹落在知性活動的個人行爲層次是大不相同的❺。

黃氏對孔孟荀等人思想體系的理解相當粗淺，以爲孔子重「仁」，孟子重「義」，荀子重「禮」，然後說他們三人的思想，構成了「仁、義、禮」倫理體系的重要內涵，接著就指出此一「仁、義、禮」倫理體系與他人進行社會交往時，「仁」是考慮雙方之間關係的親疏；「義」是選擇最恰當的「社會交易法則」；「禮」則是衡量雙方交易的利害得失之後，向對方作出合宜的行爲反應❻。黃氏犯了一個很嚴重的認知錯覺，即是將孔孟荀的思想體系過分的簡化。但是這種簡化的認知現象是官方或民間長期形式教育所誤導而成❼，卻也顯示出黃氏對儒家思想的理解僅建構在外在形式的俗化認知，缺乏細緻性的哲理思辯。在孔孟荀的哲學系統裏，「仁」、「義」、「禮」是扣緊其道德心性不可分割的價值理念。「仁」、「義」偏重在說明道德本體自我作主的內發作用，「禮」偏重在說明道德本體落實在生活行爲的外顯作用。黃氏的「仁」、「義」、「禮」都是從外顯作用來加以區分的，根本不相應於儒家以「仁」、「義」、「禮」遙契心性與天道的形上思想。即黃氏對儒家思想的解說偏重在形下層次，如此硬將儒家形上概念作形下擴充時，不僅格格不入，觀念的偷換與錯誤的附會就層出不窮了❽。

第三節　識心與儒家崇拜

黃氏之所以誤解儒家思想的主要原因，是欲將其「識心」的社會心理學理論納入到儒家的思想體系裏，導出「仁、義、禮」思想概念在實踐過程的差序性❾，然後建立其「仁、義、禮」倫理體系的主張。黃氏的主張亦有其創見，只是對象搞錯了，不應該以「儒家思想」作爲探討的對象，若以「儒家崇拜」與「儒家社會」所形成類似儒家的觀念系統作爲研究的對象可以說是相當貼切，因爲黃氏所謂的差序性是落在行爲的形式轉換上而言，這已非儒家思想的原創精神，而是儒家思想形式化的問題，亦即是由「儒家崇拜」與「儒家社會」所形成的具體文化內涵。

「儒家崇拜」來自於人的「識心」，即來自於人對儒家思想的認知心，想把儒家思想的創造精神作形式的轉換，成爲人們共同遵循的行爲規範。這個動機或許是每一個儒者共同的理想，可是當理論作某種層次的轉化與實踐時，往往已脫離了原來的理想，形成了一種被人心異化的怪胎。如「儒家崇拜」即來自於人心的原始崇拜，將儒家思想形式化且神聖化，轉變成一種人們必須共同遵守的價値權威。黃氏一書基本上是要反省傳統社會的價値權威，却打錯了靶子，把「儒家崇拜」後所形成的意識形態錯認爲儒家思想。當然，這種錯認也不僅黃氏一人，在長期官方的教化系統裏，儒家教化被視爲理所當然的權威化身，早已不足爲奇。

另外黃氏把孔孟與荀子對立，是企圖從荀子的心知找到「識心」的認知依據，然後經由「仁、義、禮」倫理體系，降低了仁義之道的超越層次，使得儒家在「識心」的作用，成爲一套倫理道德標準，用以規約人與人之間的社會交往❿。黃氏的這種用心極爲良苦，有時候頗爲肯定孔孟仁心的超越意義，大力地宣揚本心的全德⓫，一會兒又將孔孟的仁義概念偷換爲人倫關係親疏遠近之情⓬。假如黃氏能清楚地分開「儒家思想」與「儒家崇拜」的異同，就不必如此般的躲躲藏藏，欲言又止。本心的全德回歸於儒家的原創思想，人倫關係親疏之情則可責咎於儒家的俗化崇拜，不必硬將二者扯在一起。

黃氏一書最大的優點是結合了國內外心理學家有關中國人性格及社會行爲的實徵研究，有系統地分析傳統社會的理想人際關係，藉以探討當前中國人社會行爲的文化根源。問題是此一文化的根源並非直接來自於儒家思想自身，大部分脫胎於儒家崇拜的意識形態。如此，黃氏所謂受儒家影響的個人，是一種「雙層次的存在」的話是有意義，只是這個「雙層次」不是黃氏所謂的「仁心」與「識心」，而是「儒家思想」與「儒家崇拜」，大多數中國人的社會行爲來自於「儒家崇拜」絕對多於「儒家思想」。或者可以說黃氏的「識心」不是儒家思想的基本內涵，而是儒家崇拜的主要特徵。

黃氏所謂的「識心」即含有「儒家崇拜」的意思，只是黃氏仍認爲識心是儒家思想的一部分，相對於「仁心」。事實上，可以將「仁心」視爲儒家思想，「識心」即是儒家思想的現實應用，而這現實的應用參雜了人心的私用，形成了「儒家崇拜」，如黃氏云：

> 「識心」能夠針對個人外在環境中的「物」，從事各種不同類型的認知活動；其重要功能之一，便是以其「理論理性」建構個人對外在世界的知識體系；個人可以利用這些知識從外在世界中獲得不同資源，來滿足自己的各種需要。就人際關係的層面而言，個人的「識心」一方面能辨別其互動對象及雙方彼此之間的關係，一方面又能夠選擇最恰當的交往方式，以對方作為工具，從彼此的交往中獲得不同資源，以滿足自己的需要。⓭

黃氏以康德的「理論理性」來等同於其所謂「識心」是有問題的，當「識心」只爲滿足個人各種需要，就無理性可言⓮。外在經驗的「識心」只爲了滿足個人的感官功能或心理需求時，「識心」只是一種工具，正如黃氏所謂以認知心去了解外界事物中的邏輯關係，向外界獲取種種資源來滿足自己的慾望⓯。若把儒家思想當成一種工具，則是企圖以儒家思想的榮耀來滿足個人的一己之私，如此儒家思想就有如宗教的崇拜儀式，經由儀式的集體認同，可獲得其心目中追尋的仰慕與尊貴。黃氏所描述的識心與儒家崇拜的現象頗爲接近，大約說明了儒家崇拜下列幾個特性：㈠儒家崇拜是社會大衆獲得存在資源的知識體系。㈡儒家崇拜屬於社會集體的精神活動，可以滿足大衆神聖性的仰望，也可獲得世俗性的實利。㈢儒家崇拜具有神聖的超能力，等同於古代宗教性天命，可以幫助大衆取得最恰當的生存空間⓰。

關於第一點，黃氏提供了一個理論模式，將社會大衆獲得存在資源的人際關係分爲三類，即「情感性關係」、「混合性關係」和「工具性關係」。「情感性關係」是個人家族情感所建立的關係；「工具性關係」是個人爲了獲取某些具體的社會資源，而和陌生人所建立的市場交易關係；「混合性關係」則是個人和其親戚、朋友、同學、同事……等熟識者之間關係[17]。爲了維持這三種存在關係，傳統社會有一套知識體系，黃氏認爲這一套知識體系，來自於儒家「仁、義、禮」倫理體系，建構了三種「社會交易法則」，即「需求法則」、「均等法則」、「公平法則」，在黃氏書中第六、七、八章，即是談這三種法則的知識系統。此知識系統已非儒家思想，而是具有功利作用的儒家崇拜，其以「仁」爲需求法則，以「義」爲人情法則，以「禮」爲公平法則，完全落在社群之間權力、利益與關係的運作上，已不符合儒家理論性思想的原創精神，也不符合理論付諸實踐的理想內涵，有的僅是滿足集體需求的崇拜心理。黃氏將儒家思想作通俗解釋，已是一種行爲崇拜後的知識，如謂：「一個人想要消極的『己所不欲，勿施於人』或許並不困難；可是他如果想要積極的『己欲立而立人，己欲達而達人』，他便馬上要因爲自己掌握的資源有限，而面臨客觀的限制。」在黃氏書中類似這樣的態度很多，以如此操作方式來隨意解經，已非思想本意，而是個人的主觀感受[18]。

「儒家崇拜」則是集體的主觀感受，也屬於一種社會共有的精神活動。只是這種精神活動是以個人主觀感受爲基點，將儒家思想具體形象化，進行有關人際關係的思考與安置，幫助個人對於社會交易法則的抉擇，以避開人際交往時可能引發的心理衝突與存在困境。黃氏之所以沒有思想崇拜的觀念，是因爲他只看到世人以思想作爲工具以獲得世俗性的實利，而忽略了各種存在需要的滿足，往往是以崇拜的集體意識提供了人在此世的生存之道。但是黃氏也注意到「天道」與「人道」之間的安置管道，只是黃氏未將這種關係視爲宗教崇拜的形式。如黃氏謂：儒家「本天道以立人道」的理論，提供了一種「實踐理性」，賦予儒家弟子一種實踐「仁道」的使命感，而其「仁、義、禮」倫理體系，則包含了一組以「仁」爲基礎的道德原則，用以規約個人的行爲⑲。實際上，民間所謂「天人合德」，已無「實踐理性」的人生涵養工夫，有的是集體崇拜的神聖性仰望，經由儒家「仁」的價值權威，形成一種高壓管制的信仰力量，來規約團體生活的個人行爲。

黃氏在第四章裏大談儒家的「天命」，但是並沒有區分出天命的宗教性格與義理性格⑳，使其第四章僅是儒家天命思想的陳述，與其他各章缺少了直接關係。儒家「天命」的人文性格是來自於原始「天命」的宗教性格。到了基層社會依舊以原始宗教的「天命」來看待儒家精緻化的天道思想，進一步假借儒家的天道義理系統，暗藏作爲主宰的超自然力，以掌握人們抱持誠恐的虔敬心理，形成了一種仿冒儒家的文化傳統。這種仿冒儒家的文化傳統，雖然不相應儒家人文精神的天命思想，却能在現實利害的價值權衡下，有類似儒家立人道於天道的人文關懷，著重於個人的各正性命，以求在人際關係中掌握到有利於自己的社會資源。這種宗教性天命崇拜一直在中國社會流行，以類似儒家的「道」來追尋安頓個體生命的終極境界，或者說儒家的天命思想已成爲民間擴充宗教信仰勢力的最佳力器，經由百姓的「儒家崇拜」來建構了一個原始宗教所欲成就的理想社會，而這種社會在現實利益的前提下僅展現了一個儒家崇拜後的現實社會。爲了便利解說，這種崇拜後的現實社會，本文簡稱爲「儒家社會」。黃氏從三個交易法則所描述的社會，即是這種「儒家社會」。

第四節 交易與儒家社會

黃氏對「儒家社會」的理解，表現出其心理學家的專業涵養，但是由於對儒家思想的認識不清，使其書在觀念游離轉換中，凸顯不出他在這方面的精緻觀察。

黃氏以「家」作爲「儒家社會」的一個重要的基點是正確的[21]，「儒家社會」的文化現象，是以「家」作爲模型發展出來的。其中又以「孝」作爲發展的動力，黃氏以爲「孝」使得個人的生命能夠與家族的生命合而爲一，也使得個人的生命能夠在家庭的生命網絡中能夠定位下來[22]。當「孝」作爲個人的定位抉擇條件時，已非純粹的道德理念，而是具有宗教的解脫功能，以「孝」來撫平人類於有限存在面所受到的種種破裂與痛苦，但是當「孝」只是彼此間義務與權利的外在規範，容易被輾轉委屈於存在面的君父威權之下，喪失了自身的主體性與道德性[23]。黃氏指孝道的祖先崇拜即偏重在世人崇拜、感恩與祈福的宗教心理[24]。又黃氏所謂由孝道而來的成就動機，努力向外爭取各種社會資源的「善養之道」，也是把孝道落在社會機制中更深一層的陷落，在尊尊親親的形式化中，人的存在是被委屈，必須艱苦持家力守門戶，否則就會被冠上「不孝」的罪名，成爲民族的罪人。

從供需關係來看待「孝」並指出親情的困境，亦是黃氏對「儒家社會」客觀了解後的具體心得。親情的困境不是儒家思想本身的問題，而是孝道崇拜化與權威化後必然隨之而來的社會現象。當人際關係只考慮到供需關係，則親情反而成爲一種負擔，所謂「父慈、子孝；

兄友、弟恭；夫義、婦聽」就夾雜了一些委屈曲折的缺憾，使得彼此間不是建立在互相尊重上，而是相互妥協的求全心態。這種親情的困境，黃氏認爲都是由孝道引申而出，如謂：家庭中掌握有權力的資源支配者，以需求法則和其他家庭成員互動的關係，大多是從「孝」的概念衍生出來的[25]。此一論點是正確的，只是此時的「孝」，已非孝經上所謂的「孝」，而是夾雜著人欲私心的「孝」，正如黃氏所謂若人私欲重，更使人際關係陷入親情的困境。因此，當人有私心時，表面上的委曲求全，更存在著強烈的心理衝突。傳統社會只好加強道德條目的權威性格，在集體崇拜的皈依下，爲了獲得外在美名，即使受得委曲，也只好順從。黃氏判定儒家倫理在本質上是一種「實質性」的倫理與「他律性」的道德[26]，即是針對這種儒家社會而言，非儒家思想或孔子的「仁」。

黃書第七章「和與人情法則」則是討論儒家社會的混合性關係網，即與家庭之外的親戚、鄰居、師生、同學、同事、同鄉等角色關係。黃氏認爲在混合性的關係網裏，每個人都生活在彼此的社會評估之中。混合性關係含有情感性成分，但在必要時，個人也可以利用此種關係作爲工具，來獲取某些社會資源。因此個人必須在他人面前刻意表現出某種言行，以塑造自己在他人心目中的印象。這種行爲，社會心理學者稱爲「印象整飾」或「面子工夫」[27]。黃氏的這種論點，正是儒家社會的最大特徵。但是黃氏又引不少孔孟的話語來加以印證，不僅斷章取義，又糢糊了其創見的精義。

黃氏雖然曲解儒家經典，然其列舉各種人情交易法則，即是儒家社會最常顯現的現象。黃氏認爲人情有三種不同的用法，即1「人情」就是人之常情；2「人情」是指一種可以用來餽贈給別人的社會資源；3.「人情」是指一種社會交易的規範㉘。「人情」不管作那種解釋，都是就現實社會實際運作而言，非來自於儒家思想自身。這種實際的運作，強調溫良恭順、謙虛禮讓的「和」，但是「和」若不是來自於自願奉獻的道德心，則將因彼此交易的不公平而形成了「人情困境」。黃氏指出「人情困境」基本上是由：1資源支配者必須付出的代價，2.他預期請託者可能的回報，3.關係網內其他人的反應等三個因素所構成的㉙。這三個因素是將個人的權利與義務形式化，注意外在的交際之道而陷入存在的困境，把儒家自發心願的道德精神扭曲為虛偽的禮節。黃氏的曲解孔孟，即是一種扭曲的作法，而這種扭曲作法由來已久，黃氏是陷入了前人的圈套，這種不自覺即是缺乏「儒家崇拜」與「儒家社會」的認知。

黃氏第八章談人與人之間的「工具性關係」與「公平法則」。黃氏指出在許多情況下，作為生物體的個人有時必須和他人建立工具性關係，以這種關係作為獲得其他目標的一種手段與工具，目標達成之後，即不再與對方往來。由於工具性關係中所蘊涵的情感性成分甚為微小，個人以公平法則和他人交往時，比較能夠依據客觀的標準，做對自己最為有利的決策㉚。黃氏是想用這種工具性關係來證明其「雙層次的存在」的「識心」作用。實際上這種「精打細算」的識心，純粹來自於現實社會的具體運作，與儒家主體性與道德性的思想一點也沾不上邊，卻是「儒家崇拜」所建構的「儒家社會」的特殊面貌。「儒家社會」是有其自成系統的價值觀念，來幫助世人認識其所生存的世界，如何地精打細算，以便獲得最佳的生存空間。

黃氏一面說孔孟很少論及這種交往雙方均以「自利」作爲基礎的工具性交易關係，另一方面又強調孔孟大力闡揚「君民關係」與「君臣關係」兩種特殊型態的工具性關係㉛。這也是黃氏對孔孟思想體系缺乏認知所造成的，即孔孟的「君民」與「君臣」思想絕非建構在工具性關係的思維上，硬以工具性關係思維方式套在孔孟思想上，必然是牽強附會自圓其說罷了。但是在兩千年來的帝制社會裏，這種「君民」與「君臣」的工具性關係確實又存在著，這是由儒家忠道崇拜所形成的儒家社會，其「忠」的觀念喪失了道德理性的終極信念，形成了一種權威宰制的集體約束力量，這中間雖然滲入一些民本的觀念，然人民或臣子必須受統治者意志的支配，他們既不能有獨立的意志，也沒有客觀的行爲法則可供遵循㉜。從工具性關係而言，臣民是被委曲的，無法以對等性的態度來對待君王。對儒家思想而言，亦反對各種「以暴戾加諸他人的行爲」，暴君的無道，臣民並非要無條件屈服，但是在儒家社會裏人被價值權威所宰制，也遠離了儒家思想的原創精神。

黃書第九章、第十章是從「修身」與「立身」的個人行爲涵養，來談人與社會間的互動關係。黃氏謂「好學」、「力行」、「知恥」本來是道德主體的修養工夫，然而個人却可以將之轉移到其他的知識體系之上，用這套工夫來追求不同的「道」㉝。由此可見黃氏仍立於儒家社會的現象來看個人的出處，而非道德主體的儒家修養工夫。故黃氏依舊犯著同樣的錯誤，即曲解經文來滿足其理論的建構。黃氏認爲儒家爲了鼓勵其弟子學習「仁、義、禮」倫理體系，發展出一套「修身」的辦法，以便弟子能夠以之學習仁道㉞。修身在儒家思想裏，是誠心正意的道德自覺，非應付世情的處身法則，否則會產生了「道」的錯置現象，將自作主宰的「道」錯置在待人處事的知識體系裏，黃氏所謂「修身以道」、「立身以道」中的「道」，不是指創造性與主體性的「道」，而是錯置在現實情境的「道」，如黃氏謂：對於那些精研某一種知識體系而且賴以爲生的人，這種知識體系也可以說是他們的「道」。又謂：儒家「修身以道」的方法是隨著個人學習對象的轉變而移到新的「道」上去[35]。這些「道」的概念，已非形上「道」的意義，而是指形下的「器」。形下的「器」被誤指爲形上的「道」，就是一種的錯置現象。

這種道的錯置會影響到人格的正常涵養，此即黃氏誤解「君子之道」與「士志於道」的癥結所在。如黃氏謂：孔子志在濟世，他聚徒講學，教人學「道」，「以道修身」，而成爲「君子」，其目的是希望弟子們有機會能夠「學而優則仕」，出仕擔任官職，「以道濟世」[36]。將道的概念通俗化後，經由儒家崇拜必然導出「官大學問大」、「官高道德高」的錯置社會。君子成爲執政者的代名詞，權威化其「出仕」的價值意義，並「以道自任」把其個人神化爲代天宣化的神聖存在。黃氏似乎有這種傾向，所以認定孔子對於出仕是相當熱衷，因爲只有出仕才能以道濟世。這是誤解了孔子的整個生命人格，孔子的立志行「道」的「道」，絕非世俗價值的政治力量，也就沒有這種非出仕不可的世俗動機。同樣地，孔子所謂「士志於道」是指個體生命的自我超拔，非「以道事君」的出仕動機。

儒家社會在現實社會的運作下影響力是相當龐大的，將虛靈抽象的儒家思想作現實功利的社會心理的轉換，在轉換的過程中自成一套統緒脈絡，深入地影響到中國人的生存理念。一般人將這種生存理念錯認爲儒家思想，而產生不少無謂的爭執。在歷史文化的陳跡中，儒家社會自有其各種功過的文化形式，但是這種文化形式與儒家思想根本不相干，却由於自古以後缺乏這中間轉折的認知，無法眞正釐清二者的分際。社會心理學家加入這個課題的探討，是有助於對全盤社會文化重新照察、疏理、釐清與再詮釋。可惜，黃氏雖然很認眞的去讀傳統文獻，却依然落入到舊有的爭執形式上，無法眞正地尋找到文化中早已失落的根，重新建構起文化創造的精神動力。不過，黃氏的若干論點，是値得我們從現實的素材中重新思考的。

第五節 小結

黃書最後一章「儒家思想的轉化力量」的「儒家思想」，若改爲「儒家社會」，其意義就更清楚了。如黃氏認爲：要瞭解儒家思想的轉化力量，一定要了解儒家思想的內在結構，並澈底分析儒家思想所規約之社會行動的基本型態㊲。從文意可知，其所謂的「儒家思想」是指「儒家崇拜」與「儒家社會」。「儒家崇拜」所化約而成的生活準矩，在某些特定的外在條件之下，有助於東亞國家從傳統社會轉化成現代化的工業社會，同時其內在的某些因素也可能成爲東亞國家現代化的障礙。黃氏注意到「轉化力量」的討論與反省，是一件頗有意義的事。

「儒家社會」有其正面的功能，亦有其負面的功能，不宜過分地兩極化，這一點黃氏做了很好，比如其討論現實社會的家庭、經濟、政治等問題，皆能經由實證的客觀研究作公平的事理分析。黃氏的最後一章僅就社會現象來討論，反而比前面幾章更為清楚，能直接有效地分析出傳統社會意識形態的優點與缺點。若黃氏能把其常用的「儒家思想」改為「儒家崇拜」或「儒家社會」，就可以避開一些無謂的爭執，如其謂「儒家思想是一種維持專制統治的意識型態[38]」改為「儒家崇拜」，就可以化解由使用名詞所造成的學術爭辯，不過這也要黃氏有如此自覺才行，否則模糊的概念是很難令人心服口服的。最後，還是要向黃氏能立於其專業立場說話的勇氣致上佩服之意，其中雖然有不少的瑕疵，但是開風氣之先的魄力，仍值得感念。

注釋

❶ 參閱鄭志明「儒釋道俗世化的危機與轉機」（東海大學哲學研究所儒釋道思想與現代社會研討會，民國七十九年六月）一文。

❷ 黃光國，「儒家思想與東亞現代化」（巨流圖書公司，民國七十七年）第一五五頁。此書以下各注簡稱黃書。

❸ 黃書，第五六頁。

❹ 有關荀子心知求道觀念的被誤解，可參閱徐復觀的「中國人性論史」（臺灣商務印書館，民國五十八年）第二四二頁中的說明。

❺ 黃書，第八五頁。

❻ 黃書，第一二七頁。

❼ 有關官方形式教育，可參閱鵞湖月刊一系列討論「高中課本中國文化基本教材」的相關論文及座談會記

錄，有關民間形式教育，參閱鄭志明的「敦煌寫本家教類的庶民教育」（文化大學第二屆國際敦煌學術會議，民國七十九年七月）。

⑧ 這牽涉到「法病」與「人病」的問題，參閱鄭志明「明代三一教主」（學生書局，民國七十七年）第二四六頁。

⑨ 黃書，第一二八頁。

⑩ 黃書，第八六頁。

⑪ 黃書，第七二頁。

⑫ 黃書，第一二八頁。

⑬ 黃書，第一五八頁。

⑭ 黃書，第六六頁。

⑮ 黃書，第七六頁。

⑯ 黃書，第一〇三—一一四頁談儒家的天命觀，實際上儒家的天命觀，是上古宗教性天命信仰的轉化，民間還原其宗教性格是可理解的，參閱鄭志明「臺灣的宗教與秘密教派」（臺原出版社，民國七十九年）第二四—三〇頁。

⑰ 黃書，第八九頁。

⑱ 黃書，第一五九頁。

⑲ 黃書，第一二七頁。

⑳ 黃氏謂天命的四種取向，大致上受勞思光、李杜等人的影響，將天命的宗教性格與義理性格混在一起。實際上當偏重於形上意義的天命時，就喪失了天命的宗教意義，這二者之間的分際是很重要的。

㉑ 黃書，第一六一頁。

㉒ 黃書，第一六六頁。

㉓ 曾昭旭，「道德與道德實踐」（漢光出版社，民國七十二年）第二二八頁。
㉔ 黃書，第一六六頁。
㉕ 黃書，第一六九頁。
㉖ 黃書，第一三七頁。
㉗ 黃書，第一八一頁。
㉘ 黃書，第一九八頁。
㉙ 黃書，第二〇一頁。
㉚ 黃書，第二〇八頁。
㉛ 黃書，第二一〇頁。
㉜ 黃書，第二一二頁。
㉝ 黃書，第二三五頁。
㉞ 黃書，第二三三頁。
㉟ 黃書，第二二三頁。
㊱ 黃書，第二五八頁。
㊲ 黃書，第二七五頁。
㊳ 黃書，第三〇六頁。

第八章　清洪兩幫的忠義觀念

第一節　幫派的文化意識

遊俠的存在是中國社會一個很特殊的人物典型，其由來已相當的遙遠，如左傳宣公二年所記載的鉏麑，本身是刺客，卻又不願殘害忠義之士，只好自殺而死❶。類似這樣的人物在先秦時代為數不少，故司馬遷在其史記中專列有「遊俠列傳」一章，為遊俠們立傳。問題是這種人物的生命形態很難用單一標準來判定之，他們大抵上只是各為其主的草莽人士，卻又堅持某些其自以為是的價值觀念，當遊俠肯為這種價值實踐時，常被特意地美化為忠義英雄，標舉其行俠仗義的行為風範。可是值得反省的是遊俠的價值觀念與行為模式，是否眞正地符合傳統文化的忠義認知。

遊俠的物以類聚也是一件很平凡的事，如水滸傳的一百零八條好漢即是一個大型的遊俠集團，為了有效地管理這個集團的共同運作，就必然形成一個組織，如此的組織一般俗稱為幫會或幫派；不過在官方的眼中則是來自民間的秘密結社或秘密社會❷，官方是很害怕這種民間組織的蠱惑愚民，危害到其政權運作，可是在人民的心中卻是一種忠勇愛國與義氣千秋的組織，其幫會中人成爲武俠小說中的英雄豪傑。由於這兩種不同的認知，使得幫派組織在中國社會裏多少帶有著一層神秘的薄紗。

幫派究竟是一個什麼樣的組織？這是一個很有意義的問題，也是一個很難有定準的問題，比如說歷史上所出現的幫派與武俠小說中所描述的幫派是不太一樣的，而在中國社會歷代所出現的幫派在性質與特徵上也頗具多樣化，彼此之間的差異相當大，比如俗語所謂的黑白兩道，就是概述兩種性質完全不同的幫派。故本文將研究範圍縮小，鎖定在清代以來勢力最爲龐大的清幫與洪幫。有關清幫洪幫的研究所牽涉的面向也相當的多，已出版的研究專著不少❸，故本研究再將範圍縮小，僅涉及到清幫洪幫的教規，而討論的主題更爲集中，僅以教規中的忠義觀念爲研究的主要課題，即本研究可以說是清洪兩幫忠義觀念之文化意識的探討而已。

幫派有其自身的文化系統，應屬於中國文化傳統的一種次文化，這種次文化比較偏重在一般社會民衆的心理與行爲，可以說是小傳統的一種表現形態，與價值理性化之思想文化的大傳統有一段距離❹。近年來由於對中國人的國民性或民族性的研究普遍的受重視❺，各種小傳統的次文化研究成爲人文學界的重要研究課題，其所涉及的層面相當的寬廣，已累積不少研究成果，比如有關世俗社會的忠義行爲研究亦大有人在，如文崇一在「從價值取向談中國國民性」一文中討論到中國忠義等道德價值取向造成了一個泛道德主義的社會❻，在「報恩與復仇：交換行爲的分析」一文，對於君臣關係的忠與人際關係的義，有著較人性化的觀察，注意到現實社會價值的建立還必須考慮到現實利益與成本間的得失❼，在「中國人的價值觀」一書更進一步的指出儒家忠義等道德價值在社會化的過程中，還必須考慮到個人的性格、成就動機、價值觀念、需要與外在的社會規範等條件❽。

在道德行爲的研究上學者們比較偏重在人際關係的義之課題，如喬健的「關係芻議」一文以爲世俗的義是一種人情的關係❾，有關人情研究的論文不少，如金耀基的「人際關係中人情的分析」一文偏重在回報的交換行爲上，指出人情的處理是一種極大的社會技術❿，黃光國在「人情與面子：中國人的權力遊戲」一文中對此種社會技術有更深入的討論，分成公平法則、人情法則與需求法則等三個層面說明現實生活中的義實際上是中國社會中的種種計策行爲⓫。面子與人情是世俗性義行爲的一體兩面，陳之昭的「面子心理的理論分析與實際研究」一文，不僅討論到面子的交換法則，也注意到有關羞恥感的社會控制，即義行爲不當是價值上的應然問題，還要包含著社會功能的引導作用⓬；朱瑞玲的「有關面子的心理與行爲現象之實徵研究」與「中國人的社會互動：論面子的問題」等文，指出社會價值的內化必須配合社會的情境特性，注意到「牽制」與「互惠」的利益分配形態⓭。

另外朱岑樓的「從社會個人與文化的關係論中國人性格的恥感取向」一文也涉及到世俗性的忠義觀念與行爲，以爲儒家忠義等道德觀念造成中國的恥感社會與恥感文化⓮，金耀基的「面、恥與中國人行爲之分析」一文結合面子與恥感的研究成果，指出儒家的道德觀在社會技巧的工夫下，建構出一套生存的原則⓯。香港學者也關心這個問題，如趙志裕的「義：中國社會的公平觀」一文認爲義有著羞恥與好惡的兩種整體性的情感，而是現實的運作中可能由一些極端的文化象徵發展出偏差的行爲判斷⓰；張德勝在「儒家倫理與社會秩序」一書中認爲儒家的道德教化偏重於規範內植與個人修養，在具體的社會實踐中有著結構性的偏弊，缺乏了生命的激情⑰。有些學者從「超穩定體系」與「深層結構」的認知，對中國社會忠義行爲有更負面的判定，如孫隆基的「中國文化的深層結構」一書，認爲「忠」是專制政府的統治工具，把良知主體國有化，使得人民要無條件地服從帝王的宰制；認爲「義」是一種羞恥感的文化，只會人工地美化其門面，僞裝成有頭有臉，而內心未必是眞誠的⑱。魯凡之的「中國發展與文化結構」一書，與人生取向分成三個範疇，即人與人之間的關係、人與自然之間的關係與人自我內在的關係等，由於中國社會人與人之間關係的強態整合，其忠義觀念成爲國家霸權的護身符，導致產生價値崩潰的亂來主義⑲。

本研究所採用的理論與詮釋觀點大致上是以前人的研究爲基礎，可是並非專採單一特定理論的主觀立場，而是根據文獻資料所呈現出來的客觀事實或現象的需要，加以相應的分析與詮釋。在方法上是以幫派的教規作爲分析的資料，搜集到的資料有清幫的十大幫規、十大禁止、幫中十戒、十要謹遵（十大要件）、十大準繩、聖諭廣訓等⑳，洪幫的十條規約、十款規約、十禁例、十規要、三十六條誓詞等㉑。首先根據這些材料逐一地作內容的分類與簡要的說明，最後根據以上的內容分析作綜合性的討論。

本文共有十一則類似幫規的規約，條目總數爲一四七條，爲了有效地運用這些條目，根據其內容分成四大類，即國家倫理、家庭倫理、社會倫理與幫派倫理等。這四大類中，除了國家倫理外，各類的條目不少，再作細部分類，家庭倫理分成父母之孝、長幼之序、夫婦之情與個人之德等四項，社會倫理分成戒淫、戒貪、戒暴、戒凶與戒私等五項，幫派倫理分成入幫倫理、尊卑倫理、幫務倫理與結義倫理等四項。分類有時是不太容易的，牽涉到認定的問題，無法完全客觀，故本文將分類的過程，記錄下來，以便追蹤出數據的由來，也可以提供給其他研究者作重新的認定，從資料內容的分類脈絡中重新賦予新的詮釋。

第二節　幫派教規中的忠義社會

幫派組織在中國的基層社會裏有其獨特的生態環境與社會功能，是一種具有濃厚地方色彩的異性結拜組織或械鬥團體，沿襲傳統盟誓儀式來恪守誓約，且以忠義的倫理觀念來強化內部的領導力量㉒。幫派的生態環境富有鄉土的情懷，可以說是民間的互助單位，以結盟的集體力量來維護群體內部的共同利益與安全，算是民間的一個小型社會。這個小型社會是一個意識形態極爲強烈的社會，彼此之間有一套公認的行爲模式與價值理念，作爲弟兄們相互溝通的工具，也由此激發出慷慨赴義與赴湯蹈火的勇氣。這個社會族群基本上是效法桃園三結義的異性結盟及其義氣的生命形態，強調謀結同心的義行，以忠心義氣相互要求，不可不忠不義，危害到集體的安全。如此的社會或許可以稱之爲「忠義社會」，可是其所謂的「忠義」的概念與行爲可能存在著其特定的定義與解釋，有必要再作深入的分辨。

幫派的教規可以說是此忠義社會意識形態集大成之核心部分，作爲其維持社團秩序的思想典範與行動準則，不僅是幫派中人不可違反的價值規範，同時也有著神聖而不可侵犯的宰制權威，一旦入幫就必須以教規做爲其生命存在的最高信條。即教規是一種形式控制，以教條爲張本，以誓約的制裁力量爲後盾，產生集體行爲的強制功能。這種建立內部秩序的強制手段是利用誓約的宗教力量，來完成其所謂忠義的倫理秩序。如此其背後的控制力量不是道德精神的自覺，依舊仰賴著類似宗教信仰的神秘控制。由此可見教條本身不單是道德規範條目而已，同時也是一個判定是非的超自然力，幫派就是以這種超自然力作爲號召，動員群衆來保護其集體的利益。下面針對清洪兩幫的教規內容先作簡單的分類說明：

甲、清幫

一、十大幫規（十大家規）：（各書的記載都有出入，又分成舊十條與新十條）

舊十條：

1. 不准欺師滅祖
2. 不准不孝雙親
3. 不准投拜二師
4. 不准藐視前人
5. 不准攪亂幫規
6. 不准盜賣安清
7. 不准欺孤凌弱

8. 不准嫌卑亂宗
9. 不准奸盜邪淫
10. 不准計名收人[23]

新十條：

1. 不准欺師滅祖
2. 不准藐規前人
3. 不准提閘放水[24]
4. 不准引水代縴[25]
5. 不准江湖亂道
6. 不准擾亂幫規
7. 不准扒灰盜攏[26]。
8. 不准姦盜邪淫
9. 不准大小不遵
10. 不准帶髮收人[27]

清幫的十大幫規有些因時空的關係在內容有些出入，大致上多維持十條形態，本文選較具代表性的前後兩則為例，有些幫規尚有「不准結黨欺人」、「不准引匪入道」等條文，這些條文的意義可以放在其他條文裏，故不加以考慮。後十條的第一、二、六、八、十等條是重複的，前後兩則共有十五條條目；這十五條中沒有一條是談國家倫理的，家庭倫理有一條，即第二條，重視對父母親的孝；社會倫理的有兩條，即七與九條，前者屬於戒暴部份，後者包含戒貪與戒淫兩部份。其他十二條以幫派倫理為重，第一、十與後四等條屬入幫倫理；第一、四、八與後九等條屬尊卑倫理；第五、六與後五等條屬幫務倫理；第後三與七等條勉強可以歸類入結義倫理。

二、十大禁止

1. 一徒不准拜二師：師生情理重如山，去此就彼非其男；忠良不將二主保，自古未見兩層天。

2. 父子不准同一師：至親莫過父子情，若拜一師為弟兄；祖師方把此規定，不教後世亂支宗。

3. 師死不准再拜師：師生如同父子情，過方徒應繼其宗；棄故若投他門下，宗脈斷絕罪難容。

4. 關山門不准重開：香高徒重關善門，不准開門再收人；復再開門收弟子，後輩焉能敬師尊。

5. 徒不收不准師收：弟子旣不收此人，師父若收為亂倫；混亂次序犯家規，趕出香堂關大門。

6. 兄進徒不准弟進師：兄弟本是手足情，同參即是合正宗；弟若為師是滅祖，家理立規實難容。

7.不准與本幫作引進：家規本是幫祖留，三幫九代傳千秋；你為吾引我為你，安親義氣萬古流。

8.師過不准代師收徒：師父過方已仙遊，弟子馬能代替收；三敎流傳是一體，飛昇不能再傳流。

9.入會後不准辱罵人：臨濟家裏非等閒，安清本是俠義男；自相辱罵幫規犯，香堂難以朝祖先。

10.香頭高不准自誇高：香頭雖高人不大，香頭雖矮人不小；進會原是義氣重，你恭我敬感情好。

本十大禁止等條都是屬於幫派倫理，其中大多以入幫倫理爲規範要點，如前八條，第九條偏向於結義倫理，第十條偏向於尊卑倫理。

三、幫中十戒

1.戒萬惡淫亂
2.戒斷路行兇
3.戒偷盜財物
4.戒邪言咒語
5.戒訟棍害人
6.戒毒藥害生

7.戒假正欺人

8.戒倚衆欺寡

9.戒倚大欺小

10.戒貪酒吸煙

以上十條是以社會倫理爲重，第一條屬戒淫，第三與十條屬戒貪，第五、八與九等條屬戒暴，第二、四與六等條屬戒凶，第七條屬戒私。由幫中十戒可知，清幫是一個相當重視社會正義的幫會。

四、十要謹遵（十大要件）

1.要孝順父母

2.要熱心從事

3.要尊敬長上

4.要兄寬弟忍

5.要夫婦和順

6.要和睦鄉里

7.要交友有信

8.要正心修身

9.要時行方便

10.要濟老憐貧

以上十條是以家庭倫理爲重，第一條屬父母之孝，第三與四條屬長幼之序，第五條屬夫婦之情，第二、六、七、八、九與十等條大致上多可算是個人之德。可見清幫對於幫派中人的行爲要求仍以儒家的道德教化爲主。

五、十大準繩

1.正心
2.束身
3.孝親
4.修德
5.愼言
6.處世
7.聽言
8.財產
9.達觀
10.衞生

十大準繩的條目更難分類，其內容反映出傳統社會的意識形態、共有性格與行爲方式㉘，是傳統文化社會化後的產物，大致上仍偏重個人德性的自我要求，也重視個體生命的養生之道。經過再三考慮，將大部分條目劃入家庭倫理的個人之德，其中第三條屬父母之孝。

六、聖諭廣訓

1. 敦孝弟以重人倫
2. 篤宗族以昭雍睦
3. 和鄉黨以息爭訟
4. 重農桑以足衣食
5. 尚節儉以惜財用
6. 隆學校以端士習
7. 黜異端以崇正學
8. 講法律以儆愚頑
9. 明禮讓以厚風俗
10. 務本業以安民志
11. 訓子弟以禁非為
12. 息誣告以全善良
13. 戒窩逃以免株連
14. 完錢糧以省催科
15. 聯保甲以弭盜賊

16.解私忿以重身命

聖諭廣訓本是清代康熙皇帝用以訓教萬民的十六條，後來雍正皇帝將每條逐加詳解，要求地方鄉社廣爲宣講㉙。清幫接受這些條目作爲其教導徒衆的根據，由此可見清幫與滿清不是站在完全對立的立場上，甚至在儒家聖賢的教誨下，亦可接受滿清統制中國的事實。這十六條裏第八條與第十四條勉強可算是國家倫理，對國家體制的尊重；第一、二、五、十一等條爲家庭倫理，第一條有父母之孝亦有長幼之序，第二條的宗族關係可列入長幼的尊卑之序，第五與十一條屬個人之德；第三、四、六、七、九、十與十二等條屬社會倫理，但與原先設計的條目相配，還要經由認定才可，經由判定第三、九與十二應可屬戒私部份，第五與第十談重本，可歸入戒貪部份，第六與第七談正道，可歸入戒淫部分；在其條目的講解下，也將某些條目轉化爲幫會倫理，如第十三、十五與十六等條，第十三條可解釋爲戒引匪入幫，屬入幫倫理，第十五與十六可算是結義倫理。

根據以上的分析，可以將清幫此六則規約條目歸類成表一：（見下頁）數據的獲得並不難，難的是如何讓數據本身就具有著詮釋的能力。在這個表的數字下，或許可以作下列兩點說明：

a.清幫的幫規幾乎未關心到國家倫理，即未強調忠的觀念與行爲：在清幫自己所設定的規約中沒有一條涉及到國家問題，此種現象與該幫派的派性有關，自稱出自佛門臨濟宗派，是帶髮修行，傳授持家眞理，首重五倫八德。既然重五倫就應該關心國事，清幫幫規未有這方面的要求，可能與清代異族的統治有關，到了民國二十年間有關清幫

表一：清幫幫規的內容分類表及其百分比

	國家倫理	家庭倫理	社會倫理	幫派倫理
1.	○	一	二	一二
2.	○	○	○	一○
3.	○	○	一○	○
4.	○	一○	○	○
5.	○	一○	○	○
6.	二	四	七	三
總合	二	二五	一九	二五
百分比	二・八	三五・二	二六・八	三五・二

文獻的序文裏幾乎多有「共謀國家之鞏固，同禦外侮之來臨」[30]的主張，有的把十大謹遵第二條改為「要為國盡忠」。

b.家庭、社會與幫派等倫理並重，此三者即是幫派廣義之義的觀念與行為：這三項在比例上出入不大，大致上應該同等重要。而且這幾類規約中各有所偏，即所關心的重點不同，不過總不離其首重信義的立幫之道，可是其所謂的「信義」是有必要經由此三種倫理的分析，作更進一步的內容探討。

表二：清幫家庭倫理的內容分類及其百分比

家庭倫理	父母之孝	長幼之序	夫婦之情	個人之德
清幫	四	二	三	一七
百分比	一五・四	七・七	一一・五	六五・四

有一條目分成兩項，總數爲二十六，其中以個人之德出現最高，這是因爲個人之德的內容比較多的原故，而其他條目只要有一則就可以了，如此其他三項出現的次數也不算少，而又以父母之孝最被重視。由以上的數據可以作如下的說明：

a.清幫的義是建立在個人的道德倫常上：從第五則的條目可知，清幫的道德規範深受儒家大學思想的影響，強調「正心」、「束身」進而「孝親」、「修德」，成就其修身家齊平天下的道德理想。

b.清幫的義有強烈道德重整的作用存在：清幫企圖借幫會組織來重整傳統道德，如其十大幫規對第二條的處罰云：「倘有不孝之徒，查出家法責革，不准再進家裡。」[31]故家庭倫理的倡導，是企圖回到傳統的價值規範之中，以幫派的約束力量來完成之。

表三：清幫社會倫理的內容分類及其百分比

社會倫理	戒淫	戒貪	戒暴	戒凶	戒私
清幫	四	四	四	三	四
百分比	二一	二一	二一	一六	二一

由此表可知，清幫社會規範的道德要求所涉及的層面相當平均，其意義有二：

a. 社會的人際倫常關係建立在自我心性的要求上：清幫由孝弟的家庭道德推展到宗族鄉黨的人際關係上，如此的思維方式是相當傳統性，以個人的道德自覺做爲群性活動的社會機制，如本表社會倫理的分類就是根據這種思維而來，因爲如此的分類才能眞正掌握到道德取向的社會活動內容。這種道德思維的社會活動是針對個人的內在心性對外在行爲作嚴格的要求。

b. 行爲上的凶暴來自意念上的貪淫與私心，因此貪與私也成爲行爲上最大的惡：如此的行爲判定即是中國常民文化的主要意識形態，清幫應用幫規的權威性格來確保這種行爲模式的實踐。如幫中十戒第一戒詞云：「自古萬惡淫爲首，凡事百善孝爲先；淫亂無度干國法，幫中十戒淫居前。」

表四：清幫幫派倫理的內容分類及其百分比

幫派倫理	入幫倫理	尊卑倫理	幫務倫理	結義倫理
清幫	一二	五	三	五
百分比	四八	二〇	一二	二〇

清幫的幫派倫理建立在師徒的傳承關係上，因此產生了下列的現象：

a.首重入幫倫理，強調師徒的輩份關係：其十大禁止的主要立足點就在輩份的倫理關係，此種輩份關係也考慮到世俗的倫常結構，所以要詳加以規定，以免弄亂了尊卑之間的倫理關係。故入幫倫理與尊卑倫理就清幫來說是可以合起來看待，如此其所佔的百分比將近七成，由此可見，清幫是一個師徒制的幫派與一般結義性質的幫派不太一樣。

b.因重師徒的尊卑關係，較採權威性領導，而少幫務倫理的規定：傳統的尊卑關係很容易產生權威性的領導性格[32]，以重上下關係的高度階式結構，經由組織化的歷程，賦予不同的地位與權力，使弟子們能夠遵循與接受。當權威性的領導建立以後，只要作原則性的宣告即可，如謂不可攪亂幫規、不可江湖亂道等。

c.幫派團體生活的行動規範基本上回歸到傳統的倫理法則上，故除了特定的結義倫理外，不再規定：這種師徒制的社會組織，可以納入到傳統式的中國集體社會意識，因此傳統的生活理念依舊有效，只要針對某些特殊情境加以規範即可，如不准扒灰盜攏就是一個比較特殊的情境，其詞云：「幫中扒弄敗名聲，利己損人不可行；搗亂幫中落話柄，存心不善非英雄。」

乙、洪　幫

一、十條規約

1. 盡忠保國
2. 孝順父母
3. 長幼有序
4. 和睦鄉鄰
5. 為人正道
6. 講仁講義
7. 叔嫂相敬
8. 兄仁弟義
9. 遵守香規
10. 互信互助

這十條規約是將幫派倫理擺在家庭倫理與社會倫理之中，與清幫相類似，但是洪幫的政治意識較強，第一條就宣揚其盡忠的國家倫理，第二、三、五、六、七與八等條屬家庭倫理，其所謂的弟兄擴大到結義的關係上，第二條屬父母之孝，第三、七與八條屬長幼之序，第五與六屬個人之德；第四與十條屬社會倫理，這兩條的和睦與互助的要求可擺在戒私上；第九條屬幫派的幫務倫理。

二、十款規約

1. 不准姦淫霸道
2. 不准調戲妹嫂
3. 不准指紅當砲
4. 不准越邊拐逃
5. 不准口角風暴
6. 不准洩露機密
7. 不准越理反教
8. 不准以大壓小
9. 不准開花鬥霸
10. 不准引馬上槽

這十條是將幫派倫理與社會倫理結合，第三、六、七與十較偏向幫派倫理，其他各條可歸類於社會倫理，第一、二與四等條屬戒淫，第五與八條屬戒暴，第九條屬戒貪；幫派倫理部分，第六與十條屬幫務倫理，第三與七條屬結義倫理。

三、洪門十禁例

1.不得領花紅捉拿兄弟
2.不得姦淫義嫂義妹
3.不得私傳館底教習外人
4.不得與兄弟鬥氣傷害手足，不得臭言惡語辱罵兄弟
5.不得酒後橫兇，鬧事喧嘩，藐視香主父母等長輩
6.兄弟託帶財物須要送到詢交，不得私吞藏匿
7.不得私自撿銀肥己自用
8.與兄弟賒借財物須要有借有還，不得拖延
9.不得恃強欺弱，須要富貴一體，不得藐視貧窮
10.身為執長者，倘兄弟有事須要酌議，應行則行，不得委推，借事躲避

此禁例的條文比較明確，大多是針對結義弟兄的關係而設的，僅第九則可勉強歸類於社會倫理的戒暴，其他都是幫會倫理，第五條屬尊卑倫理，第三與十條屬幫務倫理，剩餘各條屬結義倫理。

四、洪門十規要

1.凡入會者須守會之宗旨，合群團結，保全大局，順行天道；擁護政府暨最高領袖，愛護國家消滅漢奸。

2.入會之後兄弟和好結為手足，出入相顧，患難相扶，不得相殘，成一家之親。

3.凡會內兄弟須要孝順父母，不得辱罵粗言，藐視兄弟有傷手足之情。

4.凡是會內兄弟須要滌身為本，凡百事若有害己者免之，有益群衆者增之，是大丈夫之根本。

5.凡兄弟者不論老少有能者居之，凡是有職責竭力為之，以免誤事。

6.凡我會兄弟不得傷殘，言語相爭，有害本會之基礎，以和為貴。

7.凡會內人等，禮義相對一家親，不可聽旁人之言，恐生是非有失和氣，遵守本份為先。

8.會內兄弟未入會之前有多少爭鬥事件，入會之後作為骨肉之親不得多論。

9.凡會內兄弟有志者立成基礎團體，百事有能者傳兄弟以備後用。

10.本會之基礎以實力為首，凡兄弟有能敎習者，有職任者用心來敎之，以助社會之盛名。

此洪門十規要就內容來說，是民國以後才設訂的規條，在清代有二十一則、十禁與十刑等處罰規定，與本文所謂的幫規有出入，故不採用，此處所採用的禁例與規要還是偏重在原則性的宣示上。第一條屬國家倫理，第三與四條屬家庭倫理，前者重視父母之孝，後者重視個人之德；其他各條屬幫派倫理，第八條屬入幫倫理，第五、九與十屬幫務倫理，第二、六與七屬結義倫理。

五、洪門三十六條誓詞

（清代時期的誓詞與民國以後的誓詞出入甚大，清代的誓詞有反清復明的政治要求，民國的誓詞則改為擁護黨國；因篇幅的關係，僅以民國以後的誓詞，做為研究的材料，且將如有不遵的咒詞省略）

1. 自入洪門以保國保種，保本山本堂為前提，毋忘先烈之遺訓。
2. 現在倭寇侵我國土，殺我人民，殘暴獸行，此仇此恨不共戴天，我輩誓以至誠捍衛國家民族，擁護黨國暨軍事最高領袖，以恢復中華民族山河領土，驅除倭寇除滅漢奸，誓為爭自由平等獨立之真民國為目的。
3. 或為國討賊，要同心協力，輸助軍餉，不得事外造謠誹謗。
4. 倘有漢奸竊圖破壞國土完整，我輩兄弟在內則效力戎行，在外則輸財助餉，不得退縮。
5. 要孝順父母，和睦桑梓，敬愛手足，以重綱常。
6. 兄弟家財物業不得强賒强借，不得强搶强奪。
7. 凡屬義嫂義妹不得强姦調戲及作種種乖亂倫常之事。
8. 凡園內兄弟花紅不得領納，如有膽敢領兄弟花紅者，公同對待，各宜自重。

9.不得串同官差拿園內兄弟，不得揑造手足逆倫之事設謀陷害，不得私領外人賞封行刺手足。
10.凡文武衙門行走人員，遇兄弟有案情，務宜預早通知以便提防，不得私領花紅串同官差摘食手足。
11.凡園內兄弟發財，兄有兄份，弟有弟份，不得眼紅眼赤，以及偏門不得混騙洪門手足銀兩首飾物件。
12.所有洪門本底不得私傳於園外之人。
13.大家聯為手足，須要秉正和好，勿徇私情。
14.不得妄生是非，自報私仇，傷殘園內手足。
15.不得恃才傲物，反對洪門宗旨。
16.見園內手足與別人爭鬥，認准洪門牌號，須要上前有理幫理，無理相勸。
17.手足有難報到，須要打點出關，以盡同盟之好。
18.凡手足行李來往，認準洪門牌號，不得欺心攔截搶奪。
19.公推掌理各部職任人員，須要矢公矢慎，不得肥己誤彼。
20.如遇園內手足有爭執事，須要聚堂聲明，公判曲直，不得橫行交涉，以存公理。
21.如手足有事報到，不論早晚，先查明本底，確非假冒，務宜招待，毋負手足之情。
22.手足遇緊急患難求助途費，有多幫多，有少幫少，不得袖手旁觀。
23.所有園內手足均一體優待，勿存彼此之念。

24. 遇有公事接到函電須要照辦，不得等閒視之。
25. 忠信為本，義氣為先，倘園內手足付託書信銀兩物件，須要週全送到，交該手足家，不得隱匿呑噬。
26. 在城鎮市埠要公買公賣，不得恃强欺弱。
27. 會場中排列儀仗及秘密訓詞，不得洩漏於外，不得私賣腰憑衫仔。
28. 義結花亭親如骨肉，不得聽信讒言，致手足乖離。
29. 介紹新進會員館底費須要交出公堂，不得竊充私囊。
30. 自入洪門有福同享有禍同當，薦據園內人才為國為民進行會務，不得妒賢妒能。
31. 洪門有寄妻託子之意，如有手足之孤兒寡婦無人倚靠者，集衆幫助，不得坐視。
32. 太平開會每年五祖陳近南萬雲龍諸先烈三神，公堂慶典須上前踴躍，有財幫財，無財幫力。
33. 手足受任，要守之地方，不得侵犯。
34. 如有紅白麟儀飛到，須要解囊樂助以全結義之雅。
35. 不得拐洪門手足妻子兒女出賣。
36. 遞年堂中經費須要遵章繳足。

目前被保留下來有關三十六誓詞的版本甚多，出入甚大㉝，不過表達的方式頗爲接近，在條目分類的偏重上其立場有其一致性，故挑選較接近現代的一則來作說明。這三十六則中第一、二、三與四等條屬國家倫理，第五條屬家庭倫理包含有父母之孝、長幼之序與個人之德等三項；第二十六條屬社會倫理的戒暴；有三十條是幫派倫理，第十二與二十七條爲入幫倫理，第十五、十九、二十、二十一、二十四、二十九、三十、三十二、三十六等條屬幫務倫理，其他各條屬結義倫理。

由以上五則規約的分析，可得出如下的統計表：

表五：洪幫幫規的內容分類及其百分比

	1	2.	3.	4.	5.	總合	百分比
國家倫理	一	〇	〇	一	四	六	七·九
家庭倫理	六	〇	〇	二	一	九	一一·八
社會倫理	二	六	一	〇	一	一〇	一三·二
幫派倫理	一	四	九	七	三〇	五一	六七·一

由上表可知，洪幫是一個相當重視幫派倫理的幫派，其特色如下：

a. 洪幫有強烈的政治意識與政治活動，故相當強調盡忠的觀念：自滿清到民國洪幫的政治色彩頗爲濃厚，必然重視忠的觀念與行爲，其所謂的忠簡單說即是忠於國家民族，也可詳細的說，如三十六誓中有關忠的規定就有四條，幾乎已經作出周密的規範，其重點有二，一爲保國保種，一爲爲國討賊。由此可知，數據的多少不是絕對性，應該擺在整體的評量上，作合理的詮釋。

b. 傳統社會的家庭與社會道德規範對洪幫來說，約束力不大：有關家庭倫理與社會倫理的條目僅各佔一成左右，實際上在結義倫理中有不少條目與家庭倫理或社會倫理有關，只是洪幫將其轉化爲一種結義的義氣，針對其結義的弟兄而言，產生了一種相對性的人際關係，有強烈的內外之分，產生了心理學上所謂的區隔策略㉞，對於外人似乎就可以不受道德所規範。

c. 洪幫重視的是自己所立的江湖規矩：幫派倫理所佔比例約七成，可見洪幫相當重視實際運作的行爲規範，在立身處事上訴諸於幫規權威，再經由立誓的神祕力量，形成了一套必須遵守的江湖規矩，信守這套規矩的人才有資格稱爲有義氣的江湖中人。

基本上洪幫也是一個具有傳統性格的幫派，是由傳統社會的生態環境中發展而成，必然表現出固有的衆趨性格，這個衆趨性格是立足於家庭倫理，有強烈的家族取向，洪幫就是以兄弟的關係建立其幫派組織，雖然有關家庭倫理的條目不多，但是幫派弟兄所謂的義氣，與家庭倫理有密切的關係，從這些有限的條目中仍然可以看出其特色：

表六：洪幫家庭倫理的內容分類及其百分比

家庭倫理	父母之孝	長幼之序	夫婦之情	個人之德
洪幫	三	四	○	四
百分比	二七・二	三六・四	○	三六・四

a.洪幫相當重視長幼之序與個人之德：這兩項的總合超過七成，其所謂的個人之德還是針對兄弟間的義氣而言，如十條規約的要「爲人正道」與「講仁講義」等條實際上就是民間的所謂的江湖義氣，洪幫將這種江湖義氣轉爲兄弟之情，強調長幼之序，如十條規約的第八條要兄仁弟義。

b.父母之孝仍爲家庭倫理之首，是入幫的基本條件：有家庭倫理的規約就有父母之孝這一項，孝順父母可以說是兄弟義氣的根本，未有不孝順父母的人會講兄弟義氣，這是他們最簡單的推理認知。

洪幫的結義倫理應該也算是一種社會倫理，現在先將結義倫理除外，看看其規約中社會倫理的內容：

a.除掉了結義倫理之後，其社會倫理的內容頗爲單薄：其社會倫理的要求較爲原則性的表達，如十條規約的「和睦鄉鄰」與「互信互助」，只是一種抽象的概念，未有具體的行動宣示，在十款規約雖然具體多了，似乎又與結義倫理關連在一起，缺乏其獨立性格。

表七：洪幫社會倫理的內容分類及其百分比

社會倫理	戒淫	戒貪	戒暴	戒凶	戒私
洪幫	三	一	四	〇	二
百分比	三〇	一〇	四〇	〇	二〇

b.戒淫與戒暴是其社會倫理的兩大重心：幫規主要就是一種行爲規範，在洪幫還配合其自身的家法，其十八章律書就是將幫規刑條化，因此對於某些經常會觸犯的行爲都一再的宣導，配合十八章律書來看，確實淫與暴所佔的比例最高[35]。

表八：洪幫幫派倫理的內容分類及其百分比

幫派倫理	入幫倫理	尊卑倫理	幫務倫理	結義倫理
洪幫	三	一	一七	三〇
百分比	五・九	一・九	三三・三	五八・九

洪幫幫派倫理各項所佔的比例不平均，其意義如下：

a.其入幫的條件比較單純化，只要發誓，遵守誓約，就可以加入：洪幫對於加入者也是愼重其事，由引進、保舉，而入香堂立誓，並須斬香爲證，從此約爲兄弟，不需考慮輩份問題，也無收徒的問題。所以其入幫倫理只強調不可私傳而已。

b.洪幫不強調尊卑倫理，重視平等互惠的結義情義：洪幫重視的是兄弟的情義，而非師徒的尊卑，若有尊卑關係是建立在對領導的服從上，其領導稱山主或香主，領導者亦以義氣領軍，不可以權威來壓迫弟兄，否則也會被弟兄所推翻。

c.不採用尊卑式的權威領導，就必然重視幫務倫理，且以家法作後盾：洪幫的組織運作就建立在幫務倫理上，首先要服從洪幫宗旨，進而公推掌理各部的職任人員，遇事則聚堂聲明公判曲直，以家法處置。

d.有了家法之後，對於兄弟之間的結義倫理就必須嚴加規範：結義的目的在於藉集體的力量來獲得更佳的生存環境，因此只要認清楚洪門牌號，就應該有理相幫，無理相勸；洪幫相當重視結義弟兄的感情，不容許因個人之情而破壞之，爲了有效維持此種倫理，更訴諸於嚴厲的家法。

洪幫的結義倫理等同於幫派社會的人際關係，其具體的內容可依社會倫理的條目再作分析；第三2與五7屬戒淫，第三1、6、7、8、五6、8、9、10、11、25、35等條屬戒貪，第二3、三4、四2、6、7、五18等條屬戒暴，第五33屬戒凶，第二10、五13、14、16、17、22、23、28、31、34等條屬戒私，列表如下：

表九：洪幫結義倫理的內容分類及其百分比

結義倫理	戒淫	戒貪	戒暴	戒凶	戒私
洪幫	二	一一	六	一	一〇
百分比	六・七	三六・七	二〇	三・三	三三・三

洪幫的教條中常將戒暴與戒凶合起來，故把此二項合爲戒凶暴一項，由各項的數據，可做如下的說明：

a.戒淫的條目雖少，但是其內容已相當周延：如禁例第二條戒姦淫義嫂義妹，誓詞第七條更詳細，凡屬義嫂義妹不得強姦調戲及作種種乖離倫常之事，在其十八章律書則分成五章，其內容爲調笑同堂之婦女、調笑同堂尊親之婦女、調笑同堂卑親之婦女、姦淫同堂尊親之婦女與淫姦同堂卑親之婦女等。

b.戒貪與戒私是禁例與誓約的重點：戒貪與戒私兩項合起來共佔七成，貪與私都是意念的問題，往往會一時把持不住，故要在禁例與誓約中一再強調與規範，甚至在細節上說得更清楚些，免得一失察成千古恨，因此讓人感覺有些條文似乎是多餘的。

c.在規要中特別重視戒凶暴：洪幫強調以和爲貴，禁止弟兄言語相爭，進而手足相殘，危害到幫會的集體安全，因此有其硬性的要求，如謂入會之前有多少爭鬥事件，入會之後就不可再提起。

第三節　忠義社會的文化現象

清幫與洪幫的忠義社會同樣都來自於傳統的文化生態環境，頗受社會結構中既有的意識形態所支配，其價值規範與行為模式有相當大的同質性，可是因其組織方式的不同，也有著分殊歧異的異質性。這中間的異同應先加以釐清，方能眞正掌握到幫派社會的文化現象，及其所表現而出的忠義觀念。故下面先將清幫與洪幫的幫規內容的分類數據再並列起來，加以分析與說明，企圖掌握其中的異同：

表十：清幫與洪幫幫規的內容分類表及其百分比

	國家倫理	家庭倫理	社會倫理	幫派倫理
清幫	二	二五	一九	二五
洪幫	六	九	一〇	五一
總合	八	三四	二九	七六
百分比	五·五	二三·一	一九·七	五一·七

分類的架構與意義的說明還是要擺在資料內容的脈絡之中，才能眞正地分析出此分類表的眞實現象與依存涵義。下面就資料的整體脈絡系統，試圖說明清洪兩幫其性格上的異同。

a. 清幫與洪幫對國家倫理有認知上的差異，正是兩幫幫性的分歧所在：清幫與洪幫其幫派的起源大不相同，因此在政治立場的主張出入甚大；清幫的宗教色彩較濃，受到晚明羅祖教的影響㊱，自稱來自於佛教禪宗臨濟道脈，到了清代與漕運結合，成爲南北運河運送糧米船隻的幫派，此一幫派又因各省漕運系統的不同，可細分成一百多個小幫，分屬於十大總幫，其幫派的運作，主要是靠拜師入教的方式來維持，以共同的信仰與教規來保護群體組織的既有利益，故未有濃厚的政治需求，而強調其集體互助的社會功能。洪幫一開始就與反清復明的政治活動有關，一般謂洪幫起於「漢留」，行於「海湖」，所謂漢留是明滅之時，有志之士如鄭成功等人所組織的抗清團體，後來爲了逃避清廷的壓制，分向「海湖」形成各種組織，洪幫認爲清幫也是漢留的一支，只是其組織與當時的羅祖教結合，而展現出不同的形態，其目的還是在於反清復明，這種說法清幫未給予認同。清康熙十三年各地組織結盟，開洪家大會，正式成立洪門幫會，在各地紛紛開山立堂，有的地方除了山堂外，還成立了會社，如天地會、三合會、三點會、哥老會等，這些會社有強烈民族革命的色彩，曾參與太平天國起義，也與孫中山的革命活動有密切的關係，甚至到了對日抗戰前後，部分地方的會社與國民黨仍結合在一起㊲。因此洪幫要誓爲爭自由平等獨立之眞中國爲目的，也就不足爲奇了。

b. 清幫重視家庭與社會倫理，洪幫重視幫派倫理，與其制度有關：清幫本質上是一種宗教團體，以信仰作爲團結群衆的樞紐，建立出屬於師徒之間上下輩份的關係，近於家族結構，強調安親家理的江湖俠義，自稱承襲了我國固有的道德傳統，積極地闡揚三綱五常四維八德的倫理精神，在這種情況下，其所謂的道德，有強烈代天行道的宗教使命，其所謂的倫常就難免會墮入到權威的宰制之下。洪幫不是建立在師徒制上，而是建立在兄弟制上，以異性結拜方式來吸收成員，以結盟誓約方式來鞏固領導，故洪幫特別重視幫務倫理，其幫務倫理也是一種權威性的宰制，其力量來自於盟誓的儀式，開展出慷慨赴義的江湖道義，在如此的情況下，誓約不僅具有法律的作用，同時也可以動用私刑。

c. 制度性的差異不僅造成幫派組織結構的不同，也影響到其價值觀念：師徒制與兄弟制不僅是輩份關係的差異，其管理倫理也大不相同，清幫對拜師的規定很嚴格，可是其資格有了就可以自行招收徒弟，繼續傳承縱的師徒關係，清幫以縱的師徒關係爲主，對旁支原本上互不統屬，在道義上以輩份相敬，其原則爲：凡遇同道，有親敍親，有友敍友，無親無友才能敍到安親，若在香堂，則敍班輩，一師皆師，一徒皆徒，人無大小禮爲尊[38]。清幫可以說在同門中重視輩份，在異門中雖有輩份以禮義爲主，因此清幫特別重視傳統倫理，嚴格禁止悖理亂倫，又以社會倫常來聯繫異門關係，以江湖道義相助，若要敍班輩須到香堂。洪幫無輩份之別，成員以齒爲序，或以入幫先後爲序，平常皆以兄弟相稱，地位平等，互敬互愛，且以公推的方式推舉領導，成爲大哥，彼此患難相扶，形成了一套約定俗成的江湖規矩。

表十一：清幫與洪幫家庭倫理的內容分類表及其百分比

家庭倫理	父母之孝	長幼之序	夫妻之情	個人之德
清幫	四	二	三	一七
洪幫	三	四	○	四
總合	七	六	三	二一
百分比	一八・九	一六・二	八・一	五六・八

清幫與洪幫都是以家庭倫理作爲其忠義行爲的基礎，可是由於關心的主題不同，其內涵亦有些出入：

a.清幫直接從個人之德建立其忠義行爲，洪幫偏重在兄弟之情的忠義行爲：以個人之德出發的忠義行爲，比較能接近儒家忠義觀念的基本內涵，雖然中間也會有異質成分的添入，如認同君父的權威宰制，不過這也是儒家思想在現實運作下所必然要面對的問題；而洪幫以兄弟之情出發的忠義行爲，一開始就將兄弟之情異化成一種權威主體，這種權威主體是將兄弟之情當成一種崇拜，形成了類似宗教的宰制力量，其所謂的忠義實際上就是一種崇拜性的道德㊴。

b. 清幫與洪幫都有強烈的集體主義之傾向，清幫是以家庭倫理爲根本故有著道德重整的主張，而洪幫則重利害關係的人情法則；幫派具有集體主義的色彩是必然的，否則就構成不了幫派，只是其形成幫派的背後動力不同，於是在集體主義下的道德要求，也就有所出入；清幫因建立在個人之德上，故順著儒家的道德教化，有著道德重整的強烈需求；洪幫因將道德寄託在崇拜的意念下，把忠義的觀念作形式的轉化，形成了一種相對性的關係，這種相對性的關係就著重在利害關係的人情法則上。

表十二：清幫與洪幫社會倫理的內容分類及其百分比

社會倫理	清幫	洪幫	總合	百分比
戒淫	四	三	七	二四・一
戒貪	四	一	五	一七・二
戒暴	四	四	八	二七・六
戒凶	三	〇	三	一〇・四
戒私	四	二	六	二〇・七

清幫與洪幫都要在既有的社會生態中尋求發展，因此也無法脫離出原有的社會結構，深受傳

統價值體系的社會控制，這種社會控制偏重在個人偏差行爲的糾正上㊵，清洪兩幫也是採用此的方式，只是對偏差行爲的關注，重點各有不同。

a.清幫所關注的偏差行爲較有整體性，洪幫則偏重在現實情境的需求上：清幫的道德教化偏重在個人，較能發覺到個人的偏差行爲，從根源上作整體性的轉化，故其家庭倫理與社會倫理是聯成一體的，著重在個體的生命，由正己修身來避免人心的私用，維持住和諧的人際關係；洪幫的忠義行爲則要擺在現實情境中來衡量，依現實的需求，作某些必要的修正，故其行爲的反省，不是全面的，而是片面的，如此片面的反省不是來自於生命的自覺，而是經驗的累積，以行爲的修正來獲得世俗性的實利，以求避開人際關係的存在困境。

b.清幫重視意念的自我控制，洪幫則偏重在行爲的外在修飾：這一點是由上一點而來，進一步地說明兩幫行爲差異之所在，所謂道德的自覺即是偏重在意念的自我控制上，是儒家各正性命的人文關愛，從根源性的意念中掌握到生存法則；而洪幫的生存法則，不從內在的意念處加以根本性的安頓，反而是從義務與權利間的外在規範著手，必須刻意地修整自己的外在行爲，以被幫內的同道所認同，如此其所謂的義氣，往往只建在自利的需求下，形成了一種工具性的交易關係。

清幫的師徒制與洪幫的兄弟制，造成幫性的嚴重差異，清幫重入幫與尊卑倫理，洪幫重幫務與結義倫理，此一現象的背後，可作如下的說明：

a.清幫入幫的資格要求比洪幫更嚴格些：由於清幫對於個人的道德要求較高，入教的審

表十三：清幫與洪幫幫派倫理的內容分類表及其百分比

幫派倫理	入幫倫理	尊卑倫理	幫務倫理	結義倫理
清幫	一二	五	三	五
洪幫	三	一	一七	三〇
總合	一五	六	二〇	三五
百分比	一九·七	七·九	二六·三	四六·一

核也較爲嚴格，有所謂八不進，即：身家不清、素行不正、不孝父母、兄弟無情、不敬天地、不隨其衆、不知尊卑、吃酒行兇等㊶。入幫有四步半的步驟，第一步爲記名，第二步爲上香，半步爲認家禮，第三步爲上大香，第四步爲開山門，到了第四步才可以開堂受徒，弘法傳道㊷；授徒的規定更多，十大禁止就是授徒應遵守的規矩。洪幫入門也須考核，比較沒有那麼多道德的要求，一般只要老會員願意保舉，就可以開山堂收爲兄弟，其山堂亦有內部的組織，所謂內八堂與外八堂，其升降職級靠平常考核，凡內八堂以上的大爺輩經本山山主許可，皆可開山立堂㊸。

b.清洪兩幫都有強烈的權威性格，可是其背後所依據的理念大不相同：幫派的組織運作的本身就是一種權威體制，不過各幫權威體制所依賴的價值理念未必完全相同，比如清幫的權威性格，來自於宗教的皈依信仰，透過對祖師的仰慕之情，強調奉行祖訓，弘揚家理。如此師徒的關係就類似權威結構，即云投師如投胎、收徒如生子等語，表示一入清幫，當以師心爲己心，師志爲已志，必須無條件地以家門爲念，服從家師之領導。洪幫也是一種權威性的領導，一旦入會宣誓就不能退出，要永遠信守諾言，服從領導，因此重幫務倫理，與清幫重尊卑倫理不同，因爲把幫務倫理神聖化，成爲幫中最高的權威核心，唯有無條件的服從，才能成爲一個講義氣的弟兄。

c.同樣都有家法，洪幫因幫務與結義倫理的要求，比較具體與嚴苛：家法就是幫派的權力與權威的來源，而家法的完成不是建立在客觀的法律基礎上，是由前面所謂的權威體制發展而成，用來維持此一權威體制的正常運作，故其本身也是一種權威的化身，而非完全出自於理性。清幫的家法比洪幫人性化了些，如家法十條比較抽象，宣示犯過次數的處罰原則，最重是第十條，犯過十次，取消師生名份，知照各幫原永遠不與共事㊹。洪幫的家法所記載的處罰事項相當明切，其家法五刑頗爲嚴厲與殘忍，如極刑：凌遲或刀殺，重刑：挖坑活埋或沉水溺斃，輕刑：三刀六刑或四十紅棍，降刑：降級或掛鐵牌，黜刑：降入生堂永不錄用㊺。

由以上各表的異同分析，可以探知，清洪兩幫雖然都強調忠誠義氣，以共同信守的盟約來維護集體的利益與和諧，可是其背後的價值認知是不太一樣，以致其幫派屬性出入甚大。其價值認知的差異實際上正反映出傳統道德教育社會化的兩個面向，清幫的忠義觀念基本上是順著傳統教化的形式落實到社會具體結構之中，其所面臨的問題也正是中國社會道德生活所必然產生的困境，這個困境主要有二：一爲道德規範性對於社會生活所發生的約束力非常高，產生了權威性格；一爲個人的道德生活與社會集體道德抵觸時，就得犧牲個人的權益，產生了集體性格[46]。洪幫的忠義觀念則是傳統道德教化的一種誤用，將道德教化扭曲成一種權威主體，強化成類似宗教的崇拜心理，如此其忠義觀念具有著神秘性格與宰制性格，將主體性的人際行爲委曲於外在的威權之下，形成具有絕對支配權利的主宰者[47]。下面根據清洪兩幫的幫規，對這兩種面向作更具體的描述與說明。

清幫的忠義觀念與行爲繼承了中國宗法社會的文化遺產，將傳統的宗族倫理運用到幫派的師徒倫理，這種倫理法則是建立在道德內化的基礎上，要求個人經由自我道德紀律的要求，形成了共同的道德規範來維護集體的利益，如表二a與b的結論，指出清幫的忠義行爲著重在個人的道德倫常上，有著強烈道德重整的作用，這種作用實際上就是道德內化的必然過程，把複雜的人際關係，簡化成個體道德生命的自覺，如表三a與b的結論，以爲自我心性的要求就可以重整社會秩序，自我心性的要求則在於克制意念的貪淫與私心。這樣的思維形態是不違背儒家的價值判斷，可是在具體的運作過程中，如此的內化性的道德是否會被外在的體制所傷害，此一傷害就出現在其幫派倫理上，如表四a、b與c的結論，可以看出內化道德與外化規範原本就有差距，爲了拉近距離，必然將其中的某種關係加以強化，清幫所強調的就是師徒的輩份關係，問題是師徒的輩份關係不完全等同於個人的道德紀律，這時候擴大了輩份關係的道德權威性，使其產生了有效的約束力，轉而成爲個人道德紀律的社會規範，在如此的規範之下個人的責任與義務就被權威性領導所限定住了。這種領導不必制定特定的管理規範，而是依存在傳統的倫理法則之中，以既有的民俗民德來有效地控制與支配其弟子，因此其幫派的價值認知與行爲活動，依存於傳統社會的生存網絡之中，也自然承續了傳統的道德結構與社會控制，其中最大的特徵就是道德權威的樹立，經此而產生出集體性的道德情操，此道德情操在清幫是指尊卑倫理，即在尊卑倫理的樹立下，其弟子對幫派有著集體情感，要求自己務必講求紀律與遵守規範。這種道德權威有時在社會化的過程中是必要的，方能將道德制度化與規範化，發揮出實際運作的功能，也對幫派社會產生了向心力與整合力。這種形式的道德社會必須依附在固有的社會情境之內，如果其社會環境產生了結構性的變遷，則其道德權威會產生老化與僵化的危機㊽，這個問題不單是清幫的問題，而是整個中國社會現代化的問題。

洪幫相當重視忠義行爲，可以說忠義就是其幫派社會最高的道德準則，由此可見忠義本身就是一種價值權威，有著神聖性的象徵作用，經由神秘化的社會過程，產生了儀式性與集體性的行爲禁忌，以此種行爲禁忌的制裁力來嚇止個人違害行爲的發生。如表五c的結論指出洪幫有一套自己所立的江湖規矩，成爲該幫派的法律與信條，產生出集體性的責任、義務與制裁。此一江湖規矩表面上是建立在結義弟兄的情義上，如表七a與表八b的結論，重視平等互惠的結義感情，只是這種平等互惠的感情是靠其嚴厲的家法作後盾，來強制執行，如表八c與d的結論，反映出其高壓制裁的契約力量，其契約力量來自於類似宗教儀式的盟誓，屬於超自然主義與禁忌主義的產物，表現了其殘酷性與制裁性㊾。故所謂的平等互惠不是眞正地來自於道德情操，而是一種神聖化後的形式戒律，洪幫將這種形式戒律落實到兄弟之情的倫理結構中，如表十一a的結論可以看出洪幫的特色就在於兄弟結拜的忠義上，可是當忠義行爲成爲一種形式戒律以後，很可能因其神聖性的消失，成爲一種現實利害下的利益權衡，如表十一b、表十二a與b的結論都可以看出此一忠義社會的現實性格，著重在利害關係的人情法則上，只考慮到現實情境的需要，特意地在外在行爲上加以修飾，如此其客觀的禮文成爲一種教條，強而有力地管束其幫派中人。當道德擺在人情法則上加以運作，往往只考慮現實運作的實質利益，如表七b、表九a、b與c等指出其道德規範偏重在具體的效用，以壓制具有破壞性的偏差行爲，如此的作法雖然可以使其忠義社會得以正常的運作，但同時也違背了忠義的原創精神與向上價值，造成其忠義行爲只是一種謀求利益的手段，甚至是一種必須共同遵守的價值權威，宰制住其社會的理性發展。由此可知，洪幫的忠義，只是一種仿冒忠義的觀念與行爲，其本質是一種超自然力的崇拜，轉而爲社群之間權力、利益與關係的運作工具罷了。如此的忠義社會隱藏著不少的矛盾與衝突，一旦社會環境產生結構性的變遷，將會一一引爆，這是洪幫自身價值體系的問題。當然此一現象也不是洪幫獨有的，在中國其他次文化社會裏也有如此的現象發生，誤用的情況還頗爲普遍與嚴重[50]。

第四節 小結

本文所採用的方法具有實驗的性質，希望能結合科學數據與人文觀察的優點，有效地解說傳統社會的文化現象。近年來科技間的整合愈加的頻繁，不僅是觀念與理論的互通有無，在方法上也可以相互學習與改進，擴大彼此的視野，問題是不同的學科所使用的方法都有其專門的用途，如果在方法上相互混用會不會有點不倫不類，比如本文耗費相當的氣力去作內容的分類與比較，是否就能使討論的主題更清楚的嗎？這是一個實驗，結果是否樂觀還有待證驗。本文在方法上的使用，想要避免的是使用西方理論與某些假設的數據，就以爲可以全面地解說傳統的文化現象㊿，數據的被詮釋，不單只是數據的本身，還必須與文獻的內容結合，才不致於有隔靴搔癢的感覺，可是文獻如何與數據結合展現出詮釋的張力，除了在方法的運用要更講究技巧外，也要對資料的內容有充分的認知，才能使數據靈活起來，否則數據更充實更細密也未必就能輸出客觀的答案。

對於傳統社會的心理與行爲的研究，實際上有不少的文獻資料可資利用，問題是如何讓這些資料來自己說話，這就是研究者所必須精心設計的地方，本文從不少相關文獻中找出十一則清幫與洪幫的規約，就是想讓規約自己說話，故使用了不少篇幅抄錄了這些規約，而分類處理的目的，則是讓這些資料說話時更有條理些。民間的幫派社會實際上是傳統社會的投影，其規約的觀念系統，也可以視爲一般社會大衆的心理與行爲，可是所謂的社會大衆未必是單一的，其價值系統亦有著多樣化的可能，此即本文爲何同時採用兩個幫派來作比較的原因，而分析的結果也顯示出如此的預設是合理的。

本文從這兩個幫派的幫規中發現到傳統忠義等道德教化在實際的運作過程中，可能產生像清幫與洪幫這樣的兩種走向，一是順著原有的忠義理念一路走下來，一是偷換了原有的忠義的理念，以仿冒的方式來強化其忠義行爲。這兩種方式也是價值理念社會化過程中所常發生的現象，這些現象的背後也正是其主調文化的表現方式，只是如此的表現方式是否會背離了原有理念的原創精神，那麼有沒有更好的表現方式，如果在加上社會環境結構性變遷的因素，那麼主調文化何去何從呢？這非本文所能處理的課題，卻也是本文所遺留下來最值得思考的問題。

注釋

❶ 左傳宣公二年：「宣子驟諫，公患之，使鉏麑賊之。晨往，寢門闢矣，盛服將朝。尚早，坐而假寐。麑退，歎而言曰：不忘恭敬，民之主也；賊民之主，不忠，棄君之命，不信；有一於此，不如死也。觸槐而死。」鉏麑的不忠不信正是遊俠自以爲是的價值認知，而以自殺來實踐其所自信的人生價值。

❷ 秘密結社或秘密社會也是現代學者所使用的術語，用來指稱不被官方所允許的民間社團，如蕭一山收集了不少民間社團的資料，稱之爲「近代秘密社會史料」，於民國二十四年出版，臺灣文海出版社曾影印出版。

❸ 民國三十年間出版了不少民間幫派的文獻與研究，可以參閱臺灣古亭書屋的「秘密社會叢刊」，或大陸河北人民出版社的「民間秘密結社與宗教叢書」。

❹ 有關大傳統與小傳統之分，是人類學家或社會學家常用的術語，參閱 Redfield, R. 的 Peasant Society and Culture: An anthropological approach to civilization. (The University of Chicago Press, 1958)

❺ 中央研究院民族研究所於民國六十年舉辦有關中國國民性的科技綜合性討論會，並出版了「中國人的性格」一書，近二十年在這方面的研究已有相當的成果。

❻ 文崇一，「從價值取向談中國國民性」（中國人的性格，中研院民族所，六十一年）第四七—七八頁。

⑦ 文崇一，「報恩與復仇：交換行爲的分析」（社會及行爲科學研究的中國化，中研院民族所，七十一年）第三一一—三四四頁。
⑧ 文崇一，「中國人的價值觀」（東大圖書公司，七十八年）序第三頁。
⑨ 喬健，「關係芻議」（社會及行爲科學研究的中國化）第三四五—三六〇頁。
⑩ 金耀基，「人際關係中人情之分析」（國際漢學會議論文集，中央研究院，七十年）第四一三—四二八頁。
⑪ 黃光國，「人情與面子：中國的權力遊戲」（現代化與中國化論集，桂冠圖書公司，七十四年）第一二五—一五三頁。
⑫ 陳之昭，「面子心理的理論分析與實際研究」（臺大心理學研究所碩士論文，七十一年）。
⑬ 朱瑞玲，「有關面子的心理與行爲現象之實徵研究」（臺大心理學研究所博士論文，七十二年）；「中國人的社會互動：論面子問題」（中國人的心理，桂冠圖書公司，七十七年）第二三九—二八八頁。
⑭ 朱岑樓，「從社會個人與文化的關係論中國人性格的恥感取向」（中國人的性格）第八五—一一七頁。
⑮ 金耀基，「面、恥與中國人行爲之分析」（第二屆國際漢學會議，中央研究院，七十五年）
⑯ 趙志裕，「義：中國社會的公平觀」（中國人．中國心：傳統篇，遠流出版公司，八十年）第二六二—二八五頁。
⑰ 張德勝，「儒家倫理與秩序情結：中國思想的社會學詮釋」（巨流圖書公司，七十八年）第一四七—一八九頁。
⑱ 孫隆基，「中國文化的深層結構」（臺灣影印本）第一五二—一七四頁。
⑲ 魯凡之，「中國發展與文化結構」（集賢社，一九八八）第二〇二—二二七頁。
⑳ 根據「安親系統錄」、「臨濟三庵史」、「忠義千秋」、「道德正宗」、「清門考源」（古亭書屋）等書。
㉑ 根據「洪門志」、「大洪山金不換」、「幫會手冊」（古亭書屋）等書。
㉒ 莊吉發，「四海之內皆兄弟：歷代的秘密社會」（吾土吾民，聯經出版公司，七十一年）第三一三頁。

㉓ 記名者是剛入會不久的人，卽未獲准開門受徒者，不可以收徒。

㉔ 開閘放水比喻自私自利，害民誤國。

㉕ 凡是不經本師親自收人，皆爲引水代牽。

㉖ 扒灰倒攏比喻破壞他人名聲，亦破壞了自己家規。

㉗ 其意與注釋㉓同。

㉘ 鄭志明，「中國社會與宗教」（學生書局，七十五年）第三三三頁。

㉙ 鄭志明，「臺灣民間宗教論集」（學生書局，七十三年）第九四頁。

㉚ 如「臨濟三庵史」前有五篇序都如此強調。

㉛ 「臨濟三庵史」第二七頁。

㉜ 楊國樞在「中國人的蛻變」（桂冠圖書公司，七十七年）一書裏有多篇文章討論到這個問題。

㉝ 蕭一山的「近代秘密社會史料」（文海出版社，六十九年）第三卷就倫敦所藏抄本就有完全不同的三種本子，而其他各書所搜集到的三十六誓也各自不同。

㉞ 同注釋⑪，第一四七頁。

㉟ 有關十八章律書，見「洪門志」第三四頁。

㊱ 有關晚明羅祖教的內容，參閱鄭志明的「無生老母信仰溯源」（文史哲出版社，七十四年）與「民間三教心法」（正一善書出版社，七十九年）等書。

㊲ 衞大法師，「中國幫會清洪漢留」（重慶說文社，三十八年）紅幫第六四頁。

㊳ 「安親系統錄」第五一頁。

㊴ 鄭志明，「儒家崇拜與儒家社會」（當代新儒家論文集外王篇，文津出版社，八十年）第四三〇頁。

㊵ 參閱鄭志明，「當今臺灣鸞書的社會控制機能」（宗教與社會控制研討會，中研院民族所，八十年）

㊶ 同注釋㊲，清幫第二五頁。

㊷「忠義千秋」第八十頁。
㊸「洪門會概說」（幫會手冊）第一一頁。
㊹「通漕輯要」（幫會手冊）第二七頁。
㊺「洪門志」第三六頁。
㊻陳秉璋、陳信木，「道德社會學」（桂冠圖書公司，七十七年）第二五五頁。
㊼鄭志明，「儒釋道思想俗世化的危機與轉機」（儒釋道與現代社會學術研討會論文集，東海大學哲學研究所，七十九年）第一八四頁。
㊽陳秉璋，「道德規範與倫理價值」（國家政策研究資料中心，七十九年）第七六頁。
㊾同注釋㊻，第三一二頁。
㊿參閱鄭志明「敦煌寫本家教類的庶民教育」（第二屆敦煌學國際研討會論文集，漢學研究中心，八十年）。
51 近年來有不少人文學家企圖採用西方的理論與方法來重新詮釋傳統的學問，此一研究的方向是值得贊許的，可是若對研究主題依舊是外行的話，會不會產生對不上嘴的困境，到最後還是各說各話，是否能讓人文研究本土化，還是頗被置疑。

第九章　老子思想對當前兩極化問題的化解之道

第一節　老子思想對現代社會的意義

老子思想的價值，基本上是就宇宙根源的形上智慧，以作爲人生安頓之地，其重點擺在人生哲學的思考上❶，道德經大多偏重在化解人生困頓與政治紛擾的討論上❷；就現代文明的發展來說，這種化解之道可以引申到社會制度的衝突上，甚至是東方文明現代機能的轉化與調適之道。

事實上老子思想的創建背景與周文明的形式僵化有著密切關係，老子希望從威權政治高張氾濫的形式中解出來，消解統治者獨斷意志與專斷行爲的擴展，以及阻止對百姓權利的脅迫與併吞❸。很遺憾的是自漢武帝的獨尊儒術之後，政治的權威宰制在忠君愛民的教條之下更加地活躍，侵入到各種的價值體系與行爲模式之中，形成了一個龐大的威權形式的文明。民國初年的五四運動意識到威權文明的轉變問題，不幸的是墮入到傳統與反傳統的爭論裏，加上統治者權威宰制的心態與行事依舊相當的強烈，高過於知識分子的理性自覺，而自覺的知識分子往往成爲威權政治下的異端，落入到兩極對抗的形式中，形成了另一種意識的宰制而不自覺❹。當今海峽兩岸的生存情境都存在著如此的問題，在大陸由於政治威權強而有力，知識分子只能在反傳統上大作文章，嘲笑自古以來威權體制的超穩定結構❺；在臺灣由於強人政治的退位，威權體制失去了依附的環境，可是威權的心態還在，利用其政治的優勢，產生了不少兩極的對抗，將社會的資源浪費在一些假問題上❻，而忽略了我們的共同敵人：威權體制與威權心態。

東方國家在現代化的過程中之所以如此的艱辛，與威權文明下的人性與文化有密切的關係；由於長期無法擺脫威權的宰制，有的人以嘲諷的方式怪罪中國人的醜陋的心性與惡劣的體質❼。這種嘲笑來自於民族的自卑感與政治的無力感，正是中國文化現代化的悲歌，有不少的有心之士想要投到時代的洪流中加以調適而上遂，可是威權的陰影亦會轉化成其他的形態吞食既有的點滴成就，衍生出更多元化的現實衝突。一般人想要用西方的民主精神與體制來改變文化的走向，問題是不正面去解消威權文明的存在形式，一切的努力將導致更多的衝突與對抗。

老子思想實際上是針對自我膨脹的形式威權而設計的，企圖經由形上的存在自覺，化解外在形式的強制性與干預性。如此的一套思想有助於看清楚統治威權的眞切面貌，及其化解威權心態的自我調適之法。本文僅從老子思想的立場來說明當今威權體制與兩極對抗的可能化解之道，並未意謂著老子思想落實到現實社會中就眞的可以解決其問題。任何思想的現實轉化都可能背離其原有的理想性與實踐性，眞正問題的解決仍在現實的具體運作之中，非本文所能討論或處理的課題。

第二節　老子思想與威權體制

老子對周文明禮樂教化的僵化與誤導，頗有深刻的認知與體會，莊嚴地面對此一問題，思考其可能應對的跳脫之道。老子從生活的經驗中覺悟到一切經驗自身的限制，人不可把自己鎖閉在經驗之中，被形式把自己牽累住了，因此人不可依賴僵化的禮樂教化，更不可讓外在的禮樂形式擴大爲吃人的威權體制。可是在中國的帝王體制裏，形式的僵化已經是無法避免的事實，儒家的道德自覺，在現實的牽制下，反而成爲一個陳義過高的龐然怪物，是社會的新亂源，如老子三十八章對仁義禮等忠信之教的可能異化的形式有著深刻的感受：

> 上德不德，是以有德；下德不失德，是以無德。上德無為而無以為，下德無為而有以為；上仁為之而無以為，上義為之而有以為；上禮為之而莫之應，則攘臂而扔之。故失道而後德，失德而後仁，失仁而後義，失義而後禮；夫禮者忠信之薄，而亂之首。

老子認爲文明的發展本身就具有著形式僵化的可能性，當理性逐漸消失時，外在的規範將使人定著於固定的形式中無法動彈。所謂理性是指客觀的存在之理，老子分成上德、下德、上仁、上義、上禮等五個形態，或道、德、仁、義、禮等五個層次，老子認爲理想的生活情境，是以上德或道的生命形態，爲一切存在的最高價值指標，其它的存在之理多有著形式異化的可能，尤其當禮抬頭的當下，正是威權宰制的亂源。

我們一直以儒家思想作爲中國文化的精神象徵，但是在現實的運作中卻常被轉化成一種類似宗教崇拜的權威宰制形態❽，陷入到禮教的形式障礙之中，失去了儒家思想的原創精神，造成千年以來社會文化發展的沉重負擔。老子早就意識到儒家規範知識的典範危機❾，指出禮制秩序會加強君父的權威，造成更多權力運作下的磨擦與衝突的情境，可是老子的陳義比儒家更高，其解消規範的形上超越，更難成爲現實社會的價值典範，僅停留在小國寡民的理想情境裏，展現其無比超越的宇宙規律罷了。故老子雖意識到形式規範無法化解社會失範的危機，但其否定舊有秩序的自然精神，也非現實生活中所能落實與遵循的典範。

老子思想社會價值的轉換，不在於其形上的天道意識與理想的政治理念，而在其化解威權的哲理智慧，能幫助我們面對各式各樣的威權體制時，尚能保有著清醒的意志，肯定生命的價值與人性的尊嚴，去革除一切非理性的傳統積弊與虛弱的文明體質，能適時地剔除陳腐的威權宰制力量，有著開創新基運的理想性與可能性。

中國傳統社會教化體制的形式異化，可以說是罄竹難書，比如說儒家的道德意識變成了道德權威，侵入政治就成爲定於一尊的專制幫手，將仁義之教當做維護君王威權的啦啦隊，以及官僚集團敗德惡行的護身符；侵入社會就成爲族長崇拜的威權體制，將仁義之教當作執行父兄權威的權力來源，以及各種禮教規範對倫理名分的宰制；侵入人性以後所形成的威權心態更是五花八門，如讀書人的意氣與酸氣，生活上的焦慮與冷漠等❿。

老子面對威權形式的處理方法，採用的是精神上的退離方式，避免人間價值的美善，反成爲存在的法制巧詐，如老子十九章云：

絕聖棄智，民利百倍；絕仁棄義，民復孝慈；絕巧棄利，盜賊無有。此三者以為文不

> 足，故另有所屬。見素抱樸，少私寡欲。

社會的弊端就在人間價值的執著，聖智、仁義與巧利原本是穩定人間秩序的價值典範，可是在利害相互制衡的形式控制之下，價值典範很可能淪落成威權宰制的幫兇，阻礙了社會理性的正常發展。因此老子主張從制約的意識形態與社會制度中解放出來，以理性的精神自覺來檢視病態的現狀，進而建構出一套合理的新典範。老子將制度性的問題返回到心性的主體修證上，雖然在義理上可以自圓其說，甚至展現出一套圓融的境界形態，可是心性的主體境界與社會的客觀制度，在現實的具體運作中是有差別，其「見素抱樸，少私寡欲」的心性工夫，可以靜觀萬物的歸根復命，卻未必具有著眞正轉化失範的具體能力，反而產生了一種類似反規範的意識形態。

在中國社會的文化傳承中，道家思想無法成爲抗拒威權體制的精神導師，與這種反規範的意識型態有關。有爲之士以無爲來明哲保身，不敢積極地抗拒威權體制的獨斷意志與專斷行爲，來維持或保護社會群體的生存權力，而是消極的逃避，愈覺得世事的無常與萬象的虛幻，進而否定社會規範的必要性。其實，老子的「絕」與「棄」是要消解生命外在形式的造作追逐。以成就解脫自在的心志，產生洞燭機先的智慧，讓威權體制無立足之地。可是這種境界形態的智慧對人間政教理法的安立，未具有客觀普遍之意義[11]，是無法直接轉化爲文明的客觀智慧。如果不要求老子思想的社會轉化，只利用其理性的心性工夫來化解社會的威權心態，則老子思想對於制度的安立仍有著貞定的作用，從僵化扭曲的形式限制中挺立與轉出，幫助人們尋找自身存在的尊嚴與意義。

第三節　老子思想與兩極化問題

臺灣政治的解嚴，不等於威權文化的退位，反而使威權文化更加的尖銳化，一些原本隱藏在一元化威權宰制下的危機，造成新時代各式各樣的兩極對抗，舊觀念與新觀念隨時隨地的作對抗爭，流於意氣性格的對立，彼此又各自認爲是替眞理效勞，不願各退一步，原本的價值理性在盲點的遮蔽下亦可能轉變成另一種威權，造成威權心態與另一種威權心態的對立。

臺灣的兩極化問題大多源自於過去的戒嚴體制，因此兩極化問題成爲政治性抗爭的象徵符號，實際上兩極化現象應爲文化問題，由政治的課題擴及到社會民生等相關問題，其解決之道不單是政治改革而已，應該還包含著全民的文化自覺。

臺灣目前最嚴重的兩極化問題表面上是政治統一與獨立等主張的對立，實際上是在朝的保守勢力與在野的激進勢力的相互對立⑫。保守勢力者爲了鞏固其旣有的政治利益，動員其優勢的社會資源，宣揚對自己有利的政治主張，甚至形成了一種壓迫，如不准政黨有臺灣獨立的政治主張，選舉公報不可列入臺獨政見等，將政治主張擴大爲政治事件，且一再聲明其嚴辦與快辦的決心，而激進勢力者爲了突破政治封鎖，除了嘲笑保守勢力者的冥頑不化外，更激發出被壓迫者的仇恨心理，形成強烈的政治抗爭運動，擴大了政治主張的衝突，如制憲與修憲的衝突、總統直選與委選的衝突等。理念之爭也轉變爲法條之爭，如刑法第一百條的存廢問題，形成了新的社會運動，而保守勢力者爲了維護其原有的政治權力，以其優勢的軍警與媒體加以封鎖與打壓，甚至把所有的異議人士多抹黑爲別有用心的野心份子；而抗爭人士其堅持理性改革的社會良心，也會在這種挫折之下進退失所，造成更多的委曲與不平，最後的堅持者很可能成爲激進改革者，以威權對抗威權。六輕與核四興建與否的問題，之所以成爲公權力與反對人士的對立與抗爭，也肇因於官方的強制執行與人民缺乏正當的溝通管道下的誓死抵制。

在民主體制的國家裏，有關政治理念的實踐與公共建設的推行，當遇到不同意見的抵制時，應進行詮釋政策的理性溝通，讓所有利害關係人與專家學者多表示意見，使其中各種利弊呈現在官方與民衆面前，官方要對反對意見有深入的了解，並要對其冒進的作法負起政治的擔當，而民衆也要對政府政策有基本的認知，一旦發現官方背離民意或危害公益，可以用選票或其它合法管道加以制裁。臺灣兩極問題的尖銳化實肇因於民主素養與民主風度的欠缺，如執政者在解嚴之後，在其政治優勢之下理應成爲改革開放的領導核心，快速地解除其威權心態與威權體制，讓民主文化能眞正的落實生根，但是長期以來的假冒民主，以及萬年不改的國會，在加上外造政黨的權威性格，因其長期以來的政治優勢誤以爲其所作所爲都深得民心，反對者只是少數不乖的亂民而已。而反對者長期無法獲得正常溝通管道，解嚴之後，爭論與訴求等正常管道依舊發生不了多少功能，僅獲得動員群衆抗爭的合法性，最後只好讓一切爭執的問題多在街頭上廝殺，反對者看到群衆動員的成功，也認爲民意是站在他這邊。臺灣兩極化的最大問題在於朝野雙方都深以爲自己掌握了民意的多數，如這一次的國大選舉執政者以爲自己大獲民心，實際上小選區再加上賄選，執政者如此的得票數是不足爲樂，更不能因此來作爲消除抗爭的民心依據。在缺乏一個公平的競賽規則之下，民意更容易成爲朝野雙方抗爭的工具。

老子思想在本質上是反對社會的制度化，兩極化的對立原本就存在於社會的體質之中，是人間的必然之惡，如果有如此的觀念或許可以放鬆不同意識形態間鬥爭的大災害，認清兩極對抗的社會性格，再謀求可能的化解之道，老子第十八章即指出兩極對抗的社會病態來自於價値的失落與異化：

大道廢，有仁義；智慧出，有大僞；六親不和，有孝慈；國家昏亂，有忠臣。

在「智慧出，有大僞」的認知下，民主體制也有「大僞」的失落與異化，病態的社會幾乎與理性的制度同時存在，即再好的文明制度多有其客觀的限制，愈是崇尚民主，顯示社會的威權更加嚴重，就如有了家庭的糾紛，才需要孝慈的規範，有了國家的動亂，才需要忠臣治國。由此可知，威權化愈嚴重的國家，其渴求民主體制的實踐就更強烈，可是民主體制並非化解衝突的萬靈丹，甚至是引發新的矛盾與對立的導火線。老子認爲問題的眞正化解必須要有技進於「道」的工夫與境界，如老子三十二章云：

道常無名，樸，雖小，天下莫能臣也。侯王若能守之，萬物將自賓。天地相合，以降甘露，民莫之令而自均。始制有名，名亦旣有，夫亦將知止，知止所以不殆。譬道之在天下，猶川谷之與江海。

老子之所以反對社會的制度化，在於制度化後的人爲弊病，而非制度本身；可是一旦形成了制度，人爲的弊病自然隨之而來，老子認爲這個時候要「知止」，即要知道適可而止，不要被外在的形式宰制或異化。由此可知，老子也不會反對民主體制，只要人們具有著「知止」的心境與修持，社會與人民當能安然自適各遂其生。知止的工夫即是老子所謂的道，以「無名」的境界自覺來破除「有名」的權法異化。

老子的「道」主要在解消外在形式的捨本逐末，回到知止的本體處來破除名相的弊害；如果能守住「道」，民主體制可以不違反萬物的本性，亦可不背叛世道的常理。用現代的術語來說，可以將「民主心態」境界化等同於道，此時所謂的民主心態是指民主修養的境界工夫，那麼民主心態是民主體制的本，要避免民主體制的異化，就必須先要有民主心態的修持境界。民主心態是以何種心態來化除兩極化的問題呢？舉老子第二章爲例說明：

天下皆知美之為美，斯惡已；皆之善之為善，斯不善已。故有無相生，難易相成，長短相形，高下相傾，音聲相和，前後相隨。

兩極對立是一種失去本體的形式對立，在枝末上起爭端，來自於人性的競爭心與自私心，進而更是機詐百出。人間的制度與觀念都是人爲所設定，自然就存在著主觀的執著與專斷的判斷，也因此添加了種種無休止的爭辯；老子認爲首先要超越一切價值認知的對立，如美醜、善惡、有無、難易、長短、高下、音聲、前後等對立，對立只是形象的一種偶現，卻是人們長久的執著。價值的對立形成了人性驕慢、虛僞與好勝等變態心理，老子以爲欲化除兩極的對立，就要將價值的矛盾打消，形成調和性的統一，提出相生、相成、相形、相傾、相和、相隨等統一性的理念。

所謂民主心態就是要有體用不離的自覺，由明體中直生而出的眞知眞行，從兩極的對抗中超越出來。如統一與獨立不是對立，其目的是一致的，關心到臺灣主權的問題，統一與獨立只是其中的兩種手段或策略，這兩種手段是相生相隨的，當思考到臺灣主權的未來出路時，基於歷史的客觀條件，這兩種手段會形成主流壓過其它的主張。就臺灣目前處境來說，這兩種手段也應該是相成相形的，事實上在外交的彈性作爲中已巧妙地將這兩種手段相成相形，爲什麼在政治主張上就非形成對決不可，強烈地否定對方，或嚴辨主張另一種手段的團體或個人呢？爲什麼不能隨著未來國際局勢的變遷，讓這兩種手段相傾相和呢？造成如此兩極對立的原因很多，其中最大的肇因在於長期的威權體制下彼此的互不信任，而將手段異化成目的，在不同的目的下只好各爲其主互相對抗。對決的背後就自然隱藏著各種人性的貪妄與自私，若動員群衆互相地指責對方或抹煞對方，不僅於事無補，反而再次地傷害到政治的安定。對於社會公共政策而言也是一樣，如核四電廠的興建與否亦應該是相生相隨的，經由政策詮釋的公開討論，產生彼此互相諒解的共識來相成相形。

一般人在對立的情境中對執政者的批評比較嚴厲，有人認爲這是不公平的作法，問題是在時代的變遷中執政者握有著公器與時機，是帶動國家與社會現代化的領導核心，如果不在民主心態上自我提升，如何產生出一個公平競爭的民主體制呢；如此在威權的宰制下，其反對勢力也必然展現出另一種形式的威權心態。

第四節　小　結

現代政治就老子思想來說，本身就是一種存在的兩難，需要有一個健全的文明制度，且要求這個制度能夠不被任何形式所宰制；老子自己就不認爲如此的要求是可能的，故老子所建構的理想國是一個「民至老死不相往來」的「小國寡民」⓭。在此兩難的情境下，更要有技進於道的自覺與能力，從兩千多年來的政治威權中解脫出來，適應民主政體的新秩序。

問題是老子的技進於道，算是一種境界的闡示，只能是作爲精神狀態的理性力量，未必能轉化成直接的行動而將理想秩序實現成一種制度。故這種精神狀態的自我要求也只是知識份子一廂情願的純理論的論證，無法積極地建構起人間的合理秩序。但是從本體上來培養出民主心態，不失爲治本的好辦法，只是誰來培養呢？會不會遠水救不了近火。

若以老子的思想來化解當前的兩極化問題，只能說是理論式的自我告白與自我實現；要將民主心態眞正落實到民主體制之中，或許理論式的告白還是需要的，至少提供了一條可行之路，讓兩極對抗者有著退而省思的空間，進而彼此努力地退化威權的外衣，共同尋求一個合理調制的民主制度。

注釋

❶ 徐復觀，「中國人性論史」（臺灣商務印書館，五十八年），第三二五頁。

❷ 王邦雄，「老子的哲學」（東大圖書公司，六十九年），第二〇頁。

❸ 陳鼓應，「老子今注今譯及評介」（臺灣商務印書館，七十九年修訂十三版），第三一頁。

❹ 抗拒威權的本身，常只是威權的反動，而非理性的自覺，如臺灣社會泛政治化與逆政治化的衝突，參閱陳秉璋等，「邁向現代化」（桂冠圖書公司，七十七年），第四三〇頁。

❺ 金觀濤,「興盛與危機——論中國社會超穩定結構」(天山出版社,七十六年)。

❻ 所謂假問題是指日常生活的枝節問題,非本質性的問題,當本質問題獲得解決,此枝節問題就不成問題。

❼ 如柏楊的「醜陋的中國人」與李喬的「臺灣人的醜陋面」等書。

❽ 參閱鄭志明,「儒家崇拜與儒家社會」(當代新儒學論文集外王篇,文津出版社,八十年),第四二九—四四六頁。

❾ 張德勝,「儒家倫理與秩序情節」(巨流出版社,七十八年),第二二六頁。

❿ 宋定式,「傳統社會與新知識份子」(知識份子與中國,時報文化出版公司,六十九年),第一〇九頁。

⓫ 牟宗三,「才性與玄理」(學生書局,六十三年),第三六〇頁。

⓬ 瞿海源,「政治兩極化與社會運動」(自立早報八十年十月十八日第三版)。

⓭ 老子第八十章。

第十章 從殺害骨肉事件談基層社會的文化意識

第一節 基層社會的社會問題

社會問題的存在是任何社會無法完全避免的一種結構現象，隨著現代社會的高度分化，人們以其固有的文化意識與生活方式去謀求適應新的環境與生活條件時，由於衝突情境的增加，舊的問題更加惡化，新的問題層出不窮，經驗了不少嚴重的困難與問題❶。這種現代化的社會變遷所造成社會結構體質的改變，在不同的生活族群裏，其所反映出來的程度與向度各有差異，此時應該考慮到不同族群的文化區隔現象，而非一律以「公衆論題」（public issues）視之，忽略了問題背後的多樣性，流於一種主觀性的認定與典範❷。

就「社會」的全體結構之內涵，迄今爲止，社會學者有著紛紜繁多的現代社會理論，尚未有著共識的典範出現，彼此間的詮釋差異甚大，重要的理論有：工業社會論（聖西蒙、孔德、斯賓塞）、資本主義社會論（馬克斯）、民主社會論或多元社會論（托克威爾）、有機型社會論（曼海姆、米爾士）、大量生產及大量消費社會論（羅斯托）、後工業社會論或知識社會論（丹尼爾）、精英社會論（柏雷圖、莫斯卡）、管理社會論（馬庫色）等❸。這些理論實際上共同的面臨到現代社會多元的複合結構問題，有人以爲可以組合成一個具有共同特徵的全體社會，有人認爲全體社會的觀念建立是沒有意義的，亦有人主張應同時具有著巨視與微視兩種層次的認知，掌握到部分與整體的互動關係❹。就社會的內在結構而言，社會區分是有必要的，傳統社會的士農工商不僅是職業的區分，同時也是社會階層的區分，有著各自的文化體系與生活風格❺。現代的社會結構雖然改變了，但是社會階層依舊是存在著，有些學者以收入等經濟條件加以區分，實際上經濟條件帶出了教育水平與生活素質等文化問題。一般社會理論大多偏中上社會的結構性分析上，本文所採用的「基層社會」是指大衆社會中最底層的弱勢者，是社會的邊緣人，當談到社會的整體特徵時常忽略了此一族群的存在。

基層社會的判定基本上還是從文化的立場來加以區分，有些學者稱之爲「貧窮文化」❻，這個術語還是著眼於經濟的分別上，不如赫伯特・岡士（Herbert J. Gans）從品味文化的角度，將社會大衆的文化型態分成五個層次，即上層文化（high culture）、中上層文化（upper-middle culture）、中下層文化（lower-middle culture）、下層文化（low culture）、擬鄉土下層文化（quasi-folk low culture）等❼。本文所指的基層社會大致上是指具有下層文化或擬鄉土下層文化特徵的社會族群，由於其社會地位與經濟能力的低下，其文化需求一向被人所忽視；可是這些人剛從鄉土民俗文化中轉向現代社會，其所面臨到文化衝激比任何族群還要高，其所能獲得的救援與協助卻是最少的，甚至還要承受著造成社會文化低落的罪名。

這幾年來有關文化發展的評估與展望，很少關心到基層社會的文化形態，比如有些學者討論到民間文化❽、文化價值觀❾、文化素養指標❿等問題時大多也止於中下層文化現象，對於更弱勢的文化形態尚未有深入的分析與關懷。造成如此的原因，可能在於基層社會的問題很難成爲公衆論題，因其長期以來的弱勢形態，往往只被視爲私人困擾（private troubles）而已，即其所持有的價值觀念與生活方式與以中下層爲主流的世俗文化是有距離的，雖然其問題也普遍存在於社會結構之中，卻不被大多數人的普遍共認。

在資本主義支配下的媒體文化與拜物文化更趨普化與深化之下⓫，在消費文化的強勢主導中，基層社會的民衆不僅未逢其利，反而深遭其害，階級差異文化益趨嚴重，使得原本惡劣的生活條件更加地劣質化；其賴以生存的本土世俗文化，幾乎面臨到瓦解的危機，本身又缺乏了創造與轉化的能力，連「跟著感覺走」的自主性格多難以擁有⓬，導致最親近的人倫關係也有著渺小無助的感覺。不僅感官性的生活無法獲得滿足⓭，連生存的信念多常遭受到惡劣的挑戰。去年一年中社會問題的擴增，有不少即是親子間的倫理危機，其中以謀害親子的事件，最令人難以寬懷。

在臺灣轉型期社會結構變遷的過程中，傳統價值體系的失靈導致傳統人際關係的脫序，在基層社會裏眞的是問題百出，發生了不少反家庭倫理的社會事件，如殺親、亂倫、爭鬥、通姦、賣女、犯上、欺下、遺棄等⓮，這些案件有的由於隱藏性高，除非其他刑事案件的併發，否則不太被重視與知悉。這種反倫常的社會事件在中下層以上的社會是出現了衰退的頻率⓯，可是在基層社會裏其危險性仍然相當的高，一爆發就已不可收拾。由前幾年虐待兒童事件的被報導與社會的愛心搶救⓰，到去年一連串殺害子女的案件，可知在基層社會裏人倫的悲劇，似乎有著激烈上昇的趨勢。

本文以殺害子女事件爲切入點，企圖分析出基層社會的生存壓力與文化意識，且經由文化意識的內涵，掌握到基層社會價值失序的文化因素。因此本研究仍然屬於抽象思考的理論分析，只能凸顯出弱勢生存者所面臨的文化困境，至於具體的社會行動則非本文所能處理的。

第二節　民國八十年間的殺害兒童事件

父母對子女的教養態度也可以做爲文化素養的指標之一，傳統與現代對教養理念的衝突，也是造成今日社會威權性格與平權性格矛盾對立的主因，任何階層的人都可能會陷入到這種矛盾現象之中，產生了衝突感與失調感的心理狀態⑰。這種權威行爲與平權行爲的矛盾現象在很多人的身上都可以看得到，與教育或階層的高低沒有必然的關係，每個不同的階層文化亦有其調適轉化的管道與方法，但是也可能因此產生了社會的矛盾現象，造成不同族群之間的針鋒相對，有著壁壘分明的對立，在如此的矛盾情境之中受害最大的，往往是基層社會的弱勢生存者。

生活在社會底層的人，社會結構性的變遷對他們衝擊最大，傳統社會原本具有的文化規範設計⑱對於中下層社會來說，多少還可以進行文化的自我修補，來減少其失調的損害，沒有必要全面更改其基本模式或理念，可是對基層社會來說，生活條件的惡劣化導致人際苦痛的深化，產生對俗念系統的失調感與不信任感，增加了心理與情緒的不安，進而違離了原本的價值理念。這種價值的失調最容易發生在家庭生活的「親怨」上⑲。

所謂親怨是指撫育者與被撫育者之間的怨恨，包括上對下，下對上以及夫妻平行等關係，本文僅就上對下的關係談起。在傳統社會上對下的關係普遍存在著權控的現象[20]，以打罵責罰的方式來對待子女，嚴重一點就會產生了虐待兒童的行爲。何種階層的人會虐待兒童，這是沒有定論的，只是基層社會出現的頻率會高一點。這是由於基層民衆所承受的生存壓力較大，再加上學習的不足，會產生文化匱乏的現象[21]，進而影響到正常心理人格的發展，對社會的身心適應也比較差，有著抑鬱、焦慮、恐懼與妄想等精神病狀的傾向[22]。虐待兒童事件的發生與家長的心理狀況有著密切的關係。

根據八十年度報紙的社會新聞可以得知，虐待兒童的事件大多肇因於家長的反常心理，如八十年元月彰化縣家庭扶助中心接獲一件兒童虐待案件，四名孩童因父母離異，成爲父親的出氣筒，時常在酒後施予毆打、灌尿、鍊脚等體罰[23]。又八十年七月臺中市馮姓市民因太太離家出走，經常虐待家中三個兒女，罰孩童在門外馬路下跪，或以鐵鍊拴住孩子的頸部，又不讓及齡的孩子就學[24]。親屬結構的不完整所造成生活的無助，對大人或小孩有相當大的傷害，大人將生活的外在挫折轉爲對孩童的攻擊性體罰，在缺乏自我控制的生命氣質下更容易發生，此即基層社會文化上的內在隱憂，以其經濟條件與教養素質，要努力地維持家庭的和諧是愈來愈困難，加上目前家庭人數較從前少，有時沒有足夠的人手與經驗來承擔與安慰家人情感上的激動，因而常造成一發不可收拾的後果[25]。

經驗的不足及生活的壓力，也會使母親心理不平衡而對孩子施暴，如八十年七月九歲陳姓學童向警方指控其母親經常以鐵鍊加鎖將他綁在房間椅子上[26]。又八十年十一月臺北市蘇姓婦人長期折磨女兒不成人形，且不接受社工員的輔導，還常打電話到辦公室謾罵㉗。基層社會的婦女在生計的折磨下有更多的疏離感、無力感、孤立感與焦慮感，甚至有了心理或精神疾病的傾向，易產生意外造成人間的悲劇。八十年度有幾件兒童死亡案件是因此而產生，如八十年三月彰化基督教醫院有個周歲女孩被虐待致死的個案㉘，又同月三重彭姓男孩被母親以鐵絲綁在床沿致死案㉙。十一月彰化基督教醫院舉辦「兒童虐待與兒童保護」醫務社會研討會指出一件楊姓姐弟被輕度智能不足的母親虐待致死事件㉚。

六月底發生在新竹縣新埔鎮四歲孩童鍾金亮死亡事件更是人間的一場悲劇，因其不好好吃飯，被母親彭春英扭住耳朵猛撞牆壁休克死亡，該位母親所生的三名兒子也都不到兩歲就死亡㉛。該事件發生在五分埔山區，母親的智能與精神似乎異於常人，有更多的生存困境，只是如此的家庭反而孩子都生一大堆，累積出更多的社會問題。因此，殺害孩童事件與基層社會的社會參與、經濟生活、家庭關係、社區環境與個人心態等文化條件都有密切的關係，而在功利拜金主義的經濟倫理的操控下，基層社會的民衆在各種有形與無形的文化壓擠下，幾乎很難再找到合理的出路，成爲當今社會頗具危險性的隱藏性炸彈，一旦眞的已經無路可走時，只好一一引爆。

基層社會的文化條件雖然比較差，卻非意謂著他們沒有屬於自身的文化，基層社會仍然有其一套文化體系，可以說是一種社會的次文化，由生活條件比較弱勢者這一社會階層所發展出來而專屬這一階層的一套規範、信仰、價值、態度、行爲模式等文化形態㉜。此一階層所引發的社會問題與其生活文化有著共變關係，如八十年八月底所發生的周呂美鳳溺子案，其背後所反映的是這一階層所共同面臨的文化困境。

八月二十五日三十歲的周婦把其五個小孩視爲妖魔，在金山海邊將其五名稚兒推入海中溺斃，其夫周朝復以乩童爲業，相信孩子已獲得解脫，還到海邊與殯儀館起乩作法。大衆傳播媒體大多指稱周婦迷信神明走火入魔，周氏神經失常，而未注意到此一階層的文化意識等問題。後來周婦翻供，指出她是受不了長期的家庭壓力，和先生的感情發生變化，加上面對五名年幼的稚子無人照顧，才萌生攜同孩子一起投海自盡的念頭㉝。還有其他的說法，謂夫妻感情恩愛，因不忍心自己與五名小孩拖累了先生的修行，才萌生尋死的意念㉞。這一些供辭已反映出此一階層經濟與非經濟等方面的生存困境，其中影響最大的還是文化意識的問題，可以經由信仰的認知來合理化其不正常的行爲，沒有絲毫悲傷的表情，還認爲是一種解脫。

此一事件的發生也與虐待兒童有關，臺北市政府社會局於八月二十一日接獲周家友人的檢舉電話，二十三日派社工員前往龍江路周朝復家中訪查，因未構成嚴重傷害與未達重度危機，依法不能強制安置，但是因小孩舅舅的要求，曾打算二十六日再與周朝復夫婦商量小孩安置的問題，卻不幸發生了此一事件㉟。此一事件的發生是不能把問題推到社工人員的處理不當上，可是什麼原因造成社工人員的涉入反而造成當事者更激烈的虐待行爲呢？這背後所牽涉的文化意識應爲社工人員所深知，才能避免適得其反的工作困境，眞正化解掉隱藏於基層的社會問題。

此一事件引發出不少足以深思的公衆論題，包括經濟與非經濟等方面的文化討論，比如由貧窮問題帶出社會福利與社會救濟的反思；由疾病問題帶出精神病患的醫療與居住的反思

㊱；由婚姻問題帶出婦女人權與社會地位的反思；由虐待兒童帶出人口與教養等結構的反思；由自殺現象帶出家庭怨恨與社會適應的反思；由宗教信仰帶出民間巫術的靈驗性格與風氣的反思等。這些實際性質的問題已有不少社會學者專心致力於學理的研究與事理的分析，可以提供我們不少寬廣的視野與一些可資參考的解決途徑。本文則建立在這些基礎上作比較形上與抽象之文化意識的反思上，並非對社會的不良現象提供一套具體而有效的處理辦法，而是社會問題的本質性格的討論，追究其理念與價值觀念的文化背景與歷史條件，可以說是一種人道主義性質的反省，企圖從根源的觀念上作價值的調適。

第三節　事件背後的文化意識

由於社會經濟與文明結構的激烈變動，社會景觀的快速轉化，傳統的生活形態幾乎蕩然無存，傳統的價值觀念也似乎無能爲力。生活在社會底層的民衆很難學習到新的生活技術，或設計一套生活策略，以一種富創造性與挑戰性的方式來對應外在的變動，最常見的方式還是回到傳統社會的儀式活動中，以傳統儀式的價值體系來建構個人經歷生活危機過程所需要的心理發展之相應狀態㊲。問題是在基層社會裏儀式活動的精緻層面受到現代文明的侵蝕，愈趨於表面化與浮面化，幾乎失去了其內在持久的價值意識，剩下來的往往是具有功利色彩的巫術儀式。這種巫術儀式缺乏了合理中節的生活秩序與文化美感，可以說是農業社會原有秩序規範的解體，也是傳統價值美感理念的喪失，而其所擁有的現代是一個日漸商品化與庸俗化的社會，已沒有精緻的心靈感度與時間去創造文化的純粹性與理想性[38]。

基層社會的巫術儀式與臺灣社會的宗教信仰氣氛有著密切的關係，今日臺灣的宗教隨著社會的繁榮與發展有著愈來愈興盛的現象[39]，各個宗教的發展又與社會階層的文化素質有關，中上階層以信仰基督宗教或佛教爲主[40]，中下階層比較偏重在世俗佛教、廣義道教（一般神廟）、一貫道與其他民間教團等，更下層的基層社會幾乎是民間信仰中最底層的巫術世界。臺灣巫術信仰的興盛是臺灣近幾年一個很普遍的現象，各種小型神壇的林立，在數量上幾乎壓過傳統民間信仰的一般神廟，也因此爲基層民衆提供了不少的謀生的方式，在田野調查中確實發現依附神廟爲生的人口增加不少，其中大多數是屬於靈媒性質的人物[41]。神壇與一般神廟最大的不同在於其經常性的巫術儀式與活動，這些活動被稱之爲「濟世」，主要的目的就是爲信徒消災解厄，或者提供明牌。

周朝復基本上是屬於神壇的靈媒者，報紙稱之爲「相士」不太恰當；這種以靈媒爲生的人有他們一套自以爲是的價值系統，報紙稱之爲「迷信」也不太恰當，應該進一步追究「迷信」背後的文化意識。周朝復的閉關與呂美鳳帶著孩子投水，主要是要完成他們的共同理想，即「得道成仙」；而周朝復也自認其具有靈力，能讓小孩起死回生[42]。在其成仙的理念下可以將其所做所爲也理念化，如孩子吵踢傷孩子，將其合理化爲孩子被妖魔附身，且進一步地理念化，指出其孩子已被「元神」附身，算是「妖魔」，具有七千五百年功力，長大後會「元神出竅」禍害人間，乾脆把他們殺死，以免後患無窮[43]。

如此的推理，在他們的知識系統裏是可以成立的；問題是這樣知識系統是如何流行在基層社會裏呢？這與民間信仰的靈驗性格有密切的關係，其信仰的情緒與宗教的認知，完全來自於神明的靈驗與否，而不在乎神明的內涵與神格的高低，因此他們的宗教理念與知識認知都相當的淺薄，有的只是民間怪力亂神的傳說，這些傳說在神力的靈驗下常被基層的民衆深信以爲眞，且作爲奉守信行的價值理念。由此可知，如此的價值理念是建立在巫術的崇拜上，在顯靈的靈驗上，是不在乎傳統儒家道德風範的人文化信仰精神，也就是說在巫術的靈驗下，其相關的倫理內涵實在非常稀薄空泛㊹。

這樣的信仰層次可以說是停留在傳統文明的最底層，得不到傳統文明的灌溉與滋潤，更不用說建立新時代的倫理規範與生活秩序，故臺灣今日的社會尤其是基層社會其生存的危機，不單是倫理規範的問題㊺，還包含了整個價值意識重整的問題。價値意識的重整在不同的社會階層裏其展現的面向也各自不同，人文學者重視的是中上階層以上的社會，關心的是中西文化價值觀念的創造性轉化；社會學家重視的是中下階層的社會，關心的是價値意識在現實與生計中的基本需要㊻。對於更下層的社會而言，到目前爲止似乎還不被重視與研究，可是這個階層的思想意識對整個社會的理性發展也頗具殺傷力，不得不去關心與探討。

基層社會這種巫術化的思想形態，依據唐君毅的定義，是不能稱爲「文化意識」的，因爲缺乏了自我實現的理性要求㊼，本文使用此術語採用比較中性的詮釋，也希望我們把關注的焦點擺在理性文化意識以外的思想形態上。或許這些思想形態也沒有理論價値可言，往往一眼就可以看穿，只是生存需求上一些很原始的理念罷了。可是在現代社會仍有一群人靠原始理念作爲其生存的價值依據，不正是一件嚴重性的文化問題嗎？

基層社會的意識形態是與其所依附的大衆社會之文化意識有著經驗互動的關係，非自絕於大衆文化之外，也就是說其意識形態仍屬於大衆文化的一部分，只是其整體表現比大衆文化更原始性些，比如李亦園曾指出大衆社會的「符咒心理」，其特徵有兩大類，一類是對特定符碼的執迷，另一類則是對神秘數字的沉溺㊽。李亦園對現象的觀察也大多偏重在中下層社會，如果把此一心理，下降到基層社會的表現中，其特徵更多，如符咒的權威化、符咒的規範化與符咒的體系化等。

所謂符咒的權威化，是將符咒的神聖性功能視爲人間最高的價值權威，即經由原始宗教的信仰意志把神秘化的符咒轉化成神聖性的禁忌與儀式，有效地控制或支配人們的行爲㊾。故基層社會的符咒心理有強烈的儀式權威性格，擴大了其信仰的象徵性與權威性，如周朝復起乩作法，深信小孩因此可以復生，即是符咒權威化的心理。有人以爲這種心理很荒唐，可是這種心理與起乩作法乞求明牌的心理有何兩樣。

所謂符咒的規範化，是將符咒神秘經驗的靈驗事蹟視爲社會重要的生命禮俗，即以符咒巫術法力的操作形式來化解人際間的困境或建立生活的社會規範㊿。以符咒的靈力作爲日常生活一種習慣性與規範性的價值原則，對基層社會的民衆來說是習以爲常的事，故當發生了某種特殊或異常的狀況或情境時，會回到符咒的宗教語言裏，視爲邪魔入侵，必須再利用符咒的靈力來加以驅逐，如周朝復將小孩的吵鬧視爲惡魔轉世，進而想到了對策，即爲了防止他們害人，只好犧牲自己的孩子。如此的想法對周氏夫妻來說，是非常壯烈的，甚至是一種道德使命。基層社會的道德信念有的就建立在符咒的靈力下，造成了道德的異化，形成神秘式的道德或權威式的道德，更加地促成現實生活的墮落與迷亂㊿。

所謂符咒的系統化，是指符咒的泛靈思想與信仰理念支配了人們生活上的任何活動與價值系統，使得生活的價值與意義只是爲了成就符咒的神聖性格，如此符咒的信仰成爲人間精神價值唯一體現的最高指導系統。以爲人們唯有獲得神明的恩賜，掌握到符咒的靈力，才能進入到與神明共享的世界，解決一切存在的苦難。周朝復的閉關修行與其妻的投海成全，都在這套思想的系統化之中，堅守其信仰的理念，相信得道成仙後自然能化除存在的災難，因此可以放棄一切世俗的羈束，追求生命得以實現的永生。

由此可知，基層社會的民衆可以從一個簡單的信仰心理發展出一套價值系統來，面對這一套價值體系，我們也可以自命清高，批評爲迷信，罵這些人爲愚夫愚婦，可是我們不可以認爲基層社會是一個沒有文化與沒有意識的組織體，誤以爲這些問題經由官方的教化政策與文明的理性演變就可以解決了[52]。也就是說如果雙方缺乏相知性的溝通與理解，問題依舊是存在的，而且這個問題不僅是信仰的問題而已，還會擴大爲整個文化性質的問題。比如符咒心理的普遍化，加上功利主義與現實主義的變本加厲，以及投機取巧與不勞而獲等心態的無所不在，則會對這整個社會的人生素養有相當大的負面作用[53]。

基層社會問題更多，加上經濟上的貧窮因素，不僅存在著金錢遊戲巫術化的功利性格[54]，也會因生存的日漸惡劣化，使得庸俗的世俗文化抬頭，產生了「泛符咒崇拜症」[55]侵入到社會原本已殘缺不全的價值系統，與現代都市文明的劣質文化結合，各種怪異的現象也就層出不窮，伴隨而來的是具有原始野味的慾求與文化，社會的理性文化與文化教養反而缺乏流行的市場，壓不過野性的聲音。

文化意識原本就是一個比較抽象的觀念，欲說明一個文化實體形成的主觀心理因素。此心理因素的來源大致有三，一爲傳統性的文化特徵，包括傳統社會的結構性格及其內在自成系統的價值理念；二爲現代性的文化特徵，包括現代社會的結構性格及其內在自成系統的價值理念56；三爲現實生活中的生存需求與互動關係。以上這三種文化來源在社會不同階層的實際運作下亦各自展現出不同的面向；這些不同的面相，亦有其環環相扣的內在文化基因，構成了一個整體性的價值文化體系。

對於這個整體性的價值文化體系亦可分成三個層面來加以說明，第一是傳統性與現代性交流與會通的問題，這比較屬於形上思考的層面，或者是理論反省的層面。此即中國社會現代化運動的問題，一般偏重在思想行爲與文明制度的討論上57，只有知識分子與社會精英才能參與的層面，可以說是中上層社會以上的文化關懷。第二是傳統性與現代性現實運作的問題，也是傳統性與現代性實際併存的現象，這個現象存在於社會的各個階層裏，而其主要象徵則是以大衆文化爲核心的中下層社會。第三是傳統性與現代性衝突與矛盾日漸惡化的問題，衝突與矛盾的現象在第一個層面就已經存在，第二個層面把這個現象加以大衆化與普遍化，到了第三個層面則是文化邊緣的層面，面對的是社會價值與規範逐漸被破壞無遺的文化現象，這種文化現象經常發生在基層社會裏。

這三個層面實際上是不可分割的，如果沒有第一個層面的價值貞定與文化共識，就無法在第二個層次上有著合理性的轉換與安置的社會過程58，那麼取而代之的是現代性的庸俗文化與傳統性的浮面文化。當第二個層面只是非理性地與現實掛搭，則其所產生的文化弊病，就會在第三個層次上將問題尖銳化起來。對於基層的邊陲社會而言，其所承受的生存壓力是最大的，可是壓力的化除，卻不是它自身所可以獨立完成的。因此，對於基層社會除了愛心的關懷外，還應該努力於理性價值體系的貞定與社會福利政策的眞正實踐與完成。

第四節　小　結

近年來有些人喜歡用「貪婪的臺灣」來形容今日的臺灣社會，這或許足以說明臺灣當今各種金錢遊戲的昏亂現象㊾，但是未必是臺灣文化意識的整體面相。又有人以爲臺灣文化是肉體官能文化，只知追求官能的滿足與物質享受㊿，這也僅是現代文明庸俗文化的表徵，並非臺灣所獨有的，亦不足以說明臺灣整體的文化現象。臺灣的文化現象應該是相當多元的，不同的社會階層其文化形態就有所差異，而同一階層的社會亦有不少文化區間的差異，任何區間文化的特徵，不能視爲整體文化的共相。

本文以基層社會的文化意識爲題，實際上也無法概括整個基層社會，只是一種社會表象的分析，企圖解說某些特定階層的民衆其行爲與價值觀念的表現形態，如此的解說方式也只能偏重在抽象的意識形態，對於社會事實或現象的整體描述仍是不足，不僅無法作出定然的結論，連部分的描述也是不周全，僅表達了一個觀察的過程，以及一些觀察後的期望。

本文期望經由不同階層的文化觀察，能讓我們對文化的視野有著較寬廣的空間，了解到不同的社會結構層次與文化層次其可以展現的多元面向，如此我們不害怕社會庸俗化與浮面化的危機現象，該害怕的是上層理想取向的文化價值，無法透過中層社會規範性文化的運作，而對下層個人實用或功利取向之實際文化價值，產生社會人格提昇作用的狀態，形成了文化斷層現象[61]。

注釋

❶ 二十一世紀基金會，「一九八八年臺灣社會評估報告」第六章「臺灣社會問題分析」，七十九年，第一〇一頁。

❷ 葉啓政，「有關社會問題基本性質的初步檢討」（「當前臺灣社會問題」，巨流圖書公司，六十八年）第六—九頁。

❸ 宋明順，「大衆社會理論——現代社會的結構分析」（師大書苑，七十七年）自序第三頁。

❹ 陳秉璋，「社會學理論」（三民書局，七十四年）第四二五頁。

❺ 楊懋春，「社會學」（臺灣商務印書館，六十八年）第三二二頁。

❻ 白秀雄等著，「現代社會學」（五南圖書公司，六十七年）第二〇一頁。

❼ 韓玉蘭等譯，「雅俗之間——通俗與上層文化比較」（允晨文化公司，七十四年）第七四—一〇一頁。

❽ 蕭新煌，「臺灣民間文化的發展」（「民國七十八年度中華民國文化發展之評估與展望」，行政院文化建設委員會，七十九年）。

❾ 許倬雲，「文化價值觀的變化與建設」（「民國七十八年度中華民國文化發展之評估與展望」，行政院文化建設委員會，七十九年）。

❿ 李亦園，「文化素養指標的再探討」（「民國七十九年度中華民國文化發展之評估與展望」，行政院文化建設委員會，八十年）。

⓫ 同注釋❽，第七四頁。

⓬ 同注釋❾，第一〇頁。

⓭ 同注釋❿，第一一頁。

⓮ 陳秉璋、陳信木，「道德社會學」（桂冠圖書公司，七十七年）第二七三頁。

⓯ 同注釋⓮，第二七六頁。

⓰ 見人間雜誌第三十二、三十三等期的系列報導。

⓱ 楊國樞，「工業化過程中國人在性格及行爲上的矛盾現象」（同注釋❷）第三一—三五頁。

⓲ 余德慧，「中國社會的人際苦痛及其分析」（「中國人與中國心—人格與社會篇」，遠流出版公司，八十年）第二九四頁。

⓳ 同注釋⓲，第三〇二頁。

⓴ 同注釋⓲，第三〇七頁。

㉑ 林松齡，「貧窮問題」（「臺灣的社會問題」新編，巨流圖書公司，七十三年）第一〇八頁。

㉒ 楊國樞，「臺灣民衆之性格與行爲的變遷」（「中國人的蛻變」，桂冠圖書公司，七十七年）第四三九頁。

㉓ 八十年一月六日聯合報記者簡慧珍彰化報導。

㉔ 八十年七月二十六日聯合報記者林哲雄臺中報導。

㉕ 林義男，「家庭與婚姻問題」（同注釋㉑）第三〇九頁。

㉖ 八十年七月二十八日聯合報記者陳金章臺北報導。

㉗ 八十年十一月十四日聯合報記者施靜茹臺北報導。

㉘ 八十年三月四日民生報記者吳玉貞彰化報導。

㉙八十年三月三十日聯合報記者陳燕模三重報導。
㉚八十年十一月二十六日聯合報記者簡慧珍彰化報導。
㉛八十年七月三日聯合報記者范揚恭等連線報導。
㉜同注釋㉑，第一〇五頁。
㉝八十年八月二十九日聯合報記者詹三源臺北報導。
㉞八十年八月三十一日中國時報記者簡余晏臺北報導。
㉟八十年八月二十七日中國時報記者張啓楷臺北報導。
㊱張春華，「灰色世界的人們何處安身——精神病患的醫療與居住問題」（「一九八五年臺灣社會批判——社會轉型」，敦理出版社，七十五年）第一六八—一七八頁。
㊲喬治·歐尼爾等著，文堅譯，「現代生活危機的超越」（志文出版社，六十三年）第五二頁。
㊳沈清松，「個人和群體生活的秩序與美感」（「民國七十八年中華民國文化發展之評估與展望」）第六一頁。
㊴瞿海源，「我國宗教變遷的社會學分析」（「我國社會的變遷與發展」，東大圖書公司，七十年）第三六二頁。
㊵瞿海源，「宗教與政治的關係」（「氾濫與匱乏——八十年代社會評論長篇」，允晨文化公司，七十七年）第三四七頁。
㊶這項觀察很難數據化，但是可以透過神壇林立的事實中加以追察，筆者曾深入各種神壇中做訪察。
㊷八十年八月二十八日聯合報記者詹三源臺北報導。
㊸八十年八月二十七日中國時報臺北金山綜合報導。
㊹瞿海源，「臺灣的民間信仰」（「民國七十八年中華民國文化發展之評估與展望」）第二七頁。
㊺黃光國，「新時代的倫理規範」（「社會重建」，時報出版公司，八十年）第二七四—二八七頁。

㊻ 鄭志明，「儒道釋思想俗世化的危機與轉機」（「儒釋道與現代社會學術研討會論文集」，東海大學哲學研究所，七十九年），第一八七頁。
㊼ 唐君毅，「文化意識與道德理性」上（學生書局，六十四年）第三六頁。
㊽ 同注釋⑩，第一三頁。
㊾ 同注釋⑭，第八八頁。
㊿ 鄭志明，「傳統巫術不可失去神聖性」（「臺灣的宗教與秘密教派」，臺原出版社，七十九年）第二一九頁。
51 陳秉璋，「道德規範與倫理價值」（國家政策研究資料中心，七十九年）第一一六頁。
52 鄭志明，「中國社會與宗教」（學生書局，七十五年）第三頁。
53 同注釋⑩，第二一頁。
54 瞿海源，「社會心理學新論」（巨流圖書公司，七十八年）第一七五頁。
55 筆者自擬的術語，意指由符咒心理所產生的一種文化現象。
56 陳秉璋、陳信木，「邁向現代化」（桂冠圖書公司，七十七年）第一八頁。
57 金耀基，「從傳統到現代」（時報出版公司，六十七年）第一八五—一八八頁。
58 葉啓政，「社會、文化和知識分子」（東大圖書公司，七十三年）第九五頁。
59 殷乃平，「金錢遊戲的疏導與轉化途徑」（同注釋㊺）第二四〇頁。
60 蔡源煌，「當前文化問題剖析及文化建設的努力方向」（同注釋㊺）第三二三頁。
61 同注釋66，第二四〇頁。

第十一章 臺灣民間鸞書的神道設教

第一節 宗教與神道設教

宗教是文化的一部分，隨著群體、區域等時空條件的不同而有差別。尤其宗教的本質意義與具體形式隨著各民族文化特質的演變與發展，有其獨特的智慧樣式與表現形態。目前有關宗教的內涵界定，因學科與學派的紛歧，極爲撲朔迷離，容易造成誤解與歧視。特別是面對中國民間社會原有的宗教現象，未能扣緊其內在的社群文化走向，尚缺乏客觀公正的詮釋理論與研究方法。

中國原無「宗教」這個詞彙，若依中國原有的語詞，易經繫辭上所謂「觀天之神道，而四時不忒。聖人以神道設教，而天下服矣」中的「神道設教」一詞能反映出中國宗教的基本概念❶。

但是「神道設教」的理念，經由儒家人文色彩的修飾，偏重在「設教」的社會教化與文化傳遞上，導致部分學者以爲中國是個非宗教國，雖號稱有儒釋道三教，但是該「教」爲教育之教，而非宗教之教，故儒釋道三教算不得宗教❷。這種想法仍被某些傳統知識分子所接受，甚至以此來否定原寄存於基層社會的宗教習俗，鄙視爲迷信，大力地加以譴責與討伐，自命爲衞道之正義人士，不容許低級的鬼神信仰，變本加厲地擾亂傳統的教化權威。

若從鄉民社會的社群走向而言，「神道設教」的觀念，已被普遍地注入到實際的運作層面上，建構了大衆常識性的經驗模式，有其獨立自足的宗教體系。在這個體系下，累積了歷史知識與精神智慧，成爲社會大衆所認同與服從的社會規範與行爲標竿。也就是說「神道設教」這個詞彙，在社會操作的具體實踐下，已承襲了原有生態環境下各式各樣的宗教思想，組合成獨立自足的信仰理論與實踐系統。然而來自上層社會的人文精神，依舊是教化體系的主導核心，使得世俗化的文化體系，在屢被摧折與詬病下，缺乏理性的呼應，難以突顯出具有民衆意識的宗教理念。如此，就無法剖析出中國宗教的眞實面貌。

目前有關宗教的討論，深受西方思想形式的影響與支配，無論在理論架構、使用概念、研究方法，甚至研究主題上，始終無法眞正擺脫出西方宗教的觀念模式，以至對本土的宗教傳統，更在西方知識的高度控制下，不易顯現出中國宗教固有的表現形態與基本性格。再加上宗教問題屢被排斥與忽略的情況下，遑論建立中國化的宗教思想體系。

本文有鑒於今日宗教信仰蓬勃發展所展現而出的時代浪潮，急需對過去被忽略的宗教問題，站在實用的立場上，加以評估與批判，勾勒出傳統社會宗教運作的理論模式。由於作者學識淺薄，僅選擇「神道設教」這個概念作簡要的分析。然而原始材料的博雜，很難在事實的描述上作充分地發揮，故僅選擇三本問答形式的鸞書爲抽樣的實徵研究，藉以瞭解當今民間信仰神道神教的行爲動機與意義，以及反省在其理論背後的意理與價值。

第二節　尊神信仰與神道設教

臺灣傳達神意的鸞書已多達千種以上，且不斷地在著造與刊印中，是締造與強化傳統宗教價值與理念的重要支柱，是一種相當特殊的宗教現象，傳達著中國神道設教的文化內涵❸。在神道設教的基本理念下，經典的價值是擺在歷史的洪流之中，經由神聖諭令來不斷地教化與開導，具有積極的啓蒙與反省作用。

本文所取樣的鸞書有三：即聖賢堂的「聖學要義——修道疑問解答」（民國六十八年），靈隱慈善堂的「靈隱明道心燈」（民國七十二年），聖德寶宮的「無極瑤訊」（民國七十六年）等。共取得四組問答樣本，即聖學要義有二組，一組爲仙佛釋疑聖訓共九十五則，一組爲讀者信箱，爲編輯室主所答，共七十九則。「靈隱明道心燈」收錄該堂善筆鸞生與濟公活佛對答七十二則，「無極瑤訊」則收錄「叩問」一百則，由瑤池老母主答，瑤池仙童旁加解說印證。

鸞書的扶乩著造，皆標舉爲代天宣化，接受天意來佈道於人，這其中蘊藏著中國古代以來的尊神崇拜❹，以及由尊神崇拜所引申而出天人相應的神道信仰。就其信仰的內涵而言，民間鸞書的同質性相當高，其意識形態與文化水準，具有普遍性與雷同性的基因模式，故取樣式的研究，實際上亦包含著全面性與整體性的效果。

比如大部分鸞書在書前有玉詔、懿旨或序，在體例與內容上大同小異，表現出其企圖以超自然力的神靈來挽救人間危機的意識形態❺。而此意識形態即是傳統尊神崇拜所推衍出神道設教的思想與實踐模式。故本文先就此三本書的懿旨與序文，來總說鸞書神道設教的基本內涵。

鸞書的尊神信仰主要有二，一為玉皇上帝，一為無極瑤池老母。玉皇大帝的命令稱為「玉旨」，瑤池老母的命令稱為「懿旨」，臺灣民間鸞書大致可以分成「奉玉旨著造」與「奉懿旨著造」兩大類，有部分鸞書則同時有「玉旨」與「懿旨」，把二位尊神混合成同一個體系，以為瑤池老母相當於人間的皇太后，鸞堂可以同時接受二者的旨令，又不致於形成雙頭馬車，顯示出中國的尊神信仰有其特殊的風格，即至尊而非唯一。「聖學要義」只有序文，而無玉旨，屬於非正式奉旨扶鸞的著作，「靈隱明道心燈」與「無極瑤訊」則屬於奉懿旨著造類。最前面有瑤池老母的懿旨。玉旨或懿旨的頒佈，皆非尊神親自臨壇，而是由其派遣大臣或使者宣讀旨令，故詔書前有「諸生俯伏」、「神人俯伏，靜聽宣讀」等文句，皆模仿古時帝制玉詔開讀的形式，亦即以威權至尊的帝王體制投射到尊神信仰的天人關係上，使得尊神具有人間帝王的特性，也感染著古時官方化民成俗的教化體系，使其教義的傳播負有著輔助王法設教的功能。這種交互涵攝的文化現象，是一種積習已久又自圓獨立的宗教形式，深受本土社會文化背景的支配所顯現而成的特殊性格。

這種特殊性格是貫古通今的綜合結晶，融通了傳統既有的發展脈絡，開啓了神道設教的理論與實踐體系，使得鄉土信仰依舊樹立著中國特有的人文取向的典範。而此一典範是環繞於尊神信仰所形成的宗教經驗，在神道設教的威力下維持社群體制的和諧。如鸞書的旨令一再強調尊神濟世救民的宏願，相似於儒家教化下聖君的形象，而聖君的形象又牽連於天命的尊神信仰，即梁啓超所謂「具象的且直接的天治主義」❻，以爲尊神是普愛萬民的主宰。

在鸞書裏不管是玉皇大帝或瑤池老母都是時時刻刻關愛百姓的至尊神祇，一般玉詔的開頭，常謂「朕居尊而鑒卑，無時不以蒼生爲念」❼，且懷仁憫之心，時思拯度下民。瑤池老母的懿旨則受到無生老母信仰的影響，以拯度九六原靈爲念❽，如「靈隱明道心燈」的懿旨的開頭謂「母居無極，懷慈東土原兒」，「無極瑤訊」的懿旨則謂「母居無極瑤池宮中，心念九六原靈」。時時以蒼生爲念，是中國尊神信仰的特徵，來自於上天有好生之德的理念，認爲尊神時時監臨下民，進而眷顧人類，爭取百姓生存的福利，如詩經大明篇曰：「皇矣上帝，臨下有赫，監視四方，求民之莫。」即肯定尊神不單是「臨下有赫」的權威實體，更轉化爲維持人間秩序的建造者與擁護者。

由地上號令統一的帝王體制，相應地發展出掌轄三界統御萬靈的尊神，以其高居於一切神靈之上，具有統治的無限權威，以維護自然諸現象和社會上主要問題。這種宗教意識由來已久，大致上可稱爲是社會上的人間現實在宗教領域裏的反映，可以上推至殷民族興起之時❾。經長期的推展與演變，尊神更以天道或天命的形式，來掌握人間的道德規範與社會制度，亦即將社會道德、政治制度與人際關係等生活準則予以天意化，以天志或天命來形成一定的教條與戒規，成爲百姓賴以遵守的價值標準。

臺灣民間鸞書的尊神信仰即承續了德性天命的宗教理念，恭恭敬敬地絕對服從尊神賞善罰惡的監督與裁判，所謂「恪謹天命」、「奉若天道」形成了民間的衆趣性格與生活準則，架構了其思想模式與信仰態度。尊神基本上是降德者，也是佑德者，凡是社會的重要變動，都在尊神控制之中，尤其是人間政治體制的腐敗與社會風氣的墮落，更是其關心的主題。臺灣鸞書的社會關懷則偏重在抗拒暴戾、貪婪、荒淫的社會風氣上，企圖借尊神之威以聲其教化的功能，對於現實的政治體制則缺乏具體而眞實的相應批判，而把問題單純的簡化，歸諸東西文化交流後人心失調的道德問題，如「聖學要義」序謂「慨自歐風美雨東來，人心崇尚新潮，聖學因而衰頹」等語，如此的思考方式仍是一種本位主義，把社會整體結構的問題化約成一個特殊的性質描述，以爲內部體系的演變，是由於外來意外力量牽動所致，欲重新整合既有的均衡結構，就必須經由神道設教的價値約束，逐漸潛入於社會的溝通層面，重新回歸於原有自存的共識狀態，以其內在命定的優先決定動力，挽回已被扭曲的恐怖弊端。這樣的一種思考模式，並非鸞書所獨有的認知系統，而是傳統社會的通有形式，常存的一種主觀詮釋。這種主觀詮釋，在「靈隱明道心燈」的序文中更爲明顯，其云：

> 現世俗澆漓，人心之變久矣，曰尚歐風文明，放棄東方道德倫理，提倡人類自由，解放男女平等。然而赤子不明自由平等之眞義，遂致越範橫施，不受限制，終致乖談背禮，戀愛輕生，作奸犯科，目無法統，一人貪戾，一國作亂，禍起蕭牆，災生爭戰，使世宇不得安寧矣！國與國爭戰，民與民械鬭，宗教失却修身之道，社會失團結之機，家庭失敎育之德理，國家失和平之治，皆因敗五倫、忘八德、喪三綱、失五常所致也。

世宇的不得安寧，實牽涉到複雜而多樣的社會變遷問題，尤其今日社會結構與文化內容愈趨龐大而繁雜，且分工更專業而精細，其所觸及的問題是需要經由多面的方向作動態的瞭解，方能週全解說社會變遷所導致文化失調的種種因素。但是民間鸞書卻化約成一個簡單的道德基因，即放棄東方道德倫理，就破壞了人際之間的結構規律與功能關係，在敗五倫、忘八德、喪三綱、失五常的道德淪落下兵敗如山倒，冲毀了原有社會體系的均衡秩序。然而這種意識形態的陳述並非是武斷的偏見陷阱，而是反映著傳統德治教化下的一體化意識形態結構⑩。

鸞書所形成的一體化意識形態並非是一個孤立的體系，可以把它放在整體的社會結構裏，與傳統社會的哲學觀、價值觀、社會觀等理論系統密切相關，經由早期大一統帝國體制的長期教化，深入了各個文化階層，成爲生活實踐的具體理論與行動準則。故鸞書的神道設教，已不單純是宗教理念的問題，實蘊含著傳統德治教化積極入世的現實主義精神，其尊神崇拜也與傳統的天道哲學結合，發展出渾然一體的意識框架，更難拘限於所謂宗教研究。假如要眞正揭開中國宗教的眞實面貌，就必須深入其一體化的整體文化結構，不應僅祇是宗教層面的討論與分析。由於本文的目的並不是提出一套傳統社會實現一體化的理論，而祇針對鸞書神道設教的形式與內容作初步探討，所以環繞在鸞書外圍息息相關的歷史文化性格，大多僅點到而已。

鸞書面對外在世界的變局，除了歸之於一體化的道德性詮釋外，更仰賴尊神是道德的化身，以其善惡報應的權威意志，轉而成爲普渡萬民的救世主。而這位救世主原本是要降災處罰世人，卻又回心一轉，改爲末世救刼，著揮鸞闡教的教育方式，提醒人心向善，以化解此一浩刼，如「靈隱明道心燈」序謂「今世道澆漓，人心不古，變化異常，失綱常，仁義滅，致怒天心而降此災刼」，道德與禍福的結合，來自於尊神的權威意志。在宇宙和諧天人同德的價值系統裏，尊神的權威又一被轉爲理性的生生大德，故該序接著說：

仙佛神聖本抱慈悲，不忍生民之塗炭，幸蒙無極老母慈愛懷凡兒，不悟真理亂修邪道，誤談真理大道，特命高雄靈隱慈善堂著作「靈隱明道心燈」乙書，以問答方式，由西方活佛釋疑闡化，將大道真詮奧妙天機公佈於世人知曉，無極宮通靈著作，以金指妙法闡述真理真道，以開覺醒而警化世人，修身之要訣，使人人知悟天之高，地之厚，道之不離人，而是人自脫軌道也。人人本有善良之心，若能了悟良性，以修身修德修功果，悟理參禪，則人人皆可知大道之真理。

神道設教的基本條件在於肯定人性是本善的，可經由語言文字的點化，開啓其內在生命的覺醒與頓悟。這種教化觀念是以天人合德爲基礎，順著修身修德的具體實踐途徑，肯定依循人性的本然，即吻合天意化人的慈悲心願。這種神道設教的基本形式，在儒家思想的長期浸淫之下，早已型塑著中國人深層的心理結構，而民間鸞書更將這種思想型模經由生活倫理原則帶入進宗教的超越層面，將「道」與尊神合而爲一，使尊神具有道的特徵，成爲運轉萬事萬物的背後主宰，能以金指妙法闡明天道的不易之理，接引民衆上體天德下盡人性，圓滿自足地開展自我的道德本心，以參贊尊神造化天地的生生大德。

故每一本鸞書的著造，都被視爲上天不秘之傳的大公開，是千古難逢的秘典，具有消災化厄驅魔護法的神聖作用，如「聖學要義」序謂「觀其內容，道包六合，理綜三乘，堪作一本修道之指南也」，「靈隱明道心燈」序謂該書「乃千古寶典」，又謂該書「乃西方濟公活佛心血之著作，闡凡人靈性之要旨，句句珠璣，發人深省之訓，衆生若能參研愼修，則成仙成佛不遠矣」，「無極瑤訊」序謂該書乃「一本普化衆生教材之範本」，又謂該書乃「垂示修身之法，指引迷津，令迷徒識知人倫妙理，參閱此書後頓開茅塞，學道者精進聖域，未學道者種下道緣，藉作登堂入門之階梯」。

鸞書裏的尊神等於道，包含傳統道德地人文精神，却又要求人依神而行，還原到宗教原有的權威性格，尊神依舊是賞善罰惡的權威神靈，具有「天降喪亂」、「天保定爾」的神性主宰義，但是鸞書側在尊神的仁愛德性，將尊神的恩典與救贖改爲人文設教的神道價值。鸞書這種人文化的宗教，仍擁有宗教本質，不僅未從宗教的神秘氛圍中解脫出來，反而將人文的道德憑依，牽繫於人格神的想像，連鎖著善惡酬報，將儒家超越性的主體道德轉化成立命積德的處世哲學及因果報應的功過省察，脫離不了尊神的權威性與神秘性，把一切道德實踐的動機，簡化成了脫生死，成就神仙的契約關係[11]。故「成仙成佛」、「精進聖域」是神道設教的教化目標，以發展人性提昇人格爲手段，以求進入一個高超永恆的聖境。

把心性的工夫當作成聖成仙的踏板，仍來自傳統尊天敬天的仰慕之情，以天道的博厚、高明、悠久的德性開啓人生的歸眞返樸、明善復初的境界。這樣的宗教性轉換不能算是傳統人文精神的墮落，也不能算是維護宗教迷信的神學。尊神信仰是宗教共有的現象，雖然在中國的歷史脈絡中，屢被人文化的知識分子所排擠與否定，但是在民間宗教活動一直是百姓的生活重心，在「事神致福」的心理下，也不斷地融合了知識分子的人文理念，使得百姓在理念上或許可以解消了宗教，但是在生活習慣上仍給予保持，使得宗教與人文精神相互妥協，展現出一種新的宗教形式，即以人文精神的設教來發展神道，表面上人文精神抬頭，實際上尊神信仰仍有其未曾減退的魅力。面對著這種特殊的宗教形式，應先將代表人文精神的哲學與代表尊神信仰的宗教分別開來。亦即哲學感悟與信仰實踐是不同的兩個層面。一般對宗教所作的哲學反省，決不能取代信仰，甚至不能取代神學⑫。把傳統尊神信仰視爲迷信，即缺乏對宗教的包容性格。實際上任何宗教的發展都與其所生存的文化時空及社會變遷相互依存，因此其宗教概念的內涵，是很難用單一的學術觀點來加以詮釋的，更何況是外來的權威論斷。故本文基本上採用平實的分析態度，借用量化的數字與證據，將鸞書藉以發現新的實在界之心靈複雜活動，作平面的陳述，以解析鸞書神道設教下所欲表露的主體經驗。

鸞書所標榜的是仙佛開示的大道眞詮，這個大道眞詮的內容如何呢？依據前所列的三本書指引迷津的問答題，作下列的分類：

內容分類 / 次數 / 書名	神道的信仰與現象	神道的儀式與行爲	神道的觀念與境界	修道的方法與工夫	人際的倫理與規範	總計
聖學要義	34（35.8）	27（28.4）	14（14.7）	6（6.4）	14（14.7）	95
讀者信箱	18（22.8）	26（32.9）	15（19.0）	11（13.9）	9（11.4）	79
靈隱明道心燈	6（8.3）	23（32.0）	26（36.1）	15（20.9）	2（2.7）	72
無極瑤訊	4（4）	16（16）	27（27）	28（28）	25（25）	100
總計	62（17.9）	92（26.6）	82（23.7）	60（17.3）	50（14.5）	346

以上四組問答題皆強調是洩露天機的心血著作，針對凡人的種種疑問，詳加解答，以消迷惑，令人斷疑生信。在內容上其偏重各有不同，所欲傳達的訊息大致上可分成下列五類，即神道的信仰與現象，神道的儀式與行為、神道的觀念與境界、修道的方法與工夫、人際的倫理與規範等五大類。這四組資料雖大多為近十年來的作品，在時間上的變遷不大，但是由於各鸞堂的關心層面互有出入，其欲闡明的宗教理念各有特色。「聖學要義」有將近六成的問題在於詳細解說神道信仰的現象、儀式與行為等，表現該鸞書頗重視信仰的屬性問題。這與鸞堂在五、六十年代蓬勃發展的改革運動有密切的關係⓭，面對著社會結構型態的變遷壓力，各種傳統信仰的紛紛抬頭，使得有關終極信仰的觀念系統，稍嫌雜亂而無章，尤其原始宗教的巫術信仰夾雜在其他高級宗教的生存空間下，難以有效地形成強大的造勢運動，故重新建構鄉土神道信仰的理論架構就亟為迫切的了。首先其重點即擺在信仰現象的再詮釋上，重新拾回百姓對神道的崇拜信心，進而在儀式與行為上作理性的提升與道德的教導，心有餘力後再致力於宗教境界與修道工夫的闡揚，安頓鄉土百姓的心靈世界，改善其日常生活的品質，散播傳統神道救世的理念與社會的關懷。

這種對傳統神道信仰的再認識，也可從讀者投書的內容上顯現出來，亦有五成以上的讀者對於傳統社會各種神人溝通方式比如占卜、扶乩、神算、符咒、渡亡以及祭神儀式，頗為好奇，又不得其門而入，就更加深其神秘感。人文教育是無法完全取代民衆對宗教的皈依，任何被視為荒誕的玄思或行為，其背後可能來自於某種特殊的宗教經驗，更很難以其不合邏輯或違反學術的觀點來加以批駁。近代知識分子與民衆愈來愈形成兩端的極化，即是由於其內在生命的感通轉化，逐漸減少了相互契入的共通點。民衆的宗教情操屢被鄙視爲傳播迷信的惡劣分子，造成了二個反彈現象，即大部分接受現代教育的年輕人，一下子從傳統的人文束縛中解脫出來，在無天無地無鬼無神的價值世界裏，導向於無國無家無法無制的精神解放。另一個反彈的現象，即形成一種熱烈宗教狂熱情緒，毫無保留地接受世俗上現成的宗教概念與制度，深信終極的實在界是一個廣含萬有且充實完美的超越境界。在如此的主觀經驗下，除了重新詮釋原有的宗教現象，也致力於宗教境界的提昇與修道工夫的倡導。在「讀者信箱」裏，反映出有三成的讀者對這方面的問題有興趣，說明縮短天人距離以上昇至永恆常存的生命境界，仍是一種難以抵抗的信仰魔力，尤其中國的尊神信仰以天啓作爲助力來朗現自我存在的豐富生命，將宗教的狂熱情緒導向自我超越的修道工夫，可以減少過於偏激的宗教行爲，而致力於圓滿無缺的人生境界，改善了個人外在生活衝突與人際困境。

「靈隱明善心燈」即強調修道的終極境界，協助信徒窮究神道的奧秘以體現永生的自性，其第三項與第四項的總合，增至五成五以上。正顯示出鸞堂的宣教重點在於人格教化的精神提昇上，以聖界的超越嚮往爲至高原理，來吸引民衆致力於修道，講究精神的契會與領悟，以達到無限超越的存在理境。在純就「人際的倫理與規範」來立說者，「靈隱明道心燈」只有二則，顯示修道的聖界追求仍大於俗世的人格自我調整。「無極瑤訊」在這方面則有二十五則，其第三、四、五項的總合達到八成，說明鸞堂已從神道儀式中步向智德圓滿的眞實勝境，從日常生活的求生之道創造了它自身的規範與境界，雖然把一切存有的價值歸屬於超越的尊神，但是生命的眞正控制力量，仍是以自我人格的統合價值來支撐，建立了一套百姓共同遵守的人生準則與行爲規範。

第三節　神道的信仰與現象

中國傳統社會是古早巫術與宗教集大成的大本營，各式各樣稀奇古怪的神秘經驗，經由社會的各種文化管道，一直在中國的基層組織中廣爲傳播，以至於今日還能對世人的日常生活產生顯著的影響力。神秘的宗教經驗未必與理性的人文經驗相衝突，在世俗化的過程中，二者以內在和諧的互補方式，維持著既相反又相通的關係。

這種互補的結構關係，正是神道可以設教的推動能源，使得原始巫術在人文教化的意識形態中屢有創造性的嘗試，形成了有力的無形防線，導致百姓有著高度穩定性的生存空間，兩千多年來創造和維持了獨特宗教形態的文明體系。

人類最大的恐怖，無外乎是面對短暫坎坷的人生所引起紛紜雜遝的悸動情緒。一般宗教信仰的崇拜心理，希望能脫離生老病死的桎梏，得到永生不死的保證。故環繞在生死與鬼神之間的疑惑與無知，一直是百姓亟欲打開的心結，如下列問題：

1.人死之後，真我（靈性）與假我（肉體）是否完全脫離關係？如已脫離關係，有者又轉生四生六道，子孫祭祀又有何作用？（「聖學要義」第五則）

2.靈學書中云：靈魂在人體內似睡眠狀態，待人死後他才如夢初醒，離開肉體。人之在世一切行為與靈魂無關。如果人死後靈魂替人代罪，是否冤枉？（「聖學要義」第七則）

3.萬物久在世間輪迴，若人死後，在地獄中究竟以何生何身為主？（讀者信箱第十八則）

4.世人過世以後，其屍體以埋葬、火葬、海葬三者那一種好呢？（「靈隱明善心燈」第五一則）

「人死了以後會怎樣」是亙古以來人類共同關心的課題。傳統的宗教信仰及教義符合民衆的生存渴求，普遍地被接納，成爲世俗生活不可或缺的精神寄託。近代知識的快速發展，帶動認知系統的變遷，使得原來可以不成問題的問題，不斷地被提出來。如果傳統的宗教信仰仍想在俗化世界中保持自身的價値意義，就必須繼續提供一個足以讓民衆信奉的詮釋系統與超越境界。鸞堂基本上屬於世俗化性格的宗教，必須時時地將民衆的俗化心態與宗教信仰給以合法性的相容，找到終極的統合點。

這個統合點未必是大幅度的新穎見解，很可能只是舊瓶裝新酒，依舊在原有的文化軌道之中，彰顯出傳統社會結構體系悠久而強韌的生命力，亦反映出鄉民綜合宗教、道德與哲理相互混合的內涵質素。鸞書的設教即在這種質素的涵攝下，將社會變遷所造成的偏差、創新和反叛現象，重新納入原有穩定的意識結構之中，再塑立新的典型解說形式。鸞書的靈魂觀即是如此，以新的認知能力來詮釋理解宇宙、人生和社會等種種現象，但是就其象徵形式而言，仍是文化傳統的歷史傳承所朗現的行動實踐過程。如有關「眞我」與「假我」的關係，「聖學要義」以「司機」與「汽車」的關係來說明，當人死了以後，靈魂脫離了軀殼，就猶如司機離開了所駕駛的汽車，已無用武之地。在這樣的解說形式下，那麼人爲何還要祭拜祖先呢？「聖學要義」分成三個理由來說明，第一，先人並沒有死，只是換成一個新生命出現，其養育子孫的勞累之情，永遠活在子孫的心目中，而且還希望他仍然活著。第二、以感恩圖報的孝道精神，點出事死如事生的儒家典範。第三、以博物館舊火車為例，說明假我肉體因其舊日功勳，仍足堪後人悼念不已。以上三點理由大致上仍跳不出傳統社會的孝道規範，僅以較現代化的概念或語言，宣揚早已存有倫理行為的價值標準。

靈魂與肉體的關係如何呢？「聖學要義」否定人的行為與靈魂無關之說，以為靈魂在肉體裏猶如一電線兩端露出銅絲作為接觸傳電處，其它為塑膠絕緣覆蓋。以外表觀之，靈魂處於靜止狀態，然人類一切思維、行動，均靠此靈電觸發而活潑各神經叢，因此，一切行為皆源於靈魂之指使，所行善惡焉能無罪！及至人死，如電線走火，包裹之塑膠表皮毀損，靈魂脫離軀殼，不受拘束，整條電線觸之皆能感應驚醒，不只限於兩端⓮。如此的靈魂說並非是靈肉對立的二元說，而以為靈與肉是相感相通的，外在的肉身活動受控於靈魂的靈氣。雖然靈氣似乎必寄附於外在的形軀，但是靈氣所具的能量極為廣大悠久與靈活高明。鸞書以電線作比喻，正指出靈魂才是人類活動的主宰，人類存有的目的，在於努力開發靈氣所具有能量，「聖學要義」提出「修心養性，潔淨靈魂」的觀念，其所謂的「靈魂」已接近古人所謂的「心」，以為人的活動要塞源拔本，感悟本心一氣相通的聖境。若人在世不務正道，則靈魂雖脫離，但已汚染罪業，自然墮於幽冥。這樣的想法仍建立在靈與肉的相感相通上，也接受了佛教靈魂再世及輪迴的說法。

第三則問題即是輪迴轉世的觀念，當人的靈魂本身即是一個電源，那麼每一個肉身都是假象，故人不該只限於小我的肉體生命，應找到電源的根本存有處，方是眞身。「讀者信箱」

編輯室主的回答與前一則相類似，以為人死後以該一生幻身為主，神識猶相感應，此時的靈魂與凡夫無異，故仍須六道輪迴。第四則是討論肉身處理的問題，「靈隱明道心燈」謂人一旦死後，本身的本性靈魂已脫離假軀，眾生可以方便方法為亡者埋葬假軀殼，以火葬、土葬均無差別。「靈隱明道心燈」仍立基於傳統的道德教化，以為祭祀祖先前人，取其誠心而已，不要拘泥於外在的形式。鸞書如此的靈魂觀表面上與儒家的人文精神不同，硬在宇宙與人生之中安插了另一個存在的實體，已違背儒家看重人文精神的文化傳統，但是鸞書對靈魂的看法，融入儒家的人生理想，消化此靈魂歸入人生，來善盡其人生的存有之理。

談到靈魂輪迴，就牽涉到天堂、地獄等觀念，鸞書有下列問題：

1.上帝是否仍須輪迴？他是否在六道中的天道呢？（「聖學要義」第十七則）

2.聞修佛往生西方極樂，必求師父指點要訣，到底有此事嗎？（「聖學要義」第十八則）

3.有人說神鬼只是一團虛靈，無形無象，何以廟裏有菩薩及地獄圖？有人甚至遊過天堂、地獄，見其諸形形色色？（「讀者信箱」第十七則）

4.極樂世界是怎樣之世界？其生活情形如何？（「讀者信箱」第二〇則）

5.所謂地獄到底在那層地呢？（「靈隱明道心燈」第五二則）

6.陰間有地獄否？（「無極瑤訊」第八八則）

至高尊神上帝是否也是靈魂呢？「聖學要義」謂上帝乃言至高無上之尊稱，為無極一炁，體外皆光，亦即「道」之別名，非普通之神，故不必輪迴[15]。由此可見，尊神與靈魂不同，原是內外相互感通的超越靈氣，是靈魂的靈力發射站。「聖學要義」進一步說明上帝即道、即佛、即聖，人心與天心契，則合於道，即佛、即聖，無何差別。這種人心與天心契的想法，是中國哲學精神的價值觀念，肯定人人必然能體現其本性而成爲聖人。這種人人皆可成聖的想法，使得每人靈氣的發源處即是上帝（道）的本身。如此靈魂不再是個存在的實體，而是上達於天的超越實體。但是靈氣淨化不夠，感染習氣則仍有輪廻。這牽涉到民間對神仙的看法，據「讀者信箱」第二二則問：「在天庭做神仙，是否永遠不必輪廻？如須輪廻，到底享幾年洪福再轉輪？」答案是：神仙亦分等級，大羅金仙爲仙道之極品，超出天地之外，歷刼不壞。至於一般神道，未證「大羅金仙」者，或在洞天享福，或降世度人，廣積道功，以求返原無極。若不再修煉或立功之神仙，其享福年限，與自己所立功果爲準，或數百年或數千年不等⑯。

返原無極，即是靈魂所追求的根源之地，佛教稱爲西方極樂世界。返回極樂世界有無妙法？一般以爲要有師父指導要訣，但是「聖學要義」謂：其訣無它，指點「心地」，啓示「自性」，使自己心性早明，佛性顯現，仙心永懷，力行善德，度己度世，利益衆生，道功旣圓，西方有路矣⑰。這時候西方的極樂世界即在本性的自覺之中，由當下體道的神奇妙用，就可以透視囊括全宇宙的無上眞理。同樣地，地獄的形成，也是當下本心的放失所造成的，故第三則的回答謂天堂、地獄是多次元的世界，人的心如能光明顯露出眞如，自然神遊極樂；假如陷自己心性於有限空間，那麼靈魂即入牢獄。第四則回答則強調極樂世界要用心去體悟才比較眞實。這樣的思維方式是將個體生命與自然生命會通爲一，生命的心性修養就自然成爲參贊天地的最佳詮釋方式了。如此便把民間具象的天堂、地獄信仰導向於人性的自我覺醒上，而又不悖於原始的巫教格局，這正是中國式宗教的主要特色，由天人合一所開出的「連續型的理性」，不同於西方由天人分隔所開啓的「斷裂型的理性」⑱。

地獄的具象作用在民間的文化傳播上仍不可或缺的，生死輪廻的因果報應是社會教化的有效方式，在宗教天命與人文道德相互綰合下，寓道德教化於信仰感應上，即借助尊神賞罰的報應權威，建立民衆所認同的世俗價值與行爲規範，故鸞書對於各種地獄傳說都給以正面的肯定。如「讀者信箱」第四一則問：「孽鏡臺前無好人，如果一個人在生爲非作歹，老來反悔重新做人，死後也要往孽鏡臺前一照嗎？」孽鏡臺是地獄傳說中的一景，據說孽鏡臺是顯示罪證的地方，證物齊全，不容犯人狡賴。該書謂人至死不悟則令其在孽鏡臺前自觀醜態，如人能改過行善，法院亦不再提審前案，死後也就不到孽鏡臺。由此可見，地獄觀念在民間是虛實相雜，要它虛的時候虛，要它實的時候實，而虛實之間仍有道理可說，如「靈隱明道心燈」謂迷者認人生爲實，悟者認人生爲幻，陰間與陽間相同，而地獄是陽間的一部分，覺此者爲彼岸，迷此者爲此岸，衆生自悟也⑲。從自悟的觀點，鸞書大多將地獄視爲虛象，如第五則的回答即謂地獄乃在汝山頭，以爲一切唯心造，心取地獄，就有地獄實相；心取有鬼，就有鬼之實相，心取天人，就有天人實相。

第六則的回答，則把地獄當成實際存有物，以爲秦漢以後人心乖離，上天震怒才在陰間設立地獄。該則談地獄配合因果立說，主張：如果人人相信有因果輪廻、天堂地獄，則天下自然太平。倘不信因果輪廻、天堂地獄，則人人可以諸惡皆作，衆善莫行，豈非天下大亂⑳。這種推論，仍以人性爲社會教育的重要基礎，以爲人由善惡的認知判斷，可以創造出客觀的精神價值，故人的心靈之保持或持有，可以建立出健全的社會體制。維持心靈的善惡準則，就成爲民間鸞書遵守的原則，由此形成一套因果報應的倫理規範，發揮其陶冶民性的教化功能。

因果報應是以超越的神力做後盾，形成了一種價值權威來控制人的心靈情緒，建構著指導的教育功能，協助世人在現實環境中承續傳統文化來成就自己。因果報應的善惡規範經由社會化的過程中早已形成行爲的模式，讓民衆有所遵循，以限定其所扮演的角色。鸞書有關因果報應的問題不少，挑選幾則來作說明：

1.一個人做壞事，「近報妻兒，禍遺子孫」，這是為什麼？自己做的孽，應由自己得孽報才算公平啊？（「聖學要義」第三二則）

2.逝世已久之親人，不知其子孫行善是否也能使其有所昇遷？（「聖學要義」第三六則）

3.嘗言「有心為善，雖善不賞；無心作惡，雖惡不罰。」這即是叫人為善的最高境界。貴刊在第十三期有位大德贈書袋十萬個，貴刊登出方塊銘謝啓事，這不是將其行善功德抵銷了嗎？（「讀者信箱」第五八則）

4.惡人作壞事，趕快求神消災解厄，而被害者也一樣去求神解厄，雙方都很虔誠，到底神如何處理此事？（「讀者信箱」第七七則）

5.有人貴顯富有，有人貧賤潦倒，仍不信因果之有，「因果」二字如何釋之。（「靈隱明道心燈」第十八則）

6.請述善惡報應之道？（「無極瑤訊」第十則）

前五則扣問的事項比較具體明顯，第六則的問題較爲全面性，故先從第六則談起。善惡報應雖然建立在宰制性的尊神信仰裏，以爲有一尊神在監察下民的善惡行爲，但是其背後所形成的價值趨向，反映著庶民道德規範與世俗教化功能。「無極瑤訊」即企圖對此一現象作理論的詮釋，以爲「神是個靈」，是超物質、超精神的，人要以自己的靈去接觸才能通電，通電的「靈」包括了「良心」、「直覺」和「靈感」等，若良心等受損，則靈被蒙蔽而失去了功用，「罪」如同絕緣體，使人與神斷了交通，受到上天的降禍，以致妖魔厲鬼纏身。除去自己的罪，改過自新，就能與神通電，獲得天地神明的保佑，「無極瑤訊」詩曰：「善惡無門人自招，恢恢天網不能饒；勤培正氣修心性，法水任憑聖火燒。」

善惡功過與因果報應的結合，可以說是俗世道德觀念與功利觀念結合的產物。這種民間倫理思想的發展基本上已超出儒家思想的範限，是一種思想雜揉而又重生活體驗的現實行爲，側重在實用的策略行動，來調整理想與現實的差距，以謀求具體的利益㉑。第一則就考慮到個人功利的問題，主張善惡得失所造成的人事禍福應止於一身。「聖學要義」則謂「自作自受」廣義的解說，除個人外，還包括自己的親屬，家庭分子猶一人的四肢五指有連帶關係，就如丈夫犯法，妻女生活受到連累，另外妻女兒孫可以得到祖先的遺產，同樣地祖先的「遺禍」亦將繼承。以現代親屬關係來說明家庭成員互動的報應關係，反映傳統社會倫常結構的價值理念，其彼此間的義務、權利等問題，因血緣、感情的關係亦休戚與共。不僅「惡」會影響到親人，「善」也會擴及於親人，第二則即討論這個問題，「聖學要義」謂子孫行功立德，可超拔祖先昇遷，即「一子成道，七祖昇天」，就如世情，一子立大功，不僅門楣爭光，外人亦同感興奮。「聖學要義」亦注意到另外問題，若祖先已轉世怎麼辦呢？該書以爲此功德仍可間接助益其現世的善因，就如現世寄錢給遠方親友，只要有遷移資料，此款仍會按新址轉給他。這種說法添入了維持人際間相互取利的功利性格。第四則的回答方式不採功利取向的入世觀念，以爲「有無」同是一念之「差」的現象，眞正行善要本乎「自然天性」。有心爲善，雖然不賞，但既利益他人，自身感覺快樂，即已獲賞；無心爲惡，雖然不罰，既已傷德，難免不安，猶同受罰。刊登銘謝啓事，只是徵信報告，非是印贈者要求，對其善德無損㉒。第五則對因果的解釋了無新意，舉其偈作結：「禍福本無門，由心善惡分。天心惟一念，眞理此中存。人格德爲寶，福祿到處尊。宿世種靈根，衆生切了悟。」

民間的宗教現象可以說是千奇百怪，展現出豐富多姿的靈異世界，對於這些靈異現象頗能觸動百姓悸動性的信仰心靈，故這方面的問題特別多，如有問及八字：「請問人到凡間是否算緣份？人與八字命運有關嗎？」（「聖學要義」第十四則）算命的問題：「相命先生既然會幫人相命，爲什麼他不算算自己，使自己得到好命呢？」（「聖學要義」第五七則）夢兆的問題：「聽說夢見尚在世之某人去世，會給某人添壽，這是事實嗎？」（「聖學要義」第三五則）靈異事蹟：「曾看見關聖帝君、觀世音及衆多諸神空中顯像照片，是否眞實，或是人工製造？」（「聖學要義」第七二則）「世俗所劃八卦避邪？如有靈驗，那是爲什麼？」（「聖學要義」第七四則）還有一些有趣的問題：「俗傳雷公是神明，爲什麼廟寺頂端還要裝『避雷針』呢？」（「聖學要義」第五八則）「人之在世，可戒掉殺生之職業，但蚊子吸人血液，是否罪加一等？人可改行，蚊子總不能改行？」（「聖學要義」第七七則）

第四節 神道的儀式與行爲

前一節談到傳統信仰觀念與世俗經驗之間的關係，這一節專談神道最明顯與重要的一面，即「儀式」的宗教性行爲。所謂儀式乃是賦有神聖宗教意義的規範行爲經由嚴密組織化的一種表現㉓，具有增強作用的集體情緒與社會整合現象。一般是以「儀禮的」（ceremonial）一詞指涉世俗活動，而以「儀式的」（ritual）一詞指那些比較純粹的宗教活動㉔。在傳統社會裏，世俗活動與宗教活動經常合而爲一，在日常生活中的儀式文化，即神聖而又世俗化，扮演著區分、強調、確定、隆重與安撫的角色，是社會組織中一種多功能的和緩劑，也是一種潛力無窮的調整機構。

由於社會結構的快速變遷，傳統儀式逐漸喪失其權力合法性的社會資源，使得本來和諧的社群關係動搖，多多少少破壞了原有的社會秩序，平添了不少的緊張。鸞書在這種傳統與變遷的交替過程中，有著重整儀式的使命感在，企圖在原有的價値認知與行爲系統中，採擷其精髓，塑立新的共同認知模式。比如在傳統的祭典儀式，已能考慮現行情境，將傳統具有神聖的象徵意義，作某種程度的再詮釋或轉移，舉下列幾則爲例：

1. 拜神後燒化金紙送給神明，這些金紙對神明有用處嗎？（「聖學要義」第四則）
2. 焚燒冥紙對去世之人有益嗎？在地獄是否通用？（「靈隱明道心燈」第五十則）
3. 人死後，子孫燒庫錢、紙製樓房給祖先，他們是否真能享用。（「聖學要義」第七九則）

4.許多神壇的神明常要人以酒肉等物祭拜，但仙佛又常降鸞勸人戒殺放生及除去酒色財氣，這不是矛盾嗎？（「讀者信箱」第七則）

5.某人為人正直，樂於助人，禮敬神佛至虔，但有一觀念，即每逢神聖聖誕或為人解厄辦事，必以大副牲禮禮拜，其言如此方成敬意，也才能降伏邪魔解之厄，對嗎？（「靈隱明道心燈」第十六則）

6.神聖誕辰用三牲祭之合理嗎？（「無極瑤訊」第九五則）

傳統社會日常生活有相當多儀式性的文化，緊密纏繞而相互連鎖，形成社會秩序合法化的模式。近年來，傳統具有神聖象徵意義的活動，逐漸減弱其內在的權威性。以上六則牽涉到祭祀的形式問題，原本社會成員心目中具有神聖象徵的儀式，比如燒冥紙、燒庫錢、燒紙製樓房、酒肉祭拜等形式遭受到批評與斥責。民間鸞書不以保守性格來加以維護，反而具有可塑性，重建或修飾原有的傳統理念。一般現實的文化操作，常會根據過去已有的經驗、當時之情境條件，如自己的期望，或多或少地重新賦予以詮釋。「聖學要義」對習俗加以批判，以爲習俗相沿已久，當以眞理教化之。「靈隱明道心燈」直斥爲非良俗也。「無極瑤池」則主張不如改變從前的風俗。

拜神焚化紙帛，「聖學要義」以爲取其毫光普照，神靈易降，熱氣上昇，陰森自除，斯則光明在望，前程遠大之意，提出一個疑問：仙界爲清淨之地，何須凡間紙錢？神仙若爲此而爭錢奪利，則仙界亂之。最後提出解決辦法：世人當明此理，焚化紙帛不必求多，誠心一綻足矣。「靈隱明道心燈」直接指出世人爲亡者焚燒冥紙乃是假的，地府並不能用，然而家人焚化冥紙雖假，但假中帶眞，眞中乃有「誠心」也。對於燒庫錢問題，「聖學要義」不客氣地說：如果陽間燒化之庫錢有用，那麼也太不値錢，有騙鬼之嫌。燒紙製樓房也是一樣，若有用也太不安全，一旦風吹雨打，則屋破水漏。該書提出改變習俗的方式，即子孫爲表達孝心，焚化何妨，但以少量即可。三牲祭拜神祇之禮由來已久，但是民間在佛教食齋理念的同化之下，逐漸淨化，而有了新意義的詮釋。「讀者信箱」從信仰的觀點分析神明喜人間血食，叫善信宰殺生靈祭拜的原因有二：一、該神未證大乘，貪圖口腹，福盡必墮輪廻。二、爲乩童誤傳神旨，藉神之名，以求供養。從以上二點可以引申出證大乘之神是不食酒肉，進一步指出：供奉葷腥，汚穢聖壇，蒼蠅滿桌，神何敢來食？最後提出最佳的取代方式：如以鮮花、水果供養，清淨而芬芳，天人皆大喜歡。「靈隱明道心燈」說法不同，但是主張相似，以爲神佛無形，神案之上神佛金身聖像爲木腹，更無腸，怎能酒肉餐食？希望天下衆生改厄祝壽，宜以清香、鮮果、香花敬拜就可。「無極瑤訊」亦強調神聖只享受著香火，不愛享受人間酒肉之類的祭品，你能虔誠敬神，即使浮萍之類的花草亦能奉獻它的馨香，神聖就取他一點虔誠的敬意。鸞書企圖改變傳統社會大魚大肉的祭拜方式，是以潔淨的神聖氣氛來改革原始信仰的巫術儀式，亦即傳統儀式的符號意義被轉化了，賦予另一種合理的詮釋，來反省地意識到聖境的性質，而在俗境上作理性的實踐。

這種潔淨神聖氣氛，基本上受佛教的影響甚大，在不殺生的概念下，轉化成祀神的內在心態，重新建立新的群性典範。這個典範即是當今民間宗教吃素的文化形式。食齋幾乎已成爲各教團最重要的戒規，舉數例於下：

1.吃長齋的居士、佛徒、道友，因身體需要，而注射含有動物性針液，或吃含動物性藥劑，是否算破戒？（「聖學要義」第十一則）

2.有一修道士本持長齋，中途受魔考而開齋破戒，但其常濟苦施貧，未知其是否能修成正果？或是會墮落地獄？（「聖學要義」第二五則）

3.我常向朋友講述吃素之好處，可是却被朋友反問：「動植物都是由細胞組成，蔬菜也是生命，吃素一樣殺生？」我無法給他圓滿答覆，請貴社指點真理？（「讀者信箱」第十二則）

4.吃齋對修道有什麼幫助？為什麼一般父母認為吃什麼齋，吃齋會營養不良？（「讀者信箱」第三一則）

5.戒殺放生之道？（「無極瑤訊」第九九則）

吃素念佛原本是心靈上的信仰皈依，轉向不殺生的道德行爲，就形成了消災的罪惡意識，以爲食齋才能脫離苦海，消掉自身的罪惡，罪惡的覺知才能帶來生命新的超越。不食齋即墮落於人性的貪欲之中，喪失了他原先藉以存身的正義與聖潔。第一、二則考慮的即是破戒問題，一旦不得已開齋，是否就不再有能力達到終極目標。「聖學要義」指出非起因於貪食魚肉葷腥，就不算破戒，身健後當勤積道德。由此可見，食齋被視爲道德行爲的首要核心，是化解人類罪性的最佳方法。由道德動機論來考慮破齋的功過，即食齋的儀式功能必須肩負著完全的道德責任，外在行爲與內在動機都要向道德靠攏，以之檢驗人性的善與惡。如「聖學要義」謂若係環境不允或受人阻礙，力行善舉，其過可補，道仍可成；若爲貪慕口福，受不了食慾考驗而破戒，其罪自受㉕。罪業的形成在於本心的墮落，而非完全歸咎於形式的破壞。

食齋的儀式作用，也常受到現代觀念系統的挑戰，第三則是從科學知識的立場來批判，第四則是從生理衛生的立場來排斥。「讀者信箱」承認動植物都有生機，然後從利弊與慈悲心的兩個觀念，說明自願食用植物蔬菜，享受天然美食，既衛生又能養成仁慈善性。第五則的回答則採用現代營養學的觀念，主張現在素食方便，蔬菜種類繁多，蔬菜、豆類不但富有營養，還有抗病、養生功效，不比以前只有鹹瓜、醬菜佐餐。「無極瑤訊」亦謂素食做得好，吃起來很有味道，對腸胃亦容易消化，尤其可以減免許多疾病㉖。

純粹性的宗教儀式，較少世俗化的色彩，肯定一個終極實在界的根源，經由儀式的啓蒙，展現某種特殊的神聖意義。民間的宗教儀式受佛教、道教的影響較大，本節僅取「誦經」一事來作說明：

1. 如果親族去世，而破除世俗，不請僧道作功德，而改由其子孫自己作早晚課，誦唸經文回向四十九天，如此是否能超渡？（「聖學要義」第三八則）
2. 請問「玉皇普度聖經」、「太上無極混元真經」如何持誦？（「聖學要義」第六一則）
3. 沒有廟宇地方，是否可以在書房誦讀？唸經是否一定要上香？是否可以一下子唸很多本經？唸經是要跪著或站立？（「讀者信箱」第五則）
4. 沒有吃齋是否能夠誦經？（「讀者信箱」第四八則）
5. 先人死後，請師父唸經上極樂世界，有可能嗎？（「讀者信箱」第六七則）
6. 請述誦經禮懺之道？（「無極瑤訊」第六四則）

7.請述誦經之道？（「無極瑤訊」第九四則）

誦經具有消災解厄、超拔亡靈的神聖功能，經由口語符號，能與聖境達成內在的聯結關係。這種聯結關係，俗謂「做功德」，又可分爲做自己的功德與做他人的功德兩種。第一則與第五則即是爲祖先作功德，請僧道來作法事。做功德的目的在於要使亡靈安行泉路，或歸入善道。「聖學要義」以爲作功德的有效與否，在於亡者生前有無修善道，另外子孫若僅係擺場面、作樣子、飾人耳目，那麼功德更微。「讀者信箱」則謂僧道品德高深，當可使先人減輕苦業。若誦經者，片德不修，猶如演戲敲打唸唱，旣乏自度能力，焉能送人上西方。第二則指出誦經之法，持誦經文，如讀書一般，不必任何韻調，國、臺語皆可，但以一種爲限，不可兩種同時使用。唯誦經之意，貴在摒去雜念，即修心，按照經文信受奉行，即修身。第三則提出「誠心一支香」的觀念，以爲自己如能燒出一瓣「心香」，那麼就更靈了，即誦經取之「誠心」則靈。第四則在糾正觀念，以爲欲誦經者不必拘泥是否持齋，只要誦經前先漱口，表示清淨即可。

第六則、第七則泛談誦經之道，以爲誦經如果達到身口意三業不起，則可與仙佛相通，亦是行功立德，減輕夙業的一種方便法門。又以爲誦經可以用作祈禱，凡是遵照經典的訓示去做，必有所感應。這種感應即是靈力的一種，具有神秘的效用，以爲遇到疾病的時候，如能專心虔誠誦唸，則上界仙佛感應到他的修身行善，就會前來掃除他的凶厄災難。「無極瑤訊」又認爲誦經可以幫助修道者收束心神，收回他放蕩的心志，達到心口合一，乃至言行合一，則感應甚速㉗。由此可見，誦經是以一種神秘的力量去操縱事件的進行，以獲得神靈的啓示或助力，是超越客觀認知的宗教經驗。

就鸞堂而言，其主要的宗教經驗在於扶鸞儀式，偏重在神人交感的薩滿信仰與靈媒活動，有一套完整神聖儀式的宗教體系，以文字宣化的扶箕方式，將傳統文化與民俗信仰結合，以宗教體驗來提昇個人的生活行爲，且經由回歸於傳統的倫理價値，來調適社會文化的變遷。鸞書當然要將其宗教儀式儘量給予神聖化與合理化，舉下列幾則問題爲例：

1.扶鸞的正乩手，為何能降神書寫勸世文？有何機密？（「聖學要義」第八則）

2.文乩與武乩有何區別？（「讀者信箱」第二九則）

3.請問如何求神扶乩？乩童與鸞乩有何差別？要設鸞乩需要什麼條件？（「讀者信箱」第四三則」

4.寶島鸞堂林立，有南天直轄之堂及無南天直轄之堂，其差別如何？（「靈隱明道心燈」第八則）

5.一些鸞堂扶乩，有時鬼靈也會借乩嗎？扶鸞而冒充仙佛之名。（「靈隱明道心燈」第三四則）

6.現世鸞堂林立，正鸞扶筆傳真是否都是仙佛所降呢？（「靈隱明道心燈」第六七則）

7.請述扶乩之道？（「無極瑤訊」第二四則）

8.鸞堂效勞生應守之職務如何？（「無極瑤訊」第五三則）

鸞堂的儀式是以正乩手爲核心，組合信徒共同參與神聖降壇的神秘體驗，感染著神靈附體的悸動情緒。這時候眞正與神聖溝通的人只有正乩手，正乩手爲何能通靈呢？第一則謂正乩經嚴格修煉，神人合一，傳電通玄，故能祈禱神靈降鸞，有感皆通。第二則謂正乩手稱爲文乩，執筆扶鸞闡教，與一般乩童的武乩不同。第三則指出正乩手須由玉帝准旨後方能開煅鸞乩，上蒼自會派任主煅仙師，與乩童不同，須覓具有「根基、品德、智慧」三全的人擔任正鸞，才能產生出天人合一玄妙化境的靈乩。第四則指出當今鸞堂的兩大系統，有一系統標榜南天直轄，以爲該鸞直屬南天，不受凡陽各代天巡狩之統管。臺灣目前鸞堂之間競爭很厲害，再加上一貫道、慈惠堂等鸞堂的加入，彼此之間就難免互爭正統，如「靈隱明道心燈」第四八則問：「一貫道與堂有何差異呢？」第六八則問：「慈惠堂，奉祀無極瑤池金母，每逢有神聖聖誕，開辦法會，而有堂生皆有如執乩一樣，其中也會爲人治病，原因何在？」

鸞堂的相互競爭，總要比個高下，遂對正鸞的靈力起懷疑，正鸞若不靈原因有二：一爲鬼靈借乩，一爲乩手識神作祟。第五則討論鬼靈借竅的問題，當正鸞生修持不正，鬼靈就趁機降鸞執筆揮鸞而胡言亂語。第六則討論識神作祟的問題。所謂識神作祟即是自己靈魂主意，自己念力控制書寫，神聖未降，而識神自己操縱書寫㉘。第六則以爲鸞筆傳眞有三種，即㈠學問好，根基深者，以幻影字術傳眞。㈡一般學問普通，根基不深者，以心印心而傳眞。㈢學問淺或不識字者，降身抽靈傳寫聖意。「無極瑤訊」對扶鸞有更進一步的說明，以爲正乩好像是一部電動機，不靠人力來引接電流，是不能發生功用的。扶乩的人內心稍有紊亂，則神靈就接不進去，好似電動機發生故障，電力就不能通，即使通了，也會短路或文辭不暢。第七則列出設鸞扶乩的三個原則，即㈠乩不靈不用，以免誤人自誤。㈡乩文不通不用，以免令人貽笑大方。㈢詩詞不稱不用，以免受文人鄙視。第八則是對鸞堂效勞生的要求，以爲效勞生進宮堂必須注意儀容禮節，鸞生之間必須團結意志，矢志爲堂效勞，彼此要和睦，有事互相溝通。顯示出鸞堂是個有組織性的宗教團體，有其開堂佈教的準則與堂規，以約束信徒，來共同體天行道。

第五節 神道的觀念與境界

在民間多元性的宗教信仰，來自於儒釋道與巫等各家的教化體系，於同一個生態環境中相互地妥協與包容，在各個不同的生活層面各自發展自我平衡的集體信仰模式。鸞堂的信仰層次介於「士」與「農工商」之間，其宗教的精英分子以鄉土的知識分子爲主，與一般鄉土信仰不同，其智慧的凝聚力可以重創鄉土的文明型式，其擴散性的改革理念，在今日的基層社會已逐漸展現其作用，比如勸導信徒少燒一些金紙，多用鮮花素果祭神，已有具體的成效，甚至有的教派起帶頭作用，堅持不燒香、不燒金紙，不燒冥紙、不用符令，以及繁雜的巫術儀式也加以簡化或廢除。「士」與「農工商」不同，在於能妥善地運用傳統社會的文化資源，把宗教崇拜行爲強化爲世俗生活不可或缺的精神寄託，把原先哲人的抽象理念經由世俗化的具體詮釋，轉化民衆固有的處世經驗與生活態度，這其中包括風俗習慣、宗教信仰與人生哲學。

鄉土知識分子所能開發的文化資源愈多，其能建構的世俗價值就愈高。民間宗教的發展與三教思想的會通有密切的關係，三教的信仰體系與儀式活動不斷地被吸納，與原始的巫術信仰與神靈崇拜來相互印證，在雜揉中異化或轉化，把精緻文明落實到下層社會裏，也使得民衆也懂得追尋崇高的人生，企圖內外一體、物我交融，探求一切存有的最高意義與價值，此即民間宗教修道的共同目標，以個人的心性修養來統御超越的天命，經由修道的自我體現來契合存在的終極境界。境界並非高高在上的，只要經由自我修煉所產生的神能，就能安頓個體的生命，以求得塵世的不朽或精神的永生。

生死的問題一直是人類所共同關心的課題，在中國的基層社會裏生命的紓解與永生的渴望一直是人民心靈深處的理想與願望。鸞書一般投合於鄉民的信仰理念，也極爲關心「了脫生死」，如下列幾則：

1.人之靈性從正門出乃能超生了死，不知何謂正門？（「聖學要義」第十二則）

2.請問天上神聖為何能上天，又是誰使他們上天？他們到底有多少法術呢？（「讀者信箱」第二五則）

3.人人皆曰修道是為脫離六道輪迴，那麼如何才為「解脫」呢？（「靈隱明道心燈」第二一則）

4.請述修脫五刼之道？（「無極瑤訊」第六二則）

「解脫」一詞包含兩個意義，一爲肉體苦難的解除，一爲精神極樂的長存㉙。第三、四則偏重在肉體苦難的解除，第一、二則偏重在精神極樂的長存。所謂肉體苦難則包括身軀之苦與輪廻之苦。第四則指出人有五刼，即「生老病死苦」，解脫之法則以全五倫來化五刼，以個人立身向善的修道工夫，外則造功立德，內則煉性修心，自然能減輕五刼罹難之苦。肉體的解放不是眞正的解放，第三則指出眞正的解放在於脫離六道輪廻，但是二者的方法是相通的，「靈隱明道心燈」謂修道人所修之功果乃是要解脫輪廻報應，只要守之本分，遵行八德三綱，平常行善功，喚醒世人向善導行，一旦功果圓滿，即可自解脫玄化脫於六道輪廻。以道德的工夫，使人從物體的有限性中轉出生命的永恆性，即是民間所謂解脫的主要方式。

災難的解脫原是人類共有的基本心理需求，企圖化掉生命存在形式的憂患困境，企圖以合理的詮釋理論與行動系統，來獲得生命的眞正地永生。這是任何宗教所必然面對的核心課題，多以各式各樣的神秘經驗來架構或證明出某一玄妙的生命境界。此一境界的描述，已不單是宗教的心理需求，轉化成積極的修持工夫，使得解脫的意念，在玄理的實踐下，有了更深層的意義與價值。故境界的觀念，是從物體的有限性轉出精神的無限性，已大大地擴充了其義理架構，奠定了一個足夠發展的思想空間。鸞書在境界的說明上是多樣化的，各有其不同的指稱目的，如下列幾則所欲探討的問題：

1.為何修至如來境界也有壽終一日？（「聖學要義」第四八則）

2.吾人成仙成佛後，孤身獨處，沒有妻兒的圍繞，不是太沒人情味嗎？（「聖學要義」第八○則）

3.佛說人生是苦海，脫離苦海上極樂世界，那不是一種欲望嗎？（「讀者信箱」第六二則）

4.有人為上極樂世界而修道，像這樣能成仙成佛嗎？（「讀者信箱」第六三則）

5.子貢嘆曰：夫子之言性與天道不可得而聞。如子貢這樣的聖人，也感嘆性與天道難得

難聞，而今世修道之人，是否可得性與天道真理呢？那麼「性」與天道是包含很大天機嗎？（「靈隱明道心燈」第三一則）

6.佛為何厭居世界五濁惡處，要超出三界之外？（「無極瑤訊」第三一則）

所謂境界即是指無憂苦而長樂的精神境地，彰顯出永恆的生命與絕對的光明。第一則指出人既然可以達到如此的如來境界，爲何依舊存在著生死的關頭呢？「聖學要義」指出如來境界是一種心的狀態，並以香蕉爲例，認爲香蕉雖香，仍須剝皮才能吃，故身體雖死，靈性不滅，方是境界的眞正著落處。第二則以「天倫」與「人倫」的相對比，以爲人成仙成佛後，來去自如，逍遙無邊，與大自然爲伴，或禪樂，或下祺，仙歌聖樂，瓊漿玉液，享受著無邊天倫之樂，天地任逍遙，勝那斗室中短暫歡樂。鸞書對境界的描述，不完全採抽象的超越形式，反以親切的人生體驗表現出成仙成佛的全體大用，在通俗易曉的經驗事故中，以具體的形象，混合出平易近人的境界觀念，架構出大衆化的教義體系。但是通俗化的詮釋，也會遭遇到難題，引起了觀念的衝突，如第三則、第四則的問題是經常有人提出來加以執問。「讀者信箱」以坐飛機爲例，爲上極樂世界而修道，是一種發心，如乘坐飛機到目的地，得先「發動引擎」方能起動的，故欲望有時候是需要的，就如以飛機爲工具的道理是一樣的。到了目的地後不能霸住飛機不放，同樣地屬於發心的欲望，在目的達成後也就會消失了。民間宗教對於境界的解釋，大多不會超出儒釋道三教的義理範疇，而其具象化、平淺化的通俗性詮釋，則是將三教的理念以另外語言或象徵的形式，傳達給於一般世俗老百姓，如第五則牽涉到儒家性與天道的觀念，原本是學術的價值理念，「靈隱明道心燈」則將性、理、道、神合而爲一，認爲同是無極之眞，萬化的主宰，以一偈作結云：「心靈一致合虛空，神炁運行用息性。本性圓明種得好，性靈頓覺自圓通。」第六則是將佛教的義理通俗化了，所謂「五濁」是指人所居住的娑婆世界，即刼濁、煩惱濁、命濁、見濁、衆生濁等，被慾望吞噬，故佛厭居人間，嚮往超越的境界，要人修功積德，方能轉識成智，轉煩惱爲菩提，此即超出三界之外的境界。

三教的雜揉，會通成民間通俗的宗教意識，早已是不爭的事實。近年來又包容了西方的宗教，有了萬教同宗的訴求，其基本內涵詳見於下面幾則問答：

1. 道敎與佛敎有何相同與相異之處？（「聖學要義」第七八則）
2. 美國人、中國人同為人，但我們信道、信佛，美國人信上帝，而且上帝與佛之生活相異甚多，請問天上有中國神、美國神之分嗎？（「聖學要義」第二四則）
3. 有些信徒疑問：基督敎、佛敎、道敎所説天堂地獄，是否同設在一處？（「讀者信箱」第二三則）
4. 道敎、儒敎、佛敎有何差異呢？（「靈隱明道心燈」第四七則）
5. 三敎宗旨如何區分？（「無極瑤訊」第二十則）
6. 請述三敎之道？（「無極瑤訊」第三四則）
7. 儒曰：執中貫一，佛曰：萬法歸一，道曰抱元守一，耶曰：默禱親一，回曰：清真返一。五敎聖人都言及「一」之真理，因此先天道説修道，能受明師一指玄關，即真正得到「一」之真理，此言對嗎？（「靈隱明道心燈」第二五則）

三教合一、五教同源等觀念，已被當今各種民間教團所接受，開啓了民間宗教混合的信仰現象。這種混合狀態，因教派的不同，亦各自有其特殊的解說形式，第一則以爲佛道二教俗眼識之有異，慧眼識之却是相同。即謂形式（偶相）雖有差異，內容（實相）即是相同。進一步指出二者的共有內容爲「諸惡莫作，衆善奉行」。第二則認爲世界各宗教有如坐同艘船，僅是位置不同，最後的結論是神是一樣的，僅是名稱不同而已。第一則是以人性論作基礎，第二則沒有人性論的道德判斷，而是強調尊神的多種面貌。這種不以人性爲基礎的統合論，比較罕見，比如第三則在解說佛道與基督教的關係時，仍脫離不了傳統的人性論，認爲宗教雖然信仰有異，但還是以「心」啓信，此處所謂「心」即是指心性。第四、五、六則是有系統地解說三教一體的基本觀念。「靈隱明道心燈」以爲三教同爲一體，各有得道之法門，其言雖異，然萬法歸一。其所謂「一」作如下分別：道爲「修心煉性，抱元守一」，佛爲「明心見性，萬法歸一」，儒爲「存心養性，執中貫一」。「無極瑤訊」以爲三教道統有區別，但宗旨是一樣的，又謂三教雖分門別戶，但治世、濟世、救世的宗旨，都是一樣的。且進一步地指出：各教的綱領不外乎「忠孝仁義、慈悲博愛、清靜虛無」，三教的道分開來則盛美無窮，歸聚起來則合而爲一。分開的形式如下：儒家以「忠信」爲德性，向人講仁義，尊重三綱五常之道；釋家以「慈悲」爲德行，教人戒殺生，行方便；道家以「清靜」爲德性，教人煉性修道，積功累德。

宗教的相互雜揉，已逐漸成爲世俗文化所共有的信仰理念。但是同屬世俗文化的民間教團，在教義上有時候互相抄襲，有時候又相互批評，如鸞堂與一貫道之爭的表面化，對於「一」的超越境界，有較爲深入的內涵分析。第七則即是宗教間相互競爭的產物，但是鸞堂沒有否定一貫道的修持境界，亦肯定一貫道的「一」乃是萬法歸一之理，僅是提出相互競爭的工夫問題，認爲一貫道道親雖是得一道明性，也必須速行善功，行持人道之法，才能完成修心了悟之大法。「靈隱明道心燈」對於一貫道的境界說有不少的批評，反映出鸞堂在其他教派競爭之下，其自我調整的方法與態度，舉數則爲例於下：

1.有人說只行功立德，而不受明師一指，即無法證得無極果位，此說真否？（「靈隱明道心燈」第三則）

2.所謂真正淨土是「玄關」，那已受明師一指之人，不行功立德，能夠超生了死嗎？（同右第十二則）

3.先天一貫道親，認為所求得之三寶，有點玄關、授合同、教密咒乃應時應運，一脈相傳，性理頓法，認為其他教門失去真傳，只是借經典教化而已，謂之「漸法」，所以先天道親對人說：他們所求的是「道」而不是「教」，此說正確嗎？（同右第二四則）

4.所謂「正法眼藏」是生死正門法，現世先天大道，同渡善男信女，以明師一指玄關，此一指玄關是否是真正得到「正法眼藏」呢？（同右第二六則）

5.請問恩師：一貫道教奉祀無極老母或稱無極皇母，中間供奉母燈，拜明明上帝，是否純正讓人信仰呢？（同右第三五則）

6.請問恩師，目前所俗稱「一貫道」是正是邪，其老母娘是瑤池金母嗎？為何皈依者均須發立大愿呢？（同右第四六則）

7.請問恩師，有人疑說到底「一貫道」與「堂」有何差異？（同右第四八則）

一貫道在臺灣的快速發展，其教義體系的形上境界㉚，對原有鸞堂的教義宣導有相當大的衝擊。由於兩教皆淵源於民間鄉土信仰，深受傳統心性論的影響與支配，基於相同宗教意識的心理需求，著重於性靈的修持，在證聖成眞的要求上差異不大，可是在工夫的有效性上，難以避開本位主義的高貴感，多少存在著相互競爭的意氣。民國七十六年元月以前一貫道在政府的嚴禁下，屢被佛、道兩教以邪教加以排斥。鸞堂對於一貫道的態度則較爲緩和，如第六則有關正邪的問題，以爲凡各教門闡化天理，遵行天道，認理歸眞，篤行修持者，即是「正」教，然而時下種種教門自稱己是，失卻原先立教闡化之初衷，難免良莠不齊。第七則指出鸞堂與一貫佛堂皆屬於老母信仰，同領老母普降之眞道，衆生若自性圓明，自可認母歸根。第五則進一步指出：衆生不必分別一貫道是正或邪，只要衆生依常規行持，爲善者，天報之以福；爲不善者，天報之以禍，守一切之正理，何愁道之不成乎？

鸞堂與一貫道的至上神——「母」並非指瑤池金母，即第六則謂道教有五老至尊，乃是天地五行眞炁所化，即是東方——木公上聖青虛一炁天尊，西方——瑤池金母大天尊，南方——火德眞君天尊，北方——水德眞君天尊，中央——土神黃老天尊。衆生如把生化天地至尊至大的「母」當成瑤池金母至尊，那就大錯特錯了。「無極瑤訊」的說法剛好相反，反映出鸞堂在至上神信仰的內涵上並非完全一致的。「無極瑤訊」謂瑤池位居三十三天之外，號稱無極天，是瑤池金母所居，金母又名叫無極老母，當天地還沒有開闢，就在混沌鴻濛的時候，便有金母存在，稱太上玄女，就是生天生地之母氏，化生萬物的祖宗㉛。鸞堂與一貫道的至上神相同，其領老母天命應運普傳的信仰理念也大致相同。二者的差異出現在普渡的法門上，一貫道強調三寶的妙用，以為秘傳三寶就可歸回無極理天，不必在人間輪廻。「靈隱明道心燈」則認為一貫道由明師指點玄關一竅方式不適於當今的鸞堂，如第三則謂現在鸞堂乃有仙佛領無極老母之命，隱於鸞堂之中，為衆生修士點玄關，開九竅，以佛心之力印以人心之靈力，互以配合，無形之中已得眞道。在如此的想法下，鸞堂的修持工夫就與一貫道的秘傳三寶有了形式上的差異，如第四則謂「正法眼藏」並非一指玄關，而是要行持正道，禮學聖賢之理。第一則補充謂：不受明師一指，而知行善立功，仍可飛昇天極證以逍遙之界，因自有無形之明師指點本身之玄竅。第二則謂衆生須切身行功立德，代天宣化正理，不可自稱自大而不知行功立德。重視行功立德的道德實踐，使得鸞堂的宗教信仰導向人文化成的存在法則，展現出個體修證的積極意義與實踐進路。

第六節　修道的方法與工夫

鸞堂繼承了傳統天道的價值體系，肯定天道的境界是一切價值理序的最高形上原理，人類存在的目的就是以修道工夫來開拓宇宙存有的價值領域。境界的妙用在於修道的證驗，修道的證驗必須苦下工夫，甚至要有一套克制識心妄用的方法，開啓生命內在的無限潛能，達到全體大用的妙用境界。如何化掉人心的定執妄想，完成超越出具體形相而又周流徧在的生命本質，一直是民間宗教所共同關懷的課題，希望能找到一條超凡入聖的捷徑，當下滿足永生的宗教需求，即可免除肉體的苦難，又可獲得精神的極樂。

個體生命如何由形軀的有限性轉出精神的無限性呢？這個轉出的過程就是修道的工夫，那麼修道工夫是如何完成的呢？其步驟又如何呢？類似這樣的問題也經常出現在鸞書裏，取例於下：

1. 晚輩初學道，請問修道初步？（「讀者信箱」第十四則）
2. 如何修道？怎樣才能做到呢？（「讀者信箱」第三十則）
3. 初修道者，必須辦入會或申表訴文等呈奉上蒼才有列籍？或只於自己家中勤讀善書經典並修養品德行善等即算修道？如這樣上蒼仍會列籍嗎？請明示？（「讀者信箱」第五五則）
4. 初修者必須拜師麼？或在家自修即可呢？（「讀者信箱」第五七則）
5. 請問恩師，有人問曰：道在那兒？修道又如何修起？（「靈隱明道心燈」第一則）
6. 如何修道呢？（「無極瑤訊」第八則）

人們渴望從生命的有限性中解脫出來，那麼第一步該怎麼辦呢？是否必須經由外在的形式來加以確認？一般民間宗教的修道儀式要拜師焚表，如此的修道儀式有無其必要性呢？第四則以爲學道者如能拜師是最好，能得有良師益友互切互磋，其造詣必有更高深的境界；但是修道不失平常心，在家自修亦可。第三則的比喻頗爲世俗化淺顯易懂，以爲修道如屬皈依受教等，都有呈疏奏表，此爲一種程序，如人入學註册才有學籍一樣，然有些平常靠自修學習者，國家亦設有檢定考試，只要程度達到水準，一樣認定其學歷。又指出學道最好能皈依仙佛或大德，較易入門，且助益甚大。鸞書的這種修道觀念，有著強烈的功利取向，修道成爲謀求永生的最佳手段，形式的特意講求，有其具體利益的特殊效果。功利性格的修道理念，有其積極的一面，鼓勵信衆勇於自我超拔，圓滿地完成自身的最高價值；亦有其消極的一面，一旦功利的因素消失了以後，盡心踐形的修道目標將游離不定，或導向於虛無主義，或導向於享樂主義，或導向於形式主義，使得求道的理想性淪爲謀求利益的方式手段，窒息了生命自我含融的原創價值。鸞書肯定形式的重要性，但是又以具體的修道內容否定其必要性。若就功效上說，有比沒有來得簡易有效。

修道的終極目標在於延續個體生命與體現本性的價值，必須透過自我不斷的超越性修持工夫，才能從存在的有限性中完成永生的無限性。那麼，就一個初學者而言，修道的第一步應該如何跨出去呢？第一、二、五、六則即是針對這個問題發問的，第一則以爲學道的初步工夫在於捫心自思，即「問心」，修理內在不平的「心念」，在問心無愧下心安樂道。第二則以爲修道初步在於日常生活保持一顆赤子之心，好好做人，無虧德行。第五則謂道在本性，修道要從本身修起，正其心、眼、耳、鼻、舌、身、意，日常生活起居做起，循序漸進，自可得悟無上妙理，證悟眞道之貴。第六則亦謂修道在於固守其份，將日常生活中的應對盡心盡意，沒有什麼貪心妄想念頭，就能領悟玄妙的眞諦。由以上數則可知鸞堂是一種生活化的宗教，其信仰的核心，在於重建光潔的人性，實踐倫理道德，其方式是以固守本分的道德信條作爲其心性修持的基本要求，把宇宙存有的奧秘境界，歸於現世人生的日常生活。

現實生活的圓滿無缺，即是境界的眞實展現，其奧秘處在於本心的發用，故修道即是「心」的自我體現，以本心靈妙自通來安頓人生的眞實存有。修道者如何展現出本心的靈異

世界呢?下列幾則問答側重在本心的運作上:

1. 如何才能使心靜無雜念?(「聖學要義」第一則)
2. 如何控制胡思亂想及除去雜念?(「讀者信箱」第五二則)
3. 修道之人必須低心下氣,如何行持之方謂為低心下氣?(「靈隱明道心燈」第十七則)
4. 請述妙心之道?(「無極瑤訊」第三六則)
5. 請述修煉菩提心之道?(「無極瑤訊」第四四則)

修道的首要目標即是心性的涵養,以爲神聖的超自然力量都根源於心性的生化作用,經由自我生命的內在和諧,自然地參與了宇宙的神聖造化。心性的默契道妙即是個人調適而上遂的境界工夫,第一則以爲欲達到此一境界工夫,首先要能使心能靜下來且無雜念。欲心靜得有截鐵斬釘之志,悟出生死關頭,自然息念。第二則認爲去除妄想雜念的良方有二,一爲研讀聖賢經典,一爲靜坐觀心。第三則指出修心悟性在於低心下氣,忍辱爲道,以至修眞性而化氣性,守道心而證人心。以上三則是就人生的體驗而言,點出具體而眞實的修心之道,第四、五則引用佛家思想,架構了由心性本眞印證宇宙虛空的宗教理念,如第四則謂妙心不可測,色空原無二,個人要以「行時分前後,到時無先後」的態度待之。第五則謂眞心是圓滿空寂的,圓滿是指法身具有無量功德,空寂是指法身脫離了諸種色相,個體修心要以圓滿廣大爲本旨,以空寂的靈知爲所用。

在民間解脫生死的修道法門,以念佛、靜坐、誦經、行善等爲主。鸞書也採用以上諸法,作爲開啓心性的深妙法門,如下列數則問答:

1.後學看到某善書曰「參禪打坐乃違背聖佛之意，記過一千過」又閱某書則曰「修行須練九節玄功」，到底何者為是？（「聖學要義」第四七則）

2.初學者晚上可學靜坐嗎？靜坐是內功或定慧工作？（「讀者信箱」第五六則）

3.當我虔誦聖經時，常有雜念滲入，當此關頭，我該繼續朗誦嗎？有何方法可抑住雜念？（「讀者信箱」第七四則）

4.所謂性命雙修，是否也須有機緣及本身力行善功，定力而求突破呢？（「靈隱明道心燈」第十五則）

5.不二法門名詞，是不是指示修行人士，一定要皈依某一種法門修道，才能得到超生了死呢？（「靈隱明道心燈」第二三則）

6.有云：缺內功則本源不清，少外功則德行不圓，兩者之間應如何著手呢？（「靈隱明道心燈」第五六則）

7.何者才是真正修道的法門？修道的結果是什麼呢？（「無極瑤訊」第一〇〇則）

修道法門的相互雜揉，是鸞堂的主要宗教形態，吸收了各式各樣的神通方術與修行法門，來滿足民衆延年益壽與家門增福的現實需求。第一、二則談論靜坐與修行的關係，第一則以爲修道有「性功」與「命功」兩種，性功由本性直接入手，命功則由肉體修煉入手。性功在於寡欲斂性，則體健心明，命功在於玄功一動，調和氣血歸根，達到見性成果，參禪打坐即是命功的一法門，但是該則又指出：只要不拘泥於形相，坐與不坐相同。第二則謂靜坐能使遊浮神識安靜，是學道必行之功課。道家靜坐以運轉周天爲本，是屬內功，佛教以定心生慧爲主，爲定慧工夫。靜坐可持念佛聖號，以得護法，增長定力。

第三則談論誦經與修道的關係，以爲精神集中於經文持誦，久之，自然雜念靜止。第四則與第六則談論善功與修道的關係，第四則指出修道先要變化氣質，掃除汚惡積習，排去塵緣妄想，方能息息歸根，時時入定，鍊以大丹。變化氣質即要行善功德，轉向性身求生，第六則將善功分成內功、外功，以爲修道無他乃由身道起站，即行持人道三綱五常之理以達天道，其偈云：「實用四勿常克己，體行八德時格天。一念不生無可掃，金丹不煉自然圓。」第五則與第七則談論法門的問題。第五則指出所謂不二法門，乃唯一進入不生不滅，以能生存在天界唯一路途門徑。但是衆生修道，並不一定要皈依某一教門，因上天已降眞道於火宅，人人誠心敬奉神聖，善行功德，皆可修而得之。第七則是對當代各種法門的批判，以爲法門可分成三大類，即形象法門、執著法門、眞正法門。所謂形象法門是指好出名、弄顯化、善誇張的教法，所謂執著法門是指自我爲是、崇己貶人、執著我見的教法，以上二類法門都非眞正法門，眞正法門要「心眞」、「行正」，不可講鬥爭、逞私慾、攻擊他教、提倡迷信、專攻術法或倡大量焚燒金紙爲解運者等。

在修道的過程中總會有些不如意的過程，民間宗教稱之爲魔考，如下列數則云：

1.如何才能應付魔考？（「聖學要義」第九四則）

2.請問恩師，道可道，非常道，為什麼修道之人必需接受魔考呢？（「靈隱明道心燈」第四三則）

3.修道道考，最慎忌者何也？魔考是助道或是敗道呢？（「靈隱明道心燈」第五五則）

人事多變化，修道者未必皆能平安順利，一旦有了各種挑戰與刺激，民間稱之爲魔考或道考，是上天欲磨煉修道者心志的一種考驗方式。人如何應付各種考驗呢？第一則指出要堅強自己，咬緊牙根，奮勇抵抗，堅持到最後關頭。第二則以考場科選爲拔鰲頭之例，說明魔考的必要性，以爲眞道眞考正所謂取人之眞心，即考者上天之成全，佛緣深厚者，上天考之，苟非其人，豈皆能成天之考。第三則更進一步指出大考有大成，小考有小成，魔考即是自我境界的突破，所謂魔者磨也，所以磨煉人的心性，超拔其自性圓明，砥礪其心志靈根，時時省察，不因窮困而改節。

修道的宗教觀念，有助於化解世俗的存在困境，加重崇德報功的支撐力量。那麼，如何才能達到圓滿無缺的修道境界呢？鸞堂偏重在克制個人內在的行爲動機，外顯爲理性完美的生命人格，改變了個體的氣質與心性。如下列數則問答：

1.請述養生之道？（「無極瑤訊」第五八則）

2.參禪煉道如何改變氣質？（「無極瑤訊」第八九則）

3.請述樂道修眞之法？（「無極瑤訊」第九六則）

修道與養生的觀念常被混在一起，以爲修道從養生開始，培養清淨聖潔的生命。第一則指出養生的修煉工夫，在於精神不疲勞則身體的形態鞏固，內心不擾亂則氣血平和。養生的效果在於變化體質，即是修道的有形工夫，最初由行善習靜，使身中氣血調和，則萬痛不生；行之既久，持之有恆，轉化體質，就能康強安樂。鸞堂將參禪靜修視爲修道的一部分，避免心神的外放，一般又分爲胎息、導引、寶精、服藥等法，由健身養性，把心歸神，即可經人道修成天道。第二則以爲人身氣質有多偏向的缺點，每每急於本身的需要，常常不能從緩慢中得到無過無不及的聖人之道。要想補救這種缺慾，最宜以守靜反省來矯正氣質，即觀察其缺點所在而用心糾正，如懦弱者使之剛強，剛強者使之柔弱。故參禪悟道，在於使內心能無雜念，這樣才能改變體質，而得到修煉的成就。第三則指出修道者除養生外，貴在於能行「智慧、勤勉、敏捷」三種有意義的行爲：即有智慧能看破人的暗處，做事勤勉可以使怠惰的心理受到激勵，敏捷可以啓發頹廢的情況，如此便能陰陽和順，水火相濟，具體的功效是人的壽命可得延長，疾病能盡都消滅。

追求現實人生的崇高圓滿，已成爲民衆普遍性的終極信仰，將儒釋道三教的修煉心法視爲滿足現世利益的最高法門。將道已有的價值理序，落實到民衆既有的認知經驗與生活理念，形成社群共享而又相互傳遞的信仰概念與人生態度。其人生態度是入世的，著重在品性的修養，以生命自在的積極人格，超拔個體的道德心靈。在下一節探討在實際的倫理運作中，鸞書如何教導其信徒在現實生活中找到安身立命的法則。

第七節　人際的倫理與規範

鸞書的神道價值是落實到世俗生活的道德規範，企圖以無形的權威主宰來安定社會秩序以及穩定民心，配合現代外在環境變遷，採用原有倫理的價值觀念，建立切合時宜的新規範，尤其是日常生活立身處世與待人接物的群性活動，更是鸞書關心的重點，從維持人際間相互利益的功利性格出發，展現出個體安身立命的文化調整方式，累積實際的生活經驗，形成一種因應社會變遷的具體態度。

在世俗化的生活行為，個體最難克制的是道德本心的運作，當本心無法自己作主時，任何行為規範都無法達到預期的效果。故道德的主宰性與責任性，完全本於心性的自覺與作用。故鸞書對於人心一念之間的反省頗下工夫，如下列幾則問答：

1.心起惡念、邪念，但是未實行，是否有罪？其罪過程度如何？（「聖學要義」第四九則）

2.我心為何不能安靜？常有思淫欲念？如何去探求真理？（「讀者信箱」第二六則）

3.某人於二六時中皆心存道心善念，但為人道義務而無法至堂上服務，其結果如何？（「靈隱明道心燈」第七則）

4.請述性中之道理？（「無極瑤訊」第十三則）

人心追逐耳目私欲，受外物接引而失掉了其主體作用，如孟子告子上篇云：「耳目之官不思，不思而蔽於物，則引之而已矣。」當耳目的機能不能由內心的思慮反省中開出，則一旦與外物相接觸，則被慾望牽引而去。第一則所謂惡念、邪念即是被外物所牽引而出的念頭，喪失了自己作主的眞正本心。第一則以爲心起邪惡念頭，正如懷中塞滿了未爆的炸彈，又以今日的社會現象作例，指出心中起了邪思惡念，猶如身中帶著扁鑽尖刀等凶器，準備隨時傷人，一旦被警方查出，雖未付出行動，但仍以「違警」處罰。當生理慾望大於內在本心時，人隨時會接觸到罪惡，良心受到煎熬，不能安靜，無法一帆風順。第二則以少年的思淫慾念爲例，認爲少年好比生水加熱，初起滾泡，跳躍不定，難免心神蕩漾，見美色而起淫念，雖未行淫，而意動神離，久之神經必衰弱矣。如何平息慾念呢？最好的方式就是存心養性，使心所受的牽連少而容易將其本體呈露。第二則所建議的辦法如下：多讀聖賢格言及作戶外運動，內可陶冶心性，外能消耗體力，慾念自然平息。第三則提出「心有存佛，乃是自佛」的觀念，以為在心的自覺中能得到無待於外、圓滿自足的安頓。孟子盡心上篇云：「盡其心者，知其性也。」心性是相通的，由內而外的擴充力量，第四則認為內心萬物皆空而本性自然明白，一點塵土染不上去，自然能見道心。

鸞書對心性的看法，深受儒家思想的影響，也是神道設教的基本內涵，以為天道的奧秘即在於本性之善的人格尊嚴上，由人性的共同自覺，建立了人與人間相溝通的生活準則。大陸學者陳麟書在其「宗教學原理」一書中列有「神道設教」一章，以為神道設教是宗教連同政治相結合的一種十分重要的形式，是中國歷史上特有的典型現象[32]。陳氏根據馬克思主義宗教學來討論「神道設教」的概念，是不太相契合的。如其分析神道設教的基本特徵及其實質時，指出神道設教是一種較為特殊的人為宗教思想，是中國聖賢為了教化老百姓而製造出來的一種宗教思想，不管宇宙中是否有上帝或神明存在，但設有一個神道並通過聖人的說教來教化老百姓是十分必要和有用的[33]。陳氏企圖將神道設教導向於政治的作用，是不了解本心運作的倫理價值，神道設教雖然對封建帝王有利，為封建統治者的一種思想教育政策[34]，但是神道設教不單是維護封建社會秩序的思想綱領，而是扣緊在人格的尊嚴上，提供了人類向前向上的發展以無窮希望的根據。陳氏對於這一點缺乏同情性的了解，與其無神論的情懷有密切關係，將神道設教視為封建制度的騙局，幾千年束縛著人們的頭腦，唯有到馬克斯無神論者的手裏，才有可能徹底的批判與清算㉟。這樣的心態，根本無法與神道設教的人性論相呼應。

「神道設教」絕非人為宗教的騙劇，而是由原始宗教昇華而成的人文精神，是人之所以為人的價值的顯現，就其基本情懷皆是有神論者，只是儒家存而不論，絕非如陳氏所謂有神論與無神論的雙重性格。此種人文精神來自於最高價值實體——天，雖然儒家將天導向於形上的宇宙秩序，但是其作為生命根源的崇高價值依舊不變。民間宗教將「天」還原為人格神，在本質上與儒家無限價值的「天」，並非相互衝突的，同樣地都肯定天進入個人生命的普遍性與啓發性，是破除限定的無限地性格，生命經由努力，可以作無窮的向上，當下呈現出道德自身的無限性。當人的生命向上提昇，能尊重每一人的人性，因而消解統治者的權力意志，以使人人各遂其性㊱。民間宗教雖然神道的色彩加濃，但是克制生理慾望的工夫仍然是被強調，肯定心性的作主價值。

民間宗教為了滿足老百姓的生存需求，必須將此種人性論落實到個體與群體的實際運作之中，建構一套調適外在環境與人際關係的民俗道德與社會信仰。在世俗的社會裏道德實踐牽涉到五倫的關係運作，鸞書也必然地規範修道者與五倫間的互動行為模式，如下列幾則問答：

1.父慈子孝家和散，應如何解說？（「聖學要義」第二七則）

2.兄弟霸佔祖先之產業，會得到什麼報應？（「聖學要義」第六三則）

3.我心向佛道，父母每每阻礙，我又不敢頂撞，無形中脾氣暴燥，我也後悔有這種毛病，

請問如何是好？（「讀者信箱」第七八則）

4.戀愛中人，是否有礙修道之路？（「讀者信箱」第七九則）

5.請示兄弟骨肉的道理？（「無極瑤訊」第三則）

6.婦女應如何守三從四德之道？（「無極瑤訊」第二三則）

7.請述孝行之道？（「無極瑤訊」第九八則）

修道者以人倫爲重，強調父慈子孝兄友弟恭，但是隨著時代的變遷，傳統的倫理形式，必須再配合人性的眞誠與尊嚴，重新塑立人際間的倫理結構與價値體系。第一則強調父慈子孝是家庭圓滿和樂的一帖「家和藥散」，第二則以爲兄弟枝葉雖分，但骨肉連根，如獨佔產業，則如樹之斷根，雖擁有枝葉之盛，終而乾枯而斃。第三則指出若爲修道而增加家庭風波，則不値得，也不得法。眞正的修道，在以圓滿人格克盡人道，如此則天道已得，切莫躁急，尤其成道欲望過重的人，常會形骸異於常人，而被社會歧視，應在「平凡」中「超俗」，能心平氣和，孝敬雙親，即是神仙種子。第四則牽涉到出家修行的問題，修道人只要精神的戀愛，而非肉慾的戀愛，結婚是不妨害修道，尤其雙方如能心心相印，則家庭倫理道德可立，求一幸福人生也是當然。第五則以爲兄弟之間的爭端，只有論情，不可論理，論理就會產生是非。第六則反映出鸞書仍停留在傳統的父權體制下，要求婦女要委曲自己，遵向三從四德，強烈地趨向於過去所遺留下來的智慧與經驗，除此之外，也有一些較爲現代化的教訓，如教導婦女用錢不要太斤斤計較，對先生的家庭要花點工夫，做先生的也要體貼太太等，頗能適應新的時代。第七則以現代家庭父母的辛勞，點出父子相處之道，亦反映出鸞書自我文化調整的方式，一方面是守舊的，一方面又是創新的，希望以舊有文明的精華，掌握到新時代的脈動。傳統的價值理念在現代化的走向中，其所必須重新考量的，不單是現代文明的制度性問題，而是實現人性的中庸之教，擴充由人性所發出無限地性格的積極內容，以其超越的普遍性隨緣說教，使人人都能推其中和之德，達其中庸之行。在現實的環境裏，通物我而備萬德的中庸之行，很難從慾望的束縛中呈現出來。人如何克服由日常生活所形成的乖戾之氣呢？此爲鸞書極爲關心的課題：

1.若時常行善，但也常入舞廳、酒家等場所，是否也能成神呢？（「聖學要義」第一三則）

2.七年前家母不幸逝世，五年前家父續絃，繼母只有廿一歲，家父五十多歲，我十四歲，一開始我便對她沒有好感，因她文靜內向，不多言笑，我視她對我不好，以致感情日趨疏離，雖家父屢次勉强我孝敬她，但仍不能激起我的孝心。父親為此也經常打罵她！如說繼母不好，為何她對大哥、二弟、小妹如親骨肉般，獨對我不表友善，這是什麼原因？（「讀者信箱」第二一則）

3.我虔誠修身學道，日夜想勸父母向道，不知如何勸呢？（「讀者信箱」第三六則）

4.酒色財氣其利害如何？（「無極瑤訊」第十八則）

5.世人好淫慾，戕傷身體，要如何克制之？（「無極瑤訊」第二六則）

6.如何制止言語上之過失？（「無極瑤訊」第四二則）

7.請述賭博之害？（「無極瑤訊」第九三則）

在現實的環境下，人的生存條件是相當惡劣的，各種內憂外患，使個體的生命無法從生理欲望的限制中超拔開來。鸞書除了作原則性的宣示外，也針對各種生活狀況作合理的疏通，將本心的自覺擴散，如第一則以爲人若進入舞廳、酒家，置身香酒美人之旁，難免「失態」「變形」，如長久而往，人格將不保，故行善之人不宜入不善之地。第二則有關繼母的問題，是現代社會更容易發生的社會現象。第二則指出人一旦生出怨恨心，無形中發出一股互相排斥的「暴氣」，人與人碰面，便看不順眼，自然發生離心、仇恨。其改善與後母的關係，在於心生和氣，無仇恨心，自然倍感親切。第三則認爲宗教信仰，隨緣而就，不可勉強，以免發生反作用。宜以無言勸化爲先，表現出比未信道前更孝順，那麼雙親獲得好感，則較易入門。人有生理上的限制，即酒色財氣的束縛，第四則以體力修養與精神修養來教人攝生保健之道，以化解酒色財氣。在酒色財氣之中，「色」是最大的禍害，第五則以爲「淫」是一條闖禍的路，也是一條死路，向死路走，不去求禍，而禍必然會至。克制淫念要有定力，憑智慧加以控制自己色慾的衝動。口語的過失，是一般人難於避免，第六則以爲口過的作孽，總屬於無心，無心的過失，應該以有心去制止。第七則以爲人愛賭都由貪心而起，貪心一起，慾心就產生了，有了慾心，良心就喪失了。

民間的神道設教雖然強調神明的權威性與神秘性，有濃厚功利性格的取向，但是扣緊在人性的自我成就，使設教即是由本心所發出的明善能力，重視人性的全體顯露，積極地開闢精神心靈的神聖領域，落實到現實生活中維持生存的道德倫理，建構符合民衆需求的文化情操，帶領百姓開出理性至善的文化傳統與生活習慣。故「神道設教」的重心仍在設教上，企圖重建人際的倫理與規範，有其積極的宗教信念在，絕非無神論者所謂人爲宗教的騙局。

第八節 小結

宗教信仰與儀式行爲沿續著古代祭神祀鬼的社會傳統，與民族信仰、倫理秩序、生活習俗與農業行事等密切相關，是社會文化集體意識的表徵，反映出傳統文化神聖性與世俗性兩個象徵範疇的交替運作。就其宗教所欲表達的理念與需求，有其特殊的形態，很難以既有的現成概念與理論加以範限或詮釋。加上目前對於中國式的宗教仍尚未有周全性的高論與看法，使得相關性的討論都很難有一致性的焦點。既使有，亦僅是一個概括性的綜合命題。其實中國社會的宗教現象，包括不同時空、不同階層等層層關係搭配起來，雖然在某些終極關懷上異中有同，但是在具象的表現形式中則同中有異。掌握了「同」的抽象理念，未必能合理地詮釋其殊相。

尤其宗教並非是一成不變的東西，其伸縮性遠比已知的宗教認知還要大，在不同的社會族群裏常不停地變換面貌與轉移陣地。臺灣民間鸞堂雖屬於傳統社會綜合性宗教的一支，攝取了儒家的倫理、佛家的哲學、道家的思想以及傳統的巫術雜揉而成的世俗化信仰，在教義與儀式的傳承上却自成體系。一般人以爲民間對所信的神靈體系並不十分清楚，對神靈的知識和理論也缺乏認識，這對於大部分的善男信女，或許有部分的眞實性，但是就民間各種自發性的宗教結社而言，早就已有某些相當一致性的神學系統，有其統整性的神觀與世界觀，值得再作進一步的分析與討論。

因此有關中國宗教的討論，因民間信仰具有多元性質，教派複雜，又各行其是，要有一致性的結論相當困難。或許從純哲學的思想方式中，可以建構出某些典型性的特質，凸顯出其內在的義理結構，找到各式各樣民間教派所共同依循的原理原則。可是對於宗教現象的整體研究而言，仍是不足的，受限於知識分子的理想觀點，常要以學術的理論批判，迫使原有的信仰結構加以反省或調適。事實上宗教界人士對於學界各式各樣的構想，常無所適從。故學術研究所作的任何反省，是無法完全取代既有的信仰，或改變其原先已成型的教義形式。故本文儘量避免在行文中提出自己的宗教構想，或建構一些無法實踐的改革方案。僅順著原有的宗教現象轉譯成學界所能認識的概念，做平實的分析。假如此一分析恰到好處時，或許對信徒或非信徒都應該有著某種的效用。

宗教的功能在今日仍然相當有效，能夠補救現世社會非法解決或者現代科技無法解決的問題。尤其鸞堂一系的神道設教，綜合各種神靈信仰與人文精神，有著教化勸世的功能，對社會文化是有貢獻。民間信仰常被視為沒有文化的迷信集團，這種看法絕對是錯的。民間不僅有文化，而且還是自成系統的教化體系，能隨著社會變遷作適度的轉換與安置。可以從舊有的型模中脫胎換骨，經由擴展、修飾或詮釋，發展出一套有別於往昔的認識典範。知識分子若能在社會自身實踐與轉換的過程中，給予以合理的關注或理論的提昇，才是具體有效的協助。

注釋

❶ 鄭志明，「臺灣民間宗教論集」（學生書局，民國七十三年）第十六頁。
❷ 王治心，「中國宗教思想史大綱」（臺灣中華書局，臺再版）第六頁。
❸ 有關鸞書的研究，請參閱拙著「評論臺灣民間鸞書天道奧義的形上理論」、「鸞書聖賢眞理的社會思想」、「遊記類鸞書所顯示之宗教新趨勢」、「臺灣民間鸞書的文學形式」等文。
❹ 羅光，「中國儒家宗教信仰的尊神」（「中西宗教哲學比較研究」，中央文物供應社，民國七十一年）第二一頁。
❺ 參閱鄭志明，「遊記類鸞書所顯示之宗教新趨勢」（「中國善書與宗教」，學生書局，民國七十七年）第四三五頁。
❻ 梁啓超，「先秦政治思想史」（臺灣中華書局，臺再版）第十五頁。
❼ 「彌勒古佛普化篇」（武廟明正堂，民國七十二年）第二頁。
❽ 鄭志明，「臺灣瑤池金母信仰研究」（「臺灣民間宗教論集」）第七七頁。
❾ 朱天順，「中國古代宗教初探」（谷風出版社，民國七十五年），第二四九頁。
❿ 金觀濤、劉青峰，「中國封建意識形態結構的系統分析」（「問題與方法集」，谷風出版社，民國七十七年）第五二頁。
⓫ 鄭志明，「淺論中國民間宗教研究的態度與方法」（「臺灣民間宗教論集」）第二六頁。
⓬ Louis Dupré 著，傅佩榮譯，「人的宗教向度」（幼獅文化事業公司，民國七十五年）第二頁。
⓭ 同注釋❺，第四一九、四二五頁。
⓮ 「聖學要義」第十二頁。

⑮「聖學要義」第十八頁。

⑯「聖學要義」第七四、七五頁。

⑰「聖學要義」第十八頁。

⑱林安梧，「絕地天之通與巴別塔」——中西宗教的一個對比切入點之展開」（東方宗教討論會第四屆論文發表會，民國七十八年）第六頁。

⑲「靈隱明道心燈」第三八頁。

⑳「無極瑤訊」第一八六頁。

㉑鄭志明，「太上感應篇的倫理思想」（「中國善書與宗教」）第五九頁。

㉒「聖學要義」第九一頁。

㉓R. Keesing 著，于嘉雲、張恭啓譯，「當代文化人類學」（巨流圖書公司，民國七十年）第五八〇頁。

㉔Ioan M. Lewis著，黃宣衛、劉容貴譯，「社會人類學導論」（五南圖書出版公司，民國七十四年）

㉕「聖學要義」第二二頁。

㉖「無極瑤訊」第二〇九頁。

㉗「無極瑤訊」第一四四—一四五頁。

㉘「靈隱明道心燈」第四八頁。

㉙鄭志明，「宋代消釋金鋼科儀的宗教思想」（「中國社會與宗教」，學生書局，民國七十五年）第二一七頁。

㉚鄭志明，「臺灣一貫道的基本教義」（「中國善書與宗教」）第二六三—二七四頁。

㉛「無極瑤訊」第十七頁。

㉜陳麟書，「宗教學原理」（四川大學出版社，一九八六）第一九五頁。

㉝同注釋㉜。

㉞同注釋㉜，第一九六頁。

㉟同注釋㉜，第一九七頁。

㊱徐復觀，「中國人性論史」（臺灣商務印書館，民國五十八年）第一二三頁。

第十二章　當今臺灣鸞書的政教立場

第一節　評董氏對民間宗教政教關係的認知

董芳苑牧師在其「宗教信仰對於臺灣人政治態度之影響」❶一文中指出臺灣社會民主化步調的緩慢，多少受到傳統宗教的影響。董氏以感性的語言讚美臺灣人原本是天資聰穎的優秀民族，却受制於忠孝節義教條而無知於人權與社會公義，造成時下臺灣人的功利主義心態，投機主義行止，愛面子的風氣，以及苦不起所表現的無力感等❷。董氏把當代文化弊病歸咎於傳統信仰的心態，表面上似乎言之成理，實際上犯有著「非形式推論之謬誤」❸，以其個人主觀的宗教情懷與人生信念，誤導人們對傳統宗教的理性認知，無法形成一套大衆共同接受的信念系統。

董氏的論證過程出現了不少常見的非形式推論謬誤，首先是相干的謬誤，即指前題與結論雖沒有邏輯的相關，卻有心理的或表面文字的相關，而作出錯誤的推論❹。如董氏所謂「受制於忠孝節義教條」與「無知於人權與社會公義」根本沒有邏輯的相關性，董氏則以其對「國家儒教」與「教派儒教」的主觀心理好惡，以爲傳統忠孝節義思想必然導出不合時代潮流的倫理道德、家庭主義以及命運天定觀❺。董氏雖強調無意要民衆拋棄原來的信仰去改宗另種宗教，但是其對傳統社會文化形式的強烈鄙視，即帶來欲改造臺灣同胞心態缺失的主觀宗教情懷，因此肯定地認爲臺灣人因爲信奉傳統宗教塑造出自私、投機、功利、愛面子、苦不起、不團結、無功德心等等意識形態❻。董氏這種把社會脫序現象歸咎於傳統教化體系的心態是相當強烈地，導致對傳統社會價值系統如天命等思想的全般否定，在這樣的心態下，是無法客觀了解或同情傳統社會其文明走向與文化形態。彼此文化認知的不相應，導致董氏以其對傳統價值體系的攻擊，把一切社會脫序現象視之爲民俗宗教落伍的象徵，作爲其推動基督信仰的最佳利器。

董氏在推論的過程中也犯有著假設的謬誤，如其謂臺灣人具有樂觀、進取、友愛、勤勞及利他的天性❼，是一種事實還是假設。董氏的這個判斷實際上是一種隱藏定義的謬誤，亦即董氏可以辯稱其所謂的臺灣人非指一般的臺灣人，而是其心目中理想的臺灣人，而以其個人認同的臺灣人，來批判一般臺灣人的自私、怕死、愛面子、苦不起、奴才性與無功德心。董氏這種臺灣人的二分法即是一種無意義的假設，却作爲其批評臺灣人的重要論證，認爲臺灣人在傳統命運天定的信仰下，忘記了自己民族苦難的命運❽。董氏由隱藏定義的謬誤，進而造成循環論證的謬誤，如其謂健全的宗教應該改造宗教人的劣根性，因臺灣人在傳統信仰下劣根性太強，所以臺灣人要接受基督宗教擺脫其獨善其身的劣根性❾。

董氏論證最大的缺失在於因果的謬誤上，比如經常犯有「居後謬誤」與「倒因爲果謬誤」，即其所謂「命運天定」信仰之神觀，乃是建構於「帝王政治」之基礎上❿。實際上「命運天定」與「帝王政治」雖然常相伴出現，却未必有因果關係，若硬要套上關係，也該是天命思想在前，帝王政治在後。董氏之所以將天命與政治結合在一起又來自於「共因謬誤」，以爲「命運天定」是一種消極的人生，無法伸張人權與社會公義，同樣地「帝王政治」以儒教爲御用工具，使得人權與民主難以伸張，社會福利受到剝削。在這種共因的情況下，董氏建立了其所謂「政治宿命論」的論點，以爲臺灣人只重追求富貴財子壽的現實福祉，不懂去關心自己民族的命運與國家之前途⑪。實際上關心現實福祉與國家前途未必是一種互不相容的對反關係，因此不能導出如下的結論：臺灣社會的傳統信仰仍舊受制於帝王政治意識，因此難以培養出臺灣人的民主思想，人權尊重及社會公義的品質⑫。臺灣傳統信仰仍有帝王政治意識是個事實，但是與臺灣民主政治的發展是不相干的，尤其在今日政教分離的政治環境下，董氏似乎過分地擡高宗教信仰的影響力了吧！

本文欲擺開董氏個人的主觀情結，探討當今傳統信仰的政治態度與宗教觀念。爲了避免犯著隨意比附的毛病，選擇民國七十八、七十九年最新刊印的鸞書爲例，其鸞文的著造時間則爲七十七至七十九年之間，是解嚴以後所扶鸞的作品。

編號	書名	堂號	地點	出版日期	鸞書形式⑬
〇一	覺化寶鑑	無極直轄慈靈堂	臺中、龍井	78.年1.月	古文式鸞書北宗體
〇二	道原一炁	龍德宮	臺北、中和	78.年10.月	古文式鸞書詩歌體
〇三	力挽狂瀾	鳳邑啓新社養生堂	高雄、鳳山	79.年3.月	古文式鸞書綜合體

〇四	修圓覺路	北極玄明殿修靈道院	臺北、板橋	79.年5.月	古文式鸞書創新體
〇五	百神論	文化院	高雄市	79.年8.月	古文式鸞書北宗體

臺灣鸞書種類繁多，但是就其內容而言同質性相當高，具有普遍性與雷同性的基因模式，故取樣式的研究，實際上也包含著全面性與整體性的效果[14]。鸞書標舉代天宣化，接受天意來佈道於人，屬於民間俚俗的鄉野巫術，反映的是世俗文化的教化形態，承續著傳統社會化民成俗的信念[15]。偏重在民俗民德的宗教感化，反映出社會民衆現實利益的信仰心理，甚少涉入或討論與現實政治相關的文化課題。董氏很不滿傳統宗教對政治的冷漠，認爲鸞書以其「順民意識」盲目地爲國民黨政府做宣傳，而根本不敢過問國民黨政府的「法治」口號有否以眞正的「民主」爲基礎的問題。這樣的態度，對於「民主意識」之啓發非但沒有貢獻。反成爲臺灣人從事民主奮鬥之障礙[16]。董氏的這段話，就現實狀況而言有其眞實的一面。但在申論的過程中有一些謬誤，即事先已預存某些先入爲主的成見，第一：他認爲健全的宗教應該關心政治，爲人權與社會公義而奮鬥。第二：他認爲健全的宗教應該有能力去分辨法治與民主的內涵，即應該具有民主意識。第三：傳統宗教是國民黨政府的幫凶，盡量討好執政者，對民主與社會公義等問題始終三緘其口，沒有關懷的行動。董氏的這些觀念受到其個人神學理念與社會關懷的影響，本文則企圖從傳統宗教內在的思維形式來討論這些問題。雖然某些結論可能與董氏的論點沒有多大的出入，但是儘量地做到客觀的分析與辯證。

第二節　鸞書的政教理念

從鸞書的內容來看，解嚴前後並沒有明顯的不同，以人文教化爲主的宣化形式，滿足人民世俗價值的現實利益，強調尊神宣化教民的濟世宏願，對於現實政治的利弊得失似乎是不聞不問，相當的冷漠，但是不能因此而說傳統宗教不關心臺灣同胞的命運與前途。或者說傳統宗教對「命運」與「前途」的認知內涵與董氏有很大的不同。董氏關心的是解嚴以後民主政治的發展，然而傳統宗教關心的是聖境的證悟與生命的圓覺，如此的宗教意識是壓過世俗社會的體制問題。故傳統宗教也關心臺灣同胞的命運與前途，是擺在人性與天道合一的生命境界上，董氏稱之爲「獨善其身」的「劣根性」[17]，顯然是對傳統信仰的不尊重，全般否定其具有超越向度的宗教經驗，認定其聖界的追尋只會增強人的劣根性，使得臺灣人逐漸地保守，不懂得爲命運前途爭取人權與社會公義。從董氏的論點似乎可以嗅出其宗教信仰的霸道心態，鄙視傳統宗教雜亂無章的教義，無法與其基督神學相比，因此站在傳統宗教的門外以高貴的姿態作指導式的批評，而不作深入的義理討論。

傳統宗教是否關心人權與社會公義，應先從其宗教的終極關懷來探求其轉化生命的存在意義。這種生命存在的形式是否有助於俗世人權與社會正義的伸張，是可從其整體的義理結構中追溯其可能存在的象徵價值，釐清宗教主觀經驗下的行動規範與客觀實境。董氏以爲民間善信熱衷於現世福祉，只求獨善其身，不懂兼善天下[18]。實際上從鸞書所標示的信仰活動，是有著很強烈兼善天下的意向，願以聖神的美善，共同成就生命存在的價值。茲以下列鸞書數則引文爲例：

㈠ 覺化寶鑑

1.今今世之人，知覺本源，追求新知，了悟真理，而維大道。（第四頁）

2.「覺化寶鑑」之真諦，普化衆生登岸無極，以教庶民，乃是千載難逢之奇緣，也是「覺化」不朽之典書。（第一〇頁）

3.今以「覺化寶鑑」啓人覺路爲本，匡正人心，挽回頹風，撲滅弊害。（第一一頁）

4.道之正行，對全人類負起教化之本責，對未來一切衆生，建立康莊大道之行願。（第六一頁）

5.善書廣傳天下，使宗教與社會結合，改良社會風氣，以收潛移默化之功。（第二〇九頁）

㈡ 道原一炁

1.「道原一炁」係以人間之俗語而通之論言，見白倫常五禮之大提，惟願圓眞通性，以期明修道性之詮覺者。（第一四頁）

2.今奉道理傳爾教，教人心行得其正。正篇心法傳聖地，悟事以誠合人行。（第六七頁）

㈢ **力挽狂瀾**

1. 繼絕存亡，人皆有責，應群起阻遏橫流，力挽狂瀾，扶持衰微之正道。（第一二〇頁）
2. 奉勸世人應時時警惕，自身體天之德，及早修道，勿行邪徑，勿虧暗室，克己復禮，修身養性。（第二〇四頁）

㈣ **修圓覺路**

1. 當以傳達福音，廣以宣揚，為天下太平之世，挽轉人心之慾，當是現今要務之重。（第二六頁）
2. 人生在世，正邪兩立，當知如何以正良心安在，如何以心為宅，不為慾念所擾。（第六〇頁）

㈤ **百神論**

1. 如今要想弭刼救世，大家講「修心」字，最要緊的先從自身的細微處，時時刻刻的檢點，不必去怨惡人的造刼。（第七五頁）
2. 今值多事而應勵修之會，願諸修悟勉，萬弗粗心浮氣逞濁而昧其言，藉偶明而妄所動。斯則身得其修，而事足化刼以平寧於世。（第一八四頁）

> 3.夫神道之設教，亦不過以先覺覺後覺，盡其教導範圍之責任，非可以出而主治世。（第五五九頁）

傳統信仰與基督宗教亦有相似之處，相信宇宙有一至高無上的尊神宰制世界。基督宗教以上帝爲核心建立其神學體系，以耶穌的教訓與行止作爲其社會使命與政治態度[19]。鸞書雖受儒釋道三教思想的影響，其宗教的文化理念仍以儒家教誨爲核心，建構其社會使命與政治態度。董氏稱這種宗教爲「教派儒教」，認爲儒家的道德觀是封建時代帝王政治的產物，是一種阻滯政治民主化與社會公義的落後思想[20]。儒家思想世俗化後確實存在著這種弊病[21]，但是董氏犯有著「以偏蓋全」的謬誤，將儒家世俗化的現實困境視爲儒家思想的義理問題。由此可見，董氏對於儒家有著不懷好意的偏見。而這個偏見是來自於其對國家儒教的主觀印象，認爲傳統文官政治以儒教作爲御用的政治工具。然而儒家的道德思想與作爲政治御用的儒教根本是不相干的兩回事，儒家思想被國民黨政府假冒使用作爲其御用的工具確實是值得痛恨的事，但是不能將這個帳算在儒家身上，把孔子思想視爲落伍的忠孝倫理道德教訓[22]。

儒家思想在現實社會的具體運作中，有其正面的走向，亦有其負面的走向。負面走向背離了其思想的原創精義，是一種異化的現象，已非儒家思想自身。鸞書對於儒家思想的瞭解也是有段距離的，然其受儒家思想的感化甚深是不容置疑的，帶動出其對現實社會關愛的熱情。這種熱情絕非是盡忠盡孝的順民意識，也非國民黨政府的幫兇，其未與國民黨政府的公然抗爭，不是簡單一個「順民意識」的觀念就能涵蓋盡了。當然，傳統宗教與國民黨政府長期的相安無事，與其內在的義理系統與道德規範有密切的關係，却也夾雜不少外在的社會因素。此處暫時擺開外在的社會因素，先討論其教義的終極關懷。鸞書認爲做一個修道的信衆必須從內修其身做起，建立其信仰和實踐的體系，其內修其身，絕非僅是獨善其身而已，而是包含著兼善天下的宗教理想。其兼善天下的作法大約包含下面幾面向，第一：以「知覺本源」的本體認知工夫，作爲其成就宇宙造化秩序的根本條件，如前引文的㈠1、㈡1、㈡2、五⑴等。第二：啓覺衆生在於化掉人的外在慾望與貪念，挽救人間的頹風，如㈠3、㈢1、㈢2、㈣1等。第三：克制個人的慾望以登岸無極，必須仰賴信衆本身的自覺，如㈠2、㈣2、㈤2等。第四：個人的自覺即是宗教的教化力量，可以淨化人類的心靈，擴充宇宙的生機，如㈠4、㈠5、㈤3等。從㈤3又可得知這種宗教教化的範圍僅限於感化人心上，不是要宗教強出頭，作爲宰制人間的治世工具。臺灣鸞書頗能奉行這種分割的界限，一方面強調其生命修持的積極意義，重視宗教與社會結合的教化之責，一方面限定其人生崇高境界僅有效於淑世的倫理道德，宗教仍需與政治保持距離，此即鸞書「助行政所不及者」的宗教宗旨[23]。此種宗教宗旨與耶穌信仰的救世理念有很大的差別，即是董氏無法客觀同情傳統宗教的原因所在，而認定傳統信仰守舊性很強，無法自動自發進行符合時代潮流的宗教改革。

董氏深信現代臺灣人若要懷抱自由、民主、人權與社會公義的涵養，就應該勇於去改宗一種應世而健全的宗教[24]，從這一段話可以明顯地看出董氏撰寫此文的企圖心。可是臺灣人若不想成爲基督徒，能否從傳統信仰的義理系統中開出新的人文取向呢？立基於傳統掛勾於現代，應比全盤否定的改革較爲民衆所接受吧！這一點可能是董氏所不願思考的問題，因此其與傳統信仰在觀念上的對立也就難以避免的。以鸞堂爲主的民間宗教，因其文字的表達形式，較能掛搭上中華文明豐富多姿的文化寶藏，故該宗教形式常爲傳統信仰的龍頭，其鸞書傳達而出具象化與平淺化的知識系統，在傳統社會中具有傳播的普遍性與發展性㉕。無法否定的是傳統信仰繼承了儒家化民成俗的教化理念，那麼儒家的化民成俗，是會使人民養成順民的心態，還是民主的修養呢？若從鸞書「知覺本源」的正心工夫來看，相當重視人的主體性，而且經由「道之正行」的實踐，可以負起人類教化之責，是有助於民主與社會公義的伸張，亦即立身成德的道德進路與現代人權的人性尊重是不相違背的。故傳統宗教偏重在生活原則與生命途徑所提供安身立命的終極關懷與民主政治的實踐，有其相輔相成的效果。至於順民心態則是由政治威權壓迫而成的非理性，經由社會運作侵入傳統宗教，影響到某些人的保守心態，這是屬於現實社會的「人病」問題。這種人病不僅出現在傳統社會與信仰裏，也會出現在其他社會與宗教裏。董氏實不宜擴大這種人病的現象，來否定傳統宗教的整體功能，假如董氏的心態確是如此，未免有點「嚴以待人，寬以待己」不太厚道了吧！

第三節 鸞書的政教主張

假如說傳統宗教確實有不敢批評政治宣揚民主的事實，那麼民間宗教也是帝王體制威權政治的受害者。當然這個受害者不懂得挺身而出爭取自己的權益，是一種遺憾，卻也不宜落井下石，以此種遺憾來取笑傳統宗教的不知振作與盲目無知，以「乖乖牌順民」否定其爭取生命自覺的社會關懷。董氏謂臺灣社會根本不具「人權」實質，亦無「社會公義」㉖。假如董氏的論點是正確的話，那也是在國民黨政府威權體制長期教化的結果，對於臺灣人民來說，他們都是無辜。或許有些人缺乏生命的自覺，無法清楚威權政治的禍害成爲剝削人權的幫兇，這也是一種存在的無奈。過分地譴責臺灣人民，不如來瞭解臺灣人民的生存之道，幫助他們去除因循苟且的人病障礙，發揚其光輝自足的理想生命，掛搭上主體自由的民主體制。

董氏以爲臺灣人於四百年來在這個「美的島」上的表現，堪得被肯定爲世界上一流的民族。這被董氏稱一流的民族，大多來自於大陸閩粵地區，承續著中華民族的文化傳統，歷經了滿清、日據與國民政府的管制，生存環境一直遭受到政府的高壓控制；以致其承續漢民族的處世態度相當濃厚，以壓制個人來順應惡劣的時局，避免外來的衝突的防衞之道，正是臺灣社會長久保存下來應付人世的生活原則[27]，這個生活原則深受其「聽天由命」的宗教信念所支配，以「天命」作爲自然與人文秩序的準則，人們共同遵守此種準則，以維持人間事物的安定與發展[28]。在這樣的生態環境下臺灣人的性格變化不大，並無董氏所謂的二分法，董氏以爲臺灣人秉性勤勞、心地善良、待客熱情、包容異己，並且天資聰穎，多有發明，做事任勞任怨，受異族欺凌則逆來順受[29]。實際上董氏所描述臺灣人的特性，正是民間「盡人事，聽天命」的處世態度，在樂天知命的意識下建構而出的人格形象。董氏對傳統天命的文化內涵認識並不是很清楚，且又主觀認定天命思想就是一種自暴自棄的落伍信仰，助長了臺灣人那種「機會主義」、「愛面子」及「苦不起」的習性[30]。不可諱言地，任何價值觀念在現實社會的具體運作下，有其崇高理想的一面，亦有其俚俗鄙陋的一面，將普遍性與永恒性的人生智慧下降爲個別性與差異性的羣性活動。董氏所指責的臺灣人的缺失，正是常民行爲模式最常表現的「功利性格」與「鄉原性格」，請參閱拙著「傳統社會的處世哲學」一文㉛。民間知識傳統的延續，在一定的程度上向現實生活妥協，原本也是一種生存的無奈，董氏有意把這種生存的無奈視之爲傳統價值理念的最大弊端。

董氏將傳統社會的天命思想，侷限於「命運天定」的神觀，認爲臺灣人只顧關心一己的命運，而不知道自己民族的前途命運。實際上從鸞書的天命思想觀之，其天人命定的宗教心理，不是單純的教條形式，反而含有著良知的喚醒與美善的生命㉜。試舉下列鸞文爲例：

㈠覺化寶鑑

1.人有善願，天無辜負，應知寶鑑古之大道，暗轉玄機，毋為救刼，普傳真理，原望原兒多研善書，快快迴轉。（第一八頁）

2.順天應人之道，其心理如同，上下與天地同流，為以善心向道，以善養人，大德敦化，得聞仁心慈憫以施積果而蔭子孫。（第一三一頁）

㈡道原一炁

1.天道無私是非明，皇恩浩蕩天地間。廣濶天空任你行，無情風波誤前途。（第三四頁）

2.大道心圓天地間，地上是非事項多。人性不明待何時，聞循倫理明白行。（第

九八頁）

㈢　力挽狂瀾

1. 所幸上天有好生之德，不忍世人多造惡業，致受浩刼災難，故命聖神仙佛，應時應運降凡於世，或轉身有德之人，無非乃在敎導世人行善去惡。（第九八頁）

2. 蓋天之道，佈滿乾坤，降及黎庶，旨在敎民修身以德，以使人人向善，勿趨邪徑。（第一〇二頁）

㈣　修圓覺路

1. 只要以仁心助之天地人，以慈以立，不為自私之理，廣渡衆生，此乃真功。（第五頁）

2. 人身苦短，為人之做，為合之天理者，佛道同渡，處於人身之境，不可為於强求其物所取之物。（第八六頁）

㈤　百神論

1. 其悟於天，則天理通，通則不滯，不滯則隨機而變化於無窮。（第四一八頁）

2. 人居天地之中，靈為萬物之首，上荷生成之德，下承厚載之恩，自當代天行化，以報天心。（第五一三頁）

董氏對傳統社會天命觀，不是過分地輕率否定，就是流於簡單化約，未能認清天命思想原是多層多面的複雜組織體，董氏將「天命」解釋為註定人命運的宿命觀念，僅是天命思想的一個面向，而這個面相也未必僅具有負面的作用，更不可以此種負面的作用，引申出臺灣人不關心自己民族的前途命運。在董氏的心目中敢與國民黨政府抗爭，才算關心民族的前途命運。但是傳統宗教所要抗爭的是整個人性自覺的問題，從天人性命相貫處，肯定個人人格的尊嚴與獨立。由於傳統宗教的思維方式企求至善與永恒的精神價值，與基督教或西方文明對現實政治與社會的批判意識與抗議精神大不相同，而是採用退離的方式，暫時擺脫現存現實政治體制的夾雜，建立出一個完全獨於現實環境的「心靈秩序」㉝。當然這種「心靈秩序」有其先天性的缺失，即「心靈秩序」重視個人內在道德的自主意識，雖可以衝擊現實政治與社會中一些不合理的現象，却無法搖動早已根深蔕固的威權體制。但是這種內在的缺失並不是無法改變的，除了改宗另一個宗教或文化的全盤變革外，也可從其內在體系注入理性的更新精神。這個工作實際上是整個中國文化自我轉化的問題，而非傳統宗教所能獨立支撐與改革的。

然而，鸞書所展現的義理系統，其對人性的尊重可以轉化成一種存在的積極精神，經由人與人之間的相互關切，可以促進整體社會融通親和的關係。至於外在體制的變革就非宗教所能改變或完成的。傳統宗教也想化掉人世間的干戈，但是它所能建構的，也僅能帶領人們完成「心靈秩序」，希望芸芸衆生能由人性的向上提升，共同建構一個重視人性的政治與社會體制。或許，有人會嘲笑這種想法很不實際，指出人性與現實政治是有段距離的。沒錯，這段距離是存在的，但屬於世俗社會現實運作的問題，宗教不能也不該積極參予。那麼，原則的提示，僅是嚴守其宗教本分罷了。而且其原則的提示，不是一種停滯或僵化的禮俗制約，反而含蘊著發展與轉化的生機。這其中夾雜著宗教教刼的宏願，如前引文㈠1.、㈢1.等，大部分則來自於類似儒家天道性命的超越意識，如前引文的㈠2.、㈡1.、㈡2.、㈢2.、㈣1.、㈣2.、㈤1.、㈤2.等。鸞書從個人道德主體精神，維護人際間秩序的和諧，如引文㈠2.謂「以善養人」，從個體的自覺實踐，成就一個合理的社會。故在鸞書裏沒有剝奪人權的觀念，不似西方爭人權的民主運動，可是其悟於天的人（如引文㈤1.），則是人性解放的眞正自由。從這個角度來看，傳統宗教在本質上依舊是反霸道與威權的，其合之天理（如引文㈣2.）即是以天理來反抗非理的人欲，進而反對一切自私的存在形式（如引文㈡1.、㈣1.），也是肯定人間存在著無私的人權，甚至也是尊重民主政治的主權觀念。只是在傳統的教化體系裏原無「人權」與「民主」的字眼與觀念。國民政府雖亦常言「民主」與「人權」，在內容上却作爲不多，以致傳統宗教對此二觀念相當模糊，仍保持傳統的教化理念，是可以理解與詳解的了。

在臺灣的傳統宗教爲什麼始終不敢起來反對霸權，這是一個互爲因果的問題，董氏謂傳統宗教以儒家教化的順民意識來爲國民黨宣傳，是相當膚淺的因果觀察。假如民間眞的有順民意識，那也是惡劣的環境所逼迫出來的，這一點因果關係是必須先弄清楚。儒家道德教化同時存在著向上與向下的可能，假如說道德教化會產生順民意識。那麼，道德教化也有產生民主意識的可能。順民意識基本上是君父威權之下的一種思想扭曲，喪失了道德的主體性與創造性，委曲於求全的心態與格局下，無法堅定地站在理性的立場作爲公正的禮義原則，反而成爲壓抑柔性的陰沈性格。由此可見，順民意識不是造成威權社會的「因」，應是威權社會所製造出來的「果」。傳統社會某些保守老舊的惡劣傳統，不是人們所願意看到的，而是威權體制下不得已的一種存在困境。在這種委曲之下，生命無法暢直明朗，不自覺地產生某些適合時宜的應變之道，如傳統宗教扭轉不了各種既存的劣勢時，爲了明哲保身，表現了委曲求全的順民意識，但是其內在的生命是相當強韌的，它可以不批評執政者，但未必就擁護執政者，在日據時代是如此，在國民政府的管制下也是如此。這可從鸞堂與鸞書的表現形態中得知，如自日據時代以來，鸞堂一直是漢文化的教導中心，以強烈的中華文化對抗日本皇民化運動，光復以後，雖然官方的文化立場與鸞堂有點接近，但是鸞堂對於漢文化的堅持大於官方，如其古文式鸞書是官方語文教育的一個異類。即其漢文教學的延續與發揚，是來自於其內部的文化形態，與官方一點都不相干，故鸞堂不插國旗，不擺元首肖像，鸞書以干支、天運計年，不採民國國號，都一再說明鸞堂文化形式不等同國民黨政府的文化形式。

當然，鸞堂文化形式是來自於封建時代帝王政治，但是未必就是支持帝王政治的文化遺孽，反而因外在政治環境的變遷，其抽象的國家理念，可以脫離出現實政治的統獨紛爭。鸞堂因固有的文化意識，本質上難產生獨立自主的政治傾向，公然地與國民黨政權抗爭，但是鸞堂的不抗爭並不表示是毫無批判地擁護政府[34]。鸞堂與官方在政治意識上是有區別，官方是以中國的法定主權做爲其政治的基本立場，鸞堂的國家則是一個「文化中國」的象徵，沒有統一中國的具體主張。「文化中國」是一個抽象的存在，它可以涵攝整個中國，也可以是與其鸞堂文化相接的具體空間。在這樣的情況下，鸞堂可以避開「統獨之爭」的政治迫害，最起碼，官方不會以政治的原因來干涉鸞堂。在鸞書裏其譴責的是一個「人心不古」的社會，或者是一個「世道反常」的社會，不會是一個違反人權與民主的政治體制。故凡是有關國格強弱、政治明暗、人權伸張等問題多簡化爲社會正義的問題，企圖以道德的自覺來挽救黑暗的現實世界。鸞書這種只談「社會」不談「政治」的教義形式，即來自於其不涉入統獨紛爭的政治主張。

臺灣傳統宗教雖然派支繁多，淵源不一，實在是五花八門，但是其政治主張則可簡單地歸成二類，一爲主張中國統一，一爲不涉入統獨紛爭的主張，幾乎罕見有主張或認同臺灣獨立的教派，這背後反映出來的是傳統宗教的文化情結。贊同中國統一的教派，大多爲臺灣光復後自大陸遷來或自行創立的教派。不涉入統獨紛爭的教派，則多是早與地方文化混在一起的教門。民國五十年代，臺灣鄉土自發性地產生了一種特殊的宗教勢力，介於乩堂與鸞堂之間，以具有神通法術的靈媒爲主，俗稱「通仔」或「童仔」，自成一套宗教系統。其靈媒大多爲知識不高的基層臺灣人，這個教派特殊的地方在於其強烈的中國意識，法會時必擺國旗，且響應政府統一中國的號召。「通仔」的政教主張，可能因其文化意識的薄弱，容易接受國民政府四十年來的黨國宣傳，剛好可以用來對照鸞堂的文化形式。鸞堂以文字的表達爲主，「通仔」則以語言的表達爲主，文字有其歷史傳承的脈絡，語言則較受現實環境文化因素的影響。近年來「通仔」也有用文字形式來表達其主張，試舉民國七十九年三月民雄濟公廟刊印「萬教皈宗」爲例，其詩云：「實事求是精中求精神，復興中華萬能美文化。眞道要正理內要理智，統一三民福祉春主義。」又云：「展開世界大同和平吾教義，統一中國完成國民心革命。體會憲法主義眞理同合意，重見皐日諦解中華道文化。」這樣的字眼與內容，在正統的鸞書裏是不會出現的。「通仔」雖然在教義上接受了官方教育的某些論點，却也未必是國民黨政府的同路人，其統一中國的政教主張會被轉向於純理念的價值存有，未必認同國民黨政府的主權意識。「中國」對通仔來說是相當虛幻的，不是指眞實存在的政治主權，而是偏重在具有悠久文化的歷史道統。即通仔的「中國」是指中國文化，而非中國主權，這一點又與鸞堂頗爲接近。說明了傳統宗教對於中國本土文化的認同是大於政治主權的。如通仔的擁護國號與國旗，是將國號與國旗作爲道統文化的象徵。即傳統宗教有強烈本土文化的復振趨勢，這個趨勢有兩個面向，一是將中華民國政府視爲中國文化的合法繼承者，故把國民政府的三民主義，視是傳統文化的一部分。一是無視於中華民國政府的存在，直接上溯於傳統的道統觀念與價值系統。

本文所採錄最近刊印的鸞書，幾乎與昔日鸞書沒有兩樣，不僅嗅不出戒嚴以後的文化氛圍，又似乎國民黨政權從未眞實存在過，未對鸞書產生任何具體的影響，其教化的內容，仍停留在四十年前以超自然的神靈來挽救人間危機的意識形態。董氏指責傳統宗教在觀念上與時代潮流脫節是確實的事，但是因此而嘲弄傳統宗教，鄙視它存在的意義與價值，似乎缺乏對中華文明的諒解誠意。若由此而認定傳統宗教是國民黨御用的政治工具，支持國民黨政府之劣等政治品質，是有意地加以隨便附會以吐露其仇恨的心態。倘若國民黨眞的非常的惡劣，並不表示傳統中華文明必定是弊病叢生。更何況傳統宗教與現實政治始終保持相當的距離，將對封建體制威權政權的仇恨全轉移到民間固有的信仰心態，是絕對不公平的。董氏所謂「死忠」與「愚孝」[35]，是中華文化的一種變型，即是異化的現象，產生了存在的陷落。相對於現代的民主思潮而言，這種存在的陷落，是傳統文化難以避免的盲點。或許西方現代文化理論可以幫助我們化解盲點，但是不能因此對傳統文明作全盤的否定，而有著連根拔起的快感。

第四節 小結

經由以上的討論，對於鸞堂形式的傳統宗教，其基本政教立場可作下列概括的敍述：

鸞堂是中華文化貫古通今的綜合結晶，融通傳統既有的文化發展脈絡，從宗教信仰中樹立了中國特有的人文取向之典範。此一典範反映出中國固有文明的理性精神及其俗化危機，即以神道設教來化民成俗，一方面可從人文的教化奠定生命的自覺。落實於禮樂精神與人倫之道，提供了安身立命的終極關懷。一方面則因尊神信仰結合了傳統威權的體制形式，亦繼承了民俗文化的缺憾與盲點，不利於重視「民主」、「人權」、「法治」的當代文明之理性發展。中西文化的會流是人類文化必然的方向，盲點的把握與化解，有賴長期的相摩相融。

鸞堂在民間的發展，從日據時代開始，即遠離政治的勢力核心，僅關心世俗社會民衆生存意念的調適性轉化，未留意外在國家主權的法制形式及其政權的轉移事實。鸞堂標舉代天宣化的神聖職責，強調尊神濟世教民的宏願，有著輔助王法設教的功能。當然，鸞堂是渴望能獲得執政當局的支持來推展其神道設教的宗教理想。事實上，也有部分鸞堂有了表態的動作，大多數鸞堂仍然側身旁觀，即不擁護國民政府，也不批判國民政府，彼此間能相安無事，即是鸞堂的生存之道。這種生存之道是一種消極的政治態度，沒有董氏「臺灣意識」對威權體制的抗爭，可是也沒有出賣「臺灣人心靈」向威權體制諂媚。由於鸞堂對於國民政府的作爲仍在客觀的評估之中，其置身於現實政治之外，保留了臺灣人的顏面，及其鳳凰再生的可能。

注釋

❶ 董芳苑，「宗教信仰對於臺灣人政治態度之影響」原發表於民國七十七年八月中旬「臺灣人公共政策研討會」，後發表於「臺灣神學論刊」第十期（一九八八），第三三—五一頁。

❷ 同注釋❶，第三九頁。

❸ 李雄揮，「哲學概論」（五南圖書出版公司，民國七十八年）第六〇—一〇六頁。

❹ 同注釋❸，第七四頁。

❺ 同注釋❶，第三五頁。

❻ 同注釋❶，第四六頁。

❼ 同注釋❶，第四四頁。

❽ 同注釋❶，第四五頁。

❾ 同注釋❶，第三四頁與第四七頁。

❿ 同注釋❶，第四五頁。

⓫ 同注釋❶，第四六頁。

⓬ 同注釋❶，第四六頁。

⓭ 鄭志明，「臺灣現階段民間鸞書的文學形式」（「臺灣的鸞書」，正一善書出版社，民國七十九年）第

一一三二頁。

⑭ 鄭志明，「臺灣民間鸞書的神道設教」（「臺灣的鸞書」）第三六頁。

⑮ 鄭志明，「臺灣鸞堂與鸞書的社會教育功能」（「臺灣的鸞書」）第二四三頁。

⑯ 同注釋❶，第四〇頁。

⑰ 同注釋❶，第三四頁。

⑱ 同注釋❶，第三八頁。

⑲ 同注釋❶，第四七頁。

⑳ 同注釋❶，第四〇頁。

㉑ 鄭志明，「儒釋道思想俗世化的危機與轉機」（東海大學「儒釋道思想與現代社會」研討會，民國七十九年六月），「儒家崇拜與儒家社會」（「當代新儒家」國際會議，民國七十九年十二月）。

㉒ 同注釋❶，第三九頁。

㉓ 鄭志明，「臺灣民間宗教論集」（學生書局，民國七十三年）第九二頁。

㉔ 同注釋❶，第四七頁。

㉕ 同注釋⑮。

㉖ 同 注釋❶，第三九頁。

㉗ 鄭志明，「傳統社會的處世哲學」（「中國社會與宗教」，學生書局，民國七十五年）第三四三頁。

㉘ 鄭志明，「傳統社會的宗教思想」（「中國社會與宗教」）第三一九頁。

㉙ 同注釋❶，第三八一三九頁。

㉚ 同注釋❶，第四五頁。

㉛ 同注釋㉗，第三三四一三四七頁。

㉜ 同注釋㉘，第三二八頁。

㉝ 張灝，「傳統與現代化」（「中國文化的危機與展望」，時報文化出版公司，民國七十一年）第一九七頁。

㉞ 同注釋❶，第四〇頁。

㉟ 同注釋❶，第三九頁。

第十三章　當今臺灣鸞書的社會控制機能

第一節　宗教社會控制的三個面向

宗教與社會的關係是相當密切的，尤其是傳統信仰即同化於世俗秩序之中，成爲生存理念的靈魂核心，經由信仰神賜的安排支持社會規範與價值的建立，化爲人與人相互溝通的精神橋樑。宗教信仰有助於個人行爲的社會化，以其特有的思想理論維持集體的生活情感，在神聖的象徵意義下，信仰的實踐具有社會控制的機能。

宗教的社會控制是以超自然權威靈氣，調和世俗的生活秩序，提供了撫慰人生的存在力量。即具有維持社會秩序的權力，能內化成價值規範的制裁權威，有著強烈的控制機能。隨著臺灣社會的轉型與變遷，傳統信仰是否仍能產生社會規範的功能？是值得再作深入的探討與研究，以瞭解在現代工業文明的洗禮與衝激下，信仰是否仍具有與社會互動的控制功能。

這個問題的背後，存在著複雜的文化現象與社會問題，和社會整體的生態環境息息相關。其社會控制的內涵應該是多樣性，且具有多元的討論面向。大致上這個問題的討論可歸納爲下列幾大面向：

第一面向：應先釐清傳統社會與宗教信仰間的文化交流現象。固有的文化形態即潛存著社會控制的力量，發展出社會化的觀念情操。宗教信仰經由社會經驗的長期累積，形成集體賴以生存的文化價値，成爲中國民間文化形態的主流，影響到個人社會化的學習過程。由於對傳統社會的認知不一，缺乏客觀的對話基礎，尤其是宗教信仰一直未被合理的尊重，更遑論其社會控制的文化功能。

第二面向：應先對傳統信仰的宗教本質與社會教化功能有眞切的認知。本土信仰的面貌是多樣的，各有其理論系統與象徵系統來詮釋存在的生活秩序，雖然大多與社會累積的共有文化經驗出入不大，也不宜過份地單純化，抹煞其分殊的宗教特質。故有關信仰的社會控制，仍應回到其終極的宗教體系上，掌握其社會關懷的內在原則與行爲動機。

第三面向：信仰的社會控制會隨著時代與環境的變遷而逐漸地調整與轉化。宗教是相當具有實感的，會在社會既有的形態下，努力地整理其固有理念，使其能調適於社會的新環境。只是其闡教勸世的宗教經驗，是否滿足社會生活價値規範的存在需求，値得再作深入的分析與討論，以便得知信仰爲主的文化形式，能否幫助老百姓生活在新的時代裡，內化爲自律性的行爲控制，表現出價値理性的社會行動。

有關第一面向與第二面向的學術研究，已有不少的學者從各個實證研究來討論，筆者多年來頗關心這個問題，已有不少專門論文❶。故本文僅就第三面向來追究傳統信仰因應社會變遷所重建的文化精神活動，及其由信仰權威衍生出的社會控制。宗教的聖化思想是否仍能成爲社會的最高精神與倫理觀念，頗有爭議之處。因社會結構的變遷導致傳統文化的脫序與迷亂，加上特殊的政治背景與外來的庸俗文化，使價值觀念更加迷亂，甚至有著反價值的叛逆行爲與觀念。傳統宗教雖然無法再成爲社會的最高生活準則，但其企圖經由信仰權威再建立完整的社會價值體系，是其追求精神價值的終極展現。可是其教化理念與現代文明是否有著認知的差距，產生所謂代溝，在社會互動的實際關係上，已很難具體的實踐或落實，即其社會控制力量逐漸喪失宰制的權威。此時，雖然仍有部份人在意識與潛意識上企圖以傳統社會控制形式，來消除社會秩序迷亂與犯罪惡化等失控現象，這種經由信仰權威所欲控制的價值生活，在世俗化與物化的牽制下，也常被扭曲與變質。本文以民國七十九年八月刊印的「百神論」鸞書爲例，來說明民間宗教人士如何經由傳統信仰的傳播媒體，來對應社會激烈變遷中結構性的衝突與矛盾，以宗教信仰的力量來克制原有存在形式的失靈與混亂。

第二節　社會的失控現象

「百神論」是高雄文化院蔡文最新扶鸞的鉅著，全書七百多頁，是當今鸞書最具規模的一部書，全書分成十二章，即第一章婦女寶範，第二章醫理醫德，第三章善養道體，第四章修心養心，第五章道自誠明，第六章尊常立品，第七章惟人最靈，第八章安於適命，第九章仁政義行，第十章性命眞境，第十一章坐功昇華，第十二章闡明道旨。全書針對當今社會價值體系的失靈與混亂，傳達諸神教化的旨意，企圖勸化人心或挽轉世風，即具有著價值重整的控制機能，想要建立現代社會的生存秩序。鸞書對於社會各個偏差行爲頗爲關注，以爲加強社會規範的控制功能，即能阻止偏差行爲的氾濫。鸞書如何看待社會偏差行爲的失控現象，是一個很有趣的問題，以「百神論」鸞書爲例來加以說明。

臺灣由於社會形態的轉型，在資本社會的宣傳噱頭下，拜金享樂的物化生活，扭曲與變質原有的精神價值活動，提到目前臺灣的社會生活，許多人總會異口同聲的感歎：「實在太墮落了，太可怕了，假如不設法挽救，臺灣社會恐怕就快完蛋了。」❷這不是杞人憂天的無的放矢，而是工業化後社會結構變遷對傳統先驗價值體系的挑戰，在工業新有機結構未建立之前，社會脫序有越來越上升的趨勢。這些與規範乖離的偏差行爲，不但直接破壞了社會秩序，甚至產生反價值取向的質變問題。近年來臺灣社會累積了不少財富，卻在暴發富心態下，伴隨著日益嚴重的犯罪誘因，動搖了原本安定的社會結構，使得倫理感情解體與人際關係解組。如家庭感情生活的淡化與破裂，有了老人安養問題，子女管教問題與夫妻外遇問題；又如社會人際關係的疏離與乖張，有了各式各樣的賭風，有人以金錢相賭，甚至有人以生命相賭，亡命天涯；社會新聞的怵目驚心，使得重返傳統宗教的人越來越多，民間信仰也就越來越盛行，鸞書即針對社會教化的需求，滿足人們的空虛心靈，致力於個體或群體的社會改造。「百神論」的著作與刊印之動機與目的即在於此，以個人的安身立命來化解乖離的偏差行爲。

傳統宗教的蓬勃發展與臺灣社會的文化貧窮有密切的關係，文化的庸俗與匱乏顯露了現代人在態度與行爲上的不理性成份，又現代科技與理性精神並不能解決存在的所有問題，因此，即使在現代教育影響下，許多宗教及擬似宗教的行爲仍舊相當頻繁❸。經由神聖性的宗教活動，對個體的行爲作價值的要求，以令人悸動的宗教經驗，產生強烈人生境界的追尋。

這些人生境界又與儒釋道思想結合，使得傳統信仰有著較高的終極關懷，支配社會個人的思維方式，成爲做人處事的指導方針與法則。故鸞書以君臨天下的方式出現，在諸神的權威宰制下，各種乖離的偏差行爲無所遁形，再以諸神高度的價值判斷糾正人們的偏差行爲。「百神論」對於偏差行爲的觀察，可分成原則性說明與舉例性說明兩大類。

所謂原則性說明是概說偏差行爲的普遍性發生原因，僅以共通性的社會情境說明價值轉移的現象，以簡單的邏輯關係指責社會的敗壞，引文爲例於下：

1. 然自國祚變遷，綱紀不振，古之遺制視為空談趨重，維新風俗驟異，於是禮教不足攝其心，名節不足制其念。（第三三頁）

2. 天下靡亂的原因是什麼呢？就是人心不正使然，所以才有天災人禍，這災禍如何潛化呢，就是先由根本上解決。解決的方法為何呢，就是人人要修道。（第七二頁）

3. 自歐風東漸，人智益開，妄念隨之以啟，貪殘攘奪，比比皆然，固有天良，每被欲縛，嗜欲既深，心君昏昧，心君既昧，百病茲生。（第一四五頁）

4. 世風頹靡，俗尚欺偽，性無所養，靈以隱傷，舉世洶洶，下流是逐，天上仙佛憫沉淪之衆，特開道輿之傳，千載以還，度拔世民不少。（第二一〇頁）

5. 世情於今，可謂惡濁之極矣，其所以致此之由，無非世人自造之，然能造者人，改造者仍必賴人。（第三六〇頁）

6. 現世之所以亂者，既非朝夕之故，或一二人之力使之然也，其最大遠因，實偏於物質之文明，致與生俱來之道德根性，從實際之研究，視為空洞，無可把捉群衆心理，

給以一變，而入於强權競爭之途，遂以禮讓為迂腐，不足恃以自保，乃個相率為偽，還巧詐以為能事。（第四三六頁）

7. 世風日下，到德淪亡，人皆昧性而率情，爭權攘利，忘群體而自私，敗紀亂綱，不知道義仁舉為何物，一意孤行，薄視倫常為空談，恤我是欲，顧刑罰所以濟道德之窮，而有時為刑罰所不及，愚不肖者肆無忌憚，於是有聖人作焉，乃於禮樂政之外，使藉神道以設教，此刼之由來。（第五六七頁）

這七則引文顯示出原則性說明有一個共同的特徵，即將偏差行爲過份地嚴重化，以展現其宗教宰制的價值權威。以爲世道衰微歪風日熾，造成道德規範的失靈與倫理價值的迷離，這是一種相當主觀的成見，反映出傳統社會深入人心的意識形態。此一主觀的看法未必是正確，卻值得作深入的分析，以了解社會大衆的共同理念，以及認知差異所衍生的社會問題。

第一則的「國祚變遷」語意不明，應先釐清鸞堂信仰的國家意識。這是一個很有意思的觀念問題，鸞書的國家不是專指現有的政治體制，而是指文化的中國❹。鸞書的文化中國偏重在規範性道德的人道中國，這樣的中國已難在現實社會中找到；鸞書想利用宗教性的道德規約，創造其理想的價値世界，控制日益紛爭的社會秩序。這是以天理昭彰的宗教信仰來阻嚇反道德行爲，將一切人爲的意欲世界視爲根本罪惡之源，如此的觀念是相當危險，容易在超自然的權威宰制下，控制了社會的理性發展。這種社會控制的方式，是停留在傳統先驗的天道思想與道德價值裡，且經世俗的信仰轉化，將天理與良心權威化，成爲個人社會行爲的唯一依據。隨著社會結構的轉變，以一元的價值理念面對多元社會，當然會有著「禮教不足攝其心，名節不足制其念」的感歎。鸞書雖然有這種感歎，依舊要回到天道的信仰原則裡，以其主宰權威與道德秩序來支配現世社會的群衆生活，這或許是傳統教化形式唯一可走的路，反映出中國幾千年來深層的意識結構，一直受制於天道思想下的信仰權威，作爲其社會控制的智性根源。

第二則說明社會控制的智性認知在於「人心」上，認爲社會失控現象多是人心不正使然。如此認知的態度是把社會問題給窄化，將社會控制功能侷限於道德體系的價值判斷上，不過這正是中國人最基本的思維方式；談傳統宗教的社會控制不從道德價值著手，似乎不太貼切。但是在工業化與現代化的衝激與挑戰下，舊有道德權威逐漸在失序與瓦解之中。這正是中國社會未來文明走向的兩難問題，傳統宗教是以回歸本位的宗教儀式與倫理教義來對應社會的現代化變遷[5]，反映出舊有價值體系對社會群體仍然有很強的約束力量，只是如此的對應方式是否會產生社會的兩極對立，或者造成威權體制的復活，壓制社會理性的發展。假如道德能再成爲社會行爲的價值準則，必需重建社會、生活與道德等三位一體的社會情境與運作功能[6]。鸞堂即以重整人心的修道工夫，回到與過去社會雷同的生存情境，以化解人際間的抗爭與社會的失序，達到社會和諧與安定的地步。但是在社會互動的過程中，個體性的道德自覺未必會產生集體性的規範功能，即自我控制不等同於社會控制。

第三則表現出鸞書逆現代的價值取向，將臺灣社會道德生活之所以墮落與迷亂的主因嫁禍於「歐風東漸」，以爲西方的工業文明腐化了人心，拜金主義的物質享樂造成嗜欲的惡化。如此對社會轉型結構的不認同，即無法眞切地理解現代社會的共同面向，現代社會有著物質文明的社會危機，同樣也有著精神價值的文化體系，這種價值文化是現代生活的終極目標，提供人們共趨性生活價值。鸞書對於現代化生活價值毫無所知，即無法參加人與現代社會互動與整合的現實運作，而返回到舊有社會的原有秩序上，以個人道德價值的內化過程來應付複雜的社會活動，難以促成社會共有規範的建立。此時鸞書欲以信仰來加深道德的權威性，成為人們必須遵守的義務，但是當道德權威失靈時，社會的迷亂與脫序更為嚴重，形成社會新舊結構的併存、對抗與重疊，更難發揮道德規範的控制性與權威性。傳統宗教對固有價值的執著，若無法與現代生活相互統攝與融合，則新舊文化呈現出抗拒與衝突的矛盾現象，鸞書對外來文化的否定，即屬於這種現象。

第四則的「世風頹靡」即是對現代文化有機結構的否定，以為舊有社會秩序的規律性與一致性完全被破壞，造成價值體系的動搖與瓦解，導致民俗民德的全面崩潰，即所謂「俗尚欺僞」。民俗已失去其重要性與穩定性的民德權威，無法再展現道德的社會控制力量，個人的生命主宰就萎縮了，產生「性無所養，靈以隱傷」的無力感。傳統宗教以重回神聖世界的方式，挽救世俗世界的危機，產生一種神秘化的社會過程，借助宗教的信仰力量將民俗轉化為具有約束力與制裁力的民德❼。這種民德的權威是來自於仙佛的悲憫之心，以超自然的神秘力量來支配人文世界，決定人類的命運。這種將人類命運歸之於上天的好生之德，是來自於儒家先驗的義理體系，是有其理性的人文精神，若下轉為神明信仰時就失去了先驗性存的知性根基，停留在善惡報應的原始信仰裡，將人心自覺的主體性附屬在神明的宰制之下，這種冒似儒家的義理系統才是中國傳統社會眞正的價值權威❽。以宗教信仰為基礎的社會生活，其由信仰所形成的人生價值。是否能成爲當今社會文化控制的主要力量，是相當有問題的，因今日宗教與社會的分離，靈性的價值觀是無法完全化解人間的罪惡。

第五則指出鸞書也重視人的主體精神，以爲社會失控的好轉必須靠人自身來解決之。鸞書雖以神明來控制社會的人文發展，但是神明的天理在於人心的良知上，這仍來自於儒家先驗道德的思維模式，以爲良心是天理的化身，要獲得神明的提拔與照顧，就必須按照良心作事，這是以天理報應的權威來鼓勵良心的道德實踐，又與儒家至善的道德價值有所背離，即鸞書的義理形態與儒家的天道思想相似，但其實踐的動力則大不相同。在這種情況下鸞書所說的「人」是可以理解的，其人的主體性是擺在善惡的報應上，社會的失控是由於人爲惡，那麼社會的重新控制就必須人爲善，此時人也是被動的，不是主體自覺的運作。這種冒仿儒家主體精神的宗教信仰是有其市場上的需要，可以利用傳統道德教化的社會資源，將天理作宗教式的落實，再將良心視爲道德的權威，作爲個人社會行爲的準則與依據。如此的道德形式是不同先驗道德的知性根源，其個人的自主性是受制於神明的宰制性下。道德意識在敬天畏神的心態下，形成了一套宰制性的倫理架構，組織整個社會結構，此時個人的行爲必須符合社會規範的集體要求，反而忽略了人自身的意圖性與自主性。

第六則綜合前面的意見說明社會失控的原因。認爲道德是與生俱來的先驗存在，是人生至善至美與至眞的象徵與泉源，這種與生俱來的道德觀給傳統宗教提供了存在價值的理論依據，肯定個體生命都是上天所創造，具有著體現天人合一的可能性，故民間信仰可以吸引老百姓致力於個體生命的改善，成爲其宗教信仰的推動力量，給予人們在憂慮挫折中得到慰藉與寄託，同時也提供了人們文化整合的團結手段，此時，儒釋道思想可以源源不斷地提供其理論的依據，且其天人合一的人生境界可以成爲人們追求的理想目標。可是當宗教與人生境界結合時，會誤以爲宗教能解決一切人生的問題，而把社會失控現象歸之於物質文明下的道德敗壞，這種心態對社會正常發展是有妨礙，無法發揮社會體系的整體機能作用，但是臺灣社會在政治威權體制的長期壓制下，原本就缺乏了整體機能作用，那麼民間宗教的自力救濟也就可以諒解。可是這種自力救濟是來自於社會集體性恐懼的危機感，其形成社會脫序的文化原因是相當複雜的，若急著回到舊有規範性文化反而造成更嚴重的存在困境。如「以禮讓爲迂腐」的偏差觀念已經形成，就不是企圖回復固有道德或社會規範可以制約或控制的，或許傳統規範性文化權威仍一時有效，若無理性的價值運作，也已是強弩之末了，於是「還巧詐以爲能事」的脫序社會不會因宗教信仰而改善，集體性的危機感依然相當嚴重。

第七則將鸞書的心態說了更清楚，認爲道德與法律根本無法改善社會的失控現象，唯有聖人的神道設教方能在禮樂政刑之外，眞正建立社會大衆的文化共識。因此鸞書有效解決社會脫序的做法，是回到宗教的信仰情境裡。就宗教教義來說，這樣的價值觀念是合理的且被接受的，但由於傳統宗教社會性格很強，宗教的信仰威權容易扭曲個人道德人格的發展，助長威權社會的宰制權威，與民主思想兩極化，增加社會的緊張性與衝突性。當然鸞書也不願意看到這種現象的發生，但是「威權社會」這個概念不是民間信仰所能理解的，因爲民間信仰只有道德失控的認知，而無社會結構脫序的認知，不認爲社會失控是體制性的問題。鸞書對社會結構的認知不足，正是傳統價值教化的不足，也是中國文化現代化的轉化問題，故檢討鸞書社會秩序的建構理念，有助於掌握當今社會規範與社會結構的形式與實質內容。

從以上七則引文的分析，可將社會失控的原因分成三點來作總結討論，以得知其原則性說明的意識形態：

一、人心不古，道德淪喪，是社會失控的主因，唯有重整人心，強化道德，才能支配與控制個人行爲，以滿足社會的需求與社會的安定。

二、西風東漸，物慾橫流，加深了社會失控現象，於是對傳統規範性道德有強烈的歸屬感與認同感，以倫理化與神聖化的價值體系來改造社會。

三、道德與法律的控制功能已被社會大衆所唾棄，必須從人心的靈性著手，重回宗教神聖化的社會生活，以信仰性的天職實踐，賦給規範性行爲的實質義務。

如此的論點正是傳統社會教化形式的盲點，或許先驗性的道德與宗教可以滿足傳統農業社會感性的倫理化生活價值，未必契合於現代工業社會知識的理性化生存價值，個人修身的道德自覺無法改變社會結構的已然事實。鸞書對已然事實的觀察是不足的，這可從舉例性說明中得到佐證。

所謂舉例性說明是以事實例子來表現社會失控的面向，可是鸞書似乎無法掌握現代社會的特徵，停留在傳統倫理規範裡。引文爲例於下：

1. 放棄舊制以為維新，所以男子以日慕奪利貪名為上策，婦人以自由解放為奇能，舍正道而不用，惟邪途是進，名節於焉弗講，天理於焉盡泯，操持家政，以奢侈為闊綽，待己以放佚為快懷，一人若此，比比效之，惡氛所染，全國風從，此乃婦人不

守閫道，足以亂世之一明證。（第五二頁）

2. 如今之人則不然，所言者背禮忘義，所為者播是弄非，一副鬼腸，兩隻鼠目，深恐世之財獲難盡，貪婪無厭，以致相習成風，造下種種罪孽。……查酒色財氣為人生四大魔關，而財之一字尤難打破，以致各種非為皆由此而生，吾深願世人等，將曲禮臨財毋苟得一語三復細味，或可少減劫數。（第一八三頁）

3. 今則不然，東西南北，異說紛爭，標奇炫新，競怪不已，斯同今日之信仰活動，遂舉五千年祖宗相傳之法而盡棄之，惟恐其或有不能盡除。（第二九一頁）

4. 獨怪今之為士者，以虛誣詐偽為真，以德性品行為假，每每忘其士之實，而盜其士之名，良足羞也。嘗見流盪學子，自謂高才傑出，輕薄儒士，謾詡完人挺生，乃原其形則姦邪，視其貌則輕佻，如是而謂之士，吾殆不知其所云然。尤可厭惡者，假刀筆以殺人，方謂白寃辯屈，恃勢力而武斷，猶曰排難解紛，種種敗德，言之醜矣。屢屢喪行，又勝悼哉！無怪世風日就於沉淪，正氣從此不生，學業日趨於湮沒，士風於以不振。（第三二三頁）

5. 無如今之學者則不然，專經聚訟，各持門戶，滅裂補其，自創新奇，錮其欲不存其理，溺於人不合於天，以致天理梏亡，秉彝喪失物欲漸交於後，人性日漓其真。（第四六六頁）

6. 近世下元末終，人心譎詐，違道背教，江河日下，是以天有水旱冰蝗之變，人有兵燹飢疫之災，浩刼瀰漫，良田惻然，故仙佛不憚煩苦，借沙盤降世立教，慈度衆生

於覺岸。（第五五四頁）

可能由於文言句型的關係，受限於傳統思考模式，對於當今社會文化的經驗事實缺少具體的觀察，仍以傳統農業社會的價值體系作爲其教化的準則。鸞書是以傳統價值觀念來面對臺灣社會結構性變遷的問題，是無法眞正理解臺灣價值生活墮落與腐化的社會危機。

第一則偏重在家庭婦女的倫理教化，即是鸞書世俗教育的主要特色，以約定俗成的禮俗系統，來加強婦女與家庭的情愛關係。可是傳統價值規範對婦女的道德制裁有時是不合時宜，鸞書在這方面上是缺乏自覺的，依舊是以三從四德作爲婦女的行爲準則，產生實質的約束作用，這對今日的婦女是不公平的，從人性的觀點來說，一味地委屈婦女以求家庭的和諧，也是不道德的，仍停留在保守制定性的規律世界，夾雜了農業社會的大男人主義、律法主義與苦行主義的生活特徵。當然偏重在婦女自我約束的人文教養與品性陶冶，對家庭問題有著治本的功效，但是在今日重視個體主體性的民主社會，如何使男女雙方不受委屈而又能自我調整與檢束，則必須配合現代的環境，以切合時宜的新理念來充實倫理規範的實質內涵⑨。傳統的價值規範未必符合儒家道德的主體精神，鸞堂若眞的以儒宗自居，就不應該僅認同於俗化的道德規範，而是使家庭的每一份子都能理性的發展，去除由家庭權威宰制下的壓抑柔順陰沉羸弱的性格。傳統的倫理結構是建立在感性生活上，以彼此相互依賴的情感形成互動的倫理關係，因此可以在實際的需要下委屈自己成就他人，但是在今日的工業社會裡知性已代替了感性，沒有理由再要求他人委屈求全，唯有強化理性的互惠道德，才能化解轉型社會的失控危機。

第二則實際上已接觸到社會結構性變遷的重組問題，但是鸞書仍以個人的道德教化來回應，反而阻礙了原有價值意識的社會調適性。在工業化與商業化的社會變遷過程中，財富的調整與分配並非「臨財毋苟得」一語就能解決，再加上外來社會觀念與價值的洗禮與衝突，使得固有的美德有了結構性價值功能的動搖與失調，不僅無法提昇經濟活動的商業道德，更增加違反既存道德秩序的行爲，即當規範性道德與現時生活完全脫節時，會造成道德的無力感，形成反彈的逆道德現象，危害到原有的生活秩序，呈現出嚴重的失道德狀態。臺灣在經濟發展的過程中，各種社會失序的現象有其複雜的原因，當然人心的貪念是其主因，但是貪念的惡化正也是傳統道德控制的失靈，經濟結構無法脫胎換骨與整個社會大環境息息相關，人心的教化只是其中一個環節而已，其他如特殊的政治性格、老舊的法律體系與惡劣的文化體質等都遠大於道德自律的問題。或許「臨財毋苟得」的人心教化可以減少世人鑽法律漏洞的邊際行爲，卻未必能讓世人在緊張與競爭的現實社會中生存下來，鸞書最後也只好仰賴宗教的救刼，這似乎是傳統信仰唯一的生存之道。

第三則反映出鸞書逆現代的價值取向，對於多元的現代價值觀念無法認同與適應，因此只好帶領人們來排斥「標奇炫新」的新觀念，回到爲既存文化與利益辯護的保守情境裡。這種對現代觀念不滿的情緒，也是現代社會的一種危機，會形成兩股彼此對立的價值意識，當社會失控現象久久不消時，人們會不滿於現代社會的改造，又重新返回到原有的社會秩序與價值意識之中，更加深新舊價值意識的對抗。這種對抗有時只是情緒性的反應罷了，如這一則表現出其對現代社會排斥傳統宗教的不滿之情，事實上新舊兩股勢力的對陣，難免會互相否定，這種不滿情緒是多餘的，不然更增加彼此間的矛盾與衝突。傳統宗教應該反省的是，如何與現代人文環境結合，發展出一套適應當今時代與社會需求的價值體系。在反省的過程中必須尊重多元化的價值社會，以探求個人如何在社會化的過程中，控制自己的行爲，提昇社會的人格。在社會結構的轉型之中，宗教應退出新舊文化之爭，純以信仰的力量來幫助人們渡過社會問題惡化的危機，排除集體性的生存恐懼感，而非另立一個價值系統增加社會的紛爭。但是宗教的信仰權威如何成爲現代社會的理性聲音，是有待宗教精英的努力。

第四則反映出鸞書對知識份子的不滿情緒。鸞堂也認爲社會教化工作不該單由宗教來做，只因爲知識份子的「種種敗德」，使得鸞堂不得不代替知識份子出面來挽救人心。鸞堂可以說是集合了民間知識份子的智慧來挑戰大傳統的知識份子，認爲大傳統知識份子佔盡了文化資產的優勢，卻不懂得回饋鄉土。在專業分工的科技社會裡，知識份子世俗性的社會參與必然減少，造成專業化知識份子的無力感與疏離性格，不過民間對知識份子的要求還是很嚴苛，認爲知識份子應該是爲社會提供有關宇宙、人生、社會與文化的解釋者，並對社會具有強烈的責任意識與使命感，能對當今社會文化進行創造、修飾、保存、傳播與解釋的人[10]。在這樣的認知下強烈地指責知識份子不健全的優越心態[11]，甚至作道德的指控，將社會的失控歸罪於知識份子的沉淪。鸞書是以傳統社會的士來看待知識份子，希望知識份子能以其熱情、學養與智慧，努力於文化的創造，提供社會更豐富與更便利的生活條件，如此的想法反映出鸞堂傳承的歷史背景，及其特殊的文化功能[12]。隨著社會的變遷與知識份子的冷漠無情，鸞書承續了知識批判的傳統風範，問題是鸞書對於現代工業社會的社會結構與文化內容所知不多，如何重建知識份子關懷社會的文化典範呢？

第五則以「專經聚訟」、「自創新奇」等語來批評當今的知識份子是不合時宜的，在今日的社會裡重視個人性格的自由發展與個人尊嚴的絕對尊重，那麼爭取自己權利的行爲是被肯定的。如此鸞書對知識份子的要求隱藏著相當嚴重的矛盾與衝突，知識份子在「不合於天」的精神壓力下，容易使其心態走向偏狹之路，徘徊於現代與傳統之間，成爲社會中疏離的邊際人。故對人心的要求不能一廂情願地停留在人性本善上，應該從現代社會的功能結構處重建人類的觀念、價值與規範體系，不應該再以道德的整齊劃一作權威宰制。鸞書確實有將傳統人性觀念權威化的傾向，取得社會與文化秩序的優勢合法性，且在宗教信仰的神聖象徵下，使得傳統人性觀成爲一個龐大而牢不可破的文化傳統，再以知識份子作爲其權威宰制的運作者。假如鸞書是以這種優勢合法性來要求知識份子的話，會造成社會意識的對立與衝突，增加社會存在的文化危機。

第六則顯示出其優勢合法性的宗教心態，以爲社會秩序的建構是在神明的啓示之下完成的，一旦「違道背教」就會有「水旱冰蝗之變」與「兵燹飢疫之災」，如此宗教具有社會控制的合法地位與優勢權威，人們必須在宗教儀式行爲裡方能維持社會的安定。臺灣社會的問題不在自然或人爲的災害，而是社會結構的變遷與社會規範的脫序，是無法仰賴神聖崇拜來消災救刼，應該從現代化自我轉型中調適而出，拉近社會的文化差距，減少相異價值的相互對立。但是臺灣社會長期來缺少解決利益與價值傾軋等社會問題的理性價值，當社會公權力無法控制秩序時，宗教反而大行其道，以其去刼消災的救世願望，滿足於信仰與巫術等超自然力量的解放之中。傳統宗教結合固有威權體制，會使得既得利益者把持利益，漠視社會既存的文化危機，造成新舊社會勢力之間的抗衡與對立。這是傳統宗教回應社會危機的挑戰時應該正視的問題，以避免社會危機的惡化，重回到穩定、整合與均衡的社會情境裡。

從以上六則引文的分析得知所謂舉例性說明不僅對當今社會問題缺乏涵蓋性，甚至出現了一些扭曲、誤解與忽視的現象，離社會問題的正確認知還有一段距離。茲將其討論的社會問題總結為下列三點：

1. 對臺灣轉型期社會的各種社會生活面相缺少具體的觀察，只關心結構性的道德功能與制度性的倫理規範，有著道德權威復振的傾向，增加新舊社會調和的困難。
2. 對社會精英的期待不切實際，立刻顯示出定位於傳統的潛在弱點，在現代化的社會變遷中，傳統的精緻文化也必然受到外來優勢意識的嚴重挑戰。
3. 對社會危機的處理偏重在宗教的救劫上，缺乏客觀事實的分析，使得危機問題一直未獲得正視與妥善回應，無法產生具體的執行行動方案。

第三節　新舊社會控制有無調和的可能

雖然在現代化的社會結構裡，傳統文明的生機控制一再地遭受到嚴重的挫折，但是不能因此就認為唯有全盤接受外來優勢文明即可具有高度的社會生機控制，這不是新舊全有全無的問題，應該以卓越的智慧作調適而上遂的轉化工夫。

有人會認爲傳統的生機控制是建立在先驗道德論上，現代社會的生機控制則建立在後驗道德論上，這種先驗道德論經由現代工業文明的衝擊與挑戰已逐漸在瓦解之中，唯有接受新的後驗道德論方能重新建立一種具有約束力與控制力的社會。如此的論調似是而非，缺乏更細緻的思維，至少有兩點應再作討論，第一：傳統社會的價值體系是否眞的建立在先驗道德論上。第二：後驗道德論是否眞爲現代社會生機控制的萬靈丹。

傳統社會的道德權威不等同於先驗道德，只能說是先驗道德不良的併發症。或者說當先驗道德在社會互動中建立其權威時，已非先驗道德自身，很可能是世俗性異化的道德理念與價值體系⑬。即當先驗道德被轉化爲一種具有約束力或控制力的社會規範時，常爲了配合社會的客觀環境與生存意識的需求，經由社會大衆的共同認定成爲社會的價值判斷，再轉化爲各種聖化組織、制度、風俗與習慣。這種社會化與制度化的道德規範並非直接由先驗道德理性運作而來，只能說是類似先驗道德的仿冒品，那麼社會的失控現象與先驗道德無直接的關係，而是仿冒品體質惡化的問題。同樣地，若不注意當今社會的文化體質，則後驗道德與社會生機控制也無直接的關係。

鸞書也關心社會體質惡化的問題，只是鸞堂原爲民俗文化的一份子，當然會有著理論上的盲點，落入到道德權威失靈的惡性循環之中。故鸞書若關心社會的失控現象，應先反省自身的價值體系作體質性的改變。鸞書並非沒有自覺到這一點，只是體質的改變不是很容易的事，如其選擇新舊價值的方式如下面的引文：

學者一方面有新有舊，舊者繆持己見，訓之無方，新者一方新潮過熱，有視家庭如俱樂部者，自然新者詆舊者為腐敗，舊者譏新者為出乎正軌之人矣。蓋欲救新，則思潮初沸，蓋欲振舊，而習識大拗，執一不廣之見，天下類如是者，甚比比也。非消除新舊，由天演中鼓鑄一真不能廢者，實證與人以真確之門戶不可。（第三二六頁）

鸞書認爲新舊價值觀各有所偏，容易造成傳統道德權威與現代價值意識的正面對陣，加速現代社會的混亂與矛盾，必須在歷史的演進過程中找到一個眞確的安身之道。問題是在客觀的自然條件與主觀的人文意願相互衝激下，鸞書是否具備有足夠的價值理性來應付既存社會問題的一再挑戰。當然不能對傳統宗教抱有太大的期望，可是傳統宗教在這種自以爲是的心態下大力地鼓吹其固有的價值意識，容易產生累積性的增強作用，認爲其價值觀念才是人間唯一的眞理，加深社會各種價值勢力的對立態勢，在彼此之間利益與信仰的衝突下，傳統宗教難免會有崇古的取向，在眞理使命感的驅使之下，對其他價值系統產生抗拒的回應行爲。

雖然傳統宗教的理性自覺無法高於其信仰的權威意識，假如能擺開宗教權威的價值意識不談，單從個人與社會互爲主體的價值互動來說，傳統宗教可以從個人終極目標與價值的超驗性自覺中，創意出超越經驗實體的新觀念，轉化爲社會行動主體滿足社會結構性需求的實踐動力與精神價值。若這一點是可以獨立而成就的話，能從追求存在意義的精神活動中，形成社會實體內部互爲主體的價值判斷。即新舊社會的調和，可從個人人格與價值的完成，進而支配日常生活世界的社會互動，體現社會的和諧與整合，這樣的改革方式未必一定能成功，卻也是一種價值理性的社會行動，值得討論。

擺開宗教的信仰權威後，鸞書大致上是以人心的先驗性自覺內化爲價值建構的自主動力，即以個人人格的自我完成作爲其社會生活的優先秩序，以抗拒物質生活的享受與追求，這時先驗性自覺與社會結構有著緊密的功能相關性存在，不過這種主觀意念的內省過程大多偏重頓悟形態的生命體驗，較缺乏客觀形態的有機反省，也正是其適應現代社會結構的一種隱憂，假如鸞書能增加一些組織化與科層化的反省系統，未必一定要建構後驗性多元道德體系方能適應現代生活。當然這種想法還是一種相當本位的思考方式，但是在一個有文化傳統的社會裡，儘管社會結構已有很大的變遷，傳統的價值意識仍具有高度的支控力量，很難純作價值意識的轉移。若企圖新建一套後驗多元的價值體系有時是吃力不討好的事，故順著傳統價值意識作實際行動的轉化，可能比較被人們所接受。

鸞書的轉化形式未必滿足理性的價值運作，充分地將傳統文化導向於一個規律性的現代生活，這受限於鸞堂自身的文化素養，但是其順著傳統意識的轉化形式剛好可以作爲學術研究的樣本，找到新舊社會生機相互調合的可能之路。下面引「百神論」的鸞文爲例來討論：

1. 廟寺堂壇之設立，其目的為教男教女，而先從現在世界必須急救的部分，大家盡力起來救助，使人人得有其所清靜安寧的生活，則使應救的得救，應修的得修，使每人都得這樣的做。那麼應救的是什麼呢？那就是在這世上，因受潮流或天災之影響，乃至困苦失所，貧而無告，窮而無歸的一般難民們。（第六〇頁）

2. 求道之要，首重修身，何謂修身，孝悌忠信也，慨今世道衰微，道德淪喪，蚩蚩者流，動曰即為修身，其實察其行動，輒越修身之範圍，往往行事乖戾絕倫，徒具修身之形，實背修身之旨，睹此景象，良可為歎。（第二〇九頁）

3.人之真偽，性與情而已矣，性真為道，性偽則否，中庸云率性之謂道，是皆順其性之所至，小者食息起居，行為動作；大而仰事俯蓄，交際倫常，無一不遂其本來之至誠作用。（第二四九頁）

4.世之紛亂，人心使之，此稍具知識者多能言之，而雖能言，若或自問其心，則果克守其正而弗阿於私者，蓋猶仟佰不得其一二，是何故歟？知有己而缺公，世之觀念，如念於公，則自處其身，必得立於萬全之地，而後出餘緒以樹天下之正揆，而為群倫之法守。（第三九五頁）

5.道之貴修，卽在人之為人應享之中，明其所享之由，而節其欲享之念，於是心知所止，知止則無或殆，不殆於身，而身之修，皆在止境。（第四五三頁）

以上五則引文雖然仍以主觀心性意念來推理或演繹生命存在的意義，也兼顧到社會主客體的互動關係，注意到心性的內省功夫在現代社會制度裡重新找到其內在的規律性，產生集體性的實際行動。

第一則提出安定社會的兩個行動基礎，即「救」與「修」。所謂「救」是指傳統價值體系的濟世觀，將個人規範性的道德行爲轉化爲社會整合性的經世功能，共同地體現或追求社會的集體理想，此時價值理念融合在制度化社會功能的運作與發揮之中。這種群體互惠的理念可以參與現代社會的終極目標，發展出社會福利的文化體系。在以經濟發展優先的現代社會裡，除了提高物質的生產與享受外，更要提昇現世生活的品質，減少人與人之間的相互壓搾或相互剝削，在互惠的原則下加強社會理性，進而建立一個共識性經濟發展目標。鸞書的

「安生」（六二頁）觀念若能從宗教神聖性需求中走出，可以協助社會體系重新完成社會整合的工作。臺灣社會的失序現象，不是傳統價值的失靈，而是隨著社會結構的瓦解，也喪失了原有的社會秩序，再加上惡劣的政治體質，使人誤以為凡是傳統的價值就是現代社會的絆腳石。這種誤解造成不少學術上的爭執，也使得民衆無所適從，迷失在現代迷宮裡。傳統宗教若能從現代工業結構的不健全與不穩定處發揮傳統價值的精義，也可以說是一種文化的創意活動。鸞書的「救」應該不只是宗教的慈善救濟，還要包括現代社會經濟問題的參與，考慮到整個社會生產、消費與分配等課題，能以其互惠的價值理念建立工商社會的新規範與新倫理，滿足現代生活的人文需求。

第二則指出「修」的現代意義。傳統價值不是沒有價值，而是把價值弄亂了，就如修身這種行為在現代社會裡並不是沒有意義，而是意義被搞混了。現代人所謂的修身偏重在外在行為的整飾上，造成思想認知層次與實際行動層次間的矛盾與差距，大多數的人價值觀念相當老舊保守，缺乏對現代社會的思想認知，但是在實際行動上又得跟著時代與世界走，只好在外在形式上尋求仿冒品，就如修身被拿來當擋箭牌一樣，在外在形式上苦下工夫，骨子裡卻完全不是那麼一回事，正如「百神論」所謂「徒有修身之形，實背修身之旨」。在如此的混亂之下有人主張修身無用也就可以理解，故有人認為法律可以取代道德，成為社會主要的生機控制，事實上法律與道德並不是相互對立，法律也是建立在對人性的尊重上，修身同樣是相當重要的，甚至在權利與義務的信念下必須要有更大的生命自覺，才能勇敢地對生命負責，引文裡的孝悌忠信可以不把它視為道德條目，而視為生命存在的責任。現代社會的失控簡單地說是新舊價值體系缺少個合理的對待與溝通的關係，彼此互相仿冒，難免會產生出層出不窮的社會問題。不過鸞書的修身，也不能停留在教忠教孝的外在形式上。

第三則說明「修」的心性教育。這本書百分之八十以上就是在談人的心性自覺工夫，爲了節省篇幅，僅以此則爲例說明傳統心性如何成爲社會秩序的責任主體。工業化與都市化結構變遷下的社會問題，表面上好像與心性工夫無關，如都市化的色情氾濫、強盜殺人集團、詐欺投資公司等問題與工業化的合理性報酬、工作權保障、社會福利等問題，都不是簡單心性工夫所能克服，但不能說完全與心性修養無關，否定心性工夫面對現代社會的創意活動。問題是在傳統社會裡心性工夫常被異化成道德權威或淪落爲官方的宰制工具，因此現代學者不敢再談人性的自覺問題，只好仰賴西方後驗道德的價值體系，經由法律的控制力量展現出對人性的尊重。如此繞一圈的曲折方式，正是臺灣文化斷層的主要原因，把一切社會資源多浪費在傳統與現代的對立之中，缺乏了自我更新的文化自覺，無法體現出具有文化連貫性的價值體系，傳統宗教是這個斷層文化的獲利者，也是受害者。無規範狀態的文化斷層，使得傳統宗教能在這青黃不接的空白時期中，利用民間的社會資源，順利地成爲傳統價值體系的發言人，並且獲得很好的發展空間，但是傳統宗教也承受了外來兩股壓力，第一來自官方的鄙視，長期以來被視爲迷信集團，缺乏合理的尊重，導致老成凋謝，後繼無人，或者在有限的文化資源下不斷地炒冷飯；第二來自信衆的壓力，信衆的信仰態度仍偏重在巫術的靈驗上，使得人性的教化有點曲高和寡，若迎合民意則理性的聲音永遠無法擡頭。傳統宗教在這樣的文化情境下也受到不少的傷害，其能繼續堅持個人的心性教育也就相當可貴了。

第四則將心性修養與社會公道結合在一起。臺灣社會目前最大的隱憂是個人的功利思想太濃厚了，有著強烈利己的自我中心意識，缺乏對社會的認同意識或歸屬仰慕感，以及有利於公共福利或大衆福祉的理性判斷精神。這種自我中心意識導致集體主義公德心的衰退，在個人的利益與慾望下，喪失了現代社會理性化的生存價值，使得在現代化的過程中不僅未得其利先蒙其害。在現代化的富裕物質文明下，絕大部分的人都有強烈的功利取向，在物慾的誘惑中養成了拜金主義、利己主義、純個人主義與現實主義等心態，進而產生不少偏差行爲。在現代化的過程中是需要有高度的理性精神，否則會落入現代化的迷失之中。問題是高度的理性精神如何培養，有些學者主張經由後驗的道德思想建立理性計算下個人生存的功利價值，但是理性計算的計利性功利若缺乏心性的涵養，會產生人際關係的疏離與冷漠。鸞書即以心性修養加強互惠的公德意識，如謂「如念於公，則自處其身，必得立於萬全之地」是以自我覺悟的方式作爲理性化功利計算的基礎，產生具有規範性格的權利與義務。心性工夫必須與理性精神結合，避免異化爲宰制性的道德權威，也該列入功利計算之中，眞正建立出「天下之正揆」與「群倫之法守」的現代社會秩序。

第五則談心性工夫的理性自覺。臺灣社會理性化的功利計算最好不要與其傳統獨特性的精神價值文化體系相違背⑭，又能提昇個人人格與社會互動行爲的價值文化，這時候必須清楚地認知人的生存需求、生活需求與存在需求，參與社會的整體運作。鸞書以爲人的理性運作爲「在人之得爲人應享之中，明其所享之由，而節其欲享之念」，即以知止的心性工夫參予社會作具體實踐。尊重人性有助於現代化的順利推展，人心自覺與自我節制則有助於人性的相互尊重，兼顧到人際之間情感需求與精神需求，避免現代社會日夜爭利的物慾危機。今日的臺灣社會有著強烈追求物質價值的意圖，轉化為無窮化與無限化的物慾，鸞書的這種知止工夫看起來好像只是一種理想主義的吶喊文化罷了，可能一點作用都沒有，這正是現代社會的潛在危機，說得多做得少，最後連值得說的價值內涵都被懷疑。如何重建現代人的實踐精神，應該是新舊價值文明調和的重點所在。

從以上五則引文的分析得知，新舊價值體系不是相互對立的，而是相互完成的，其可能溝通的形式總結為下列三點說明：

1.心性自覺的落實與實踐可以重新成為現代社會的創意活動，但是必須以理性的精神來避免或化解舊有宰制權威的復活。

2.經由價值主體的社會化，提昇個人的社會人格，加強互惠的公德意識，促進新舊社會的合理轉化，以避開工業社會人性疏離的問題。

3.轉化宗教慈善救濟心理，建構出現代福利社會，均衡社會利益與責任義務，進入或完成新的社會結構，取向於社會正義而展現出社會控制機能。

第四節　小　結

社會價值與社會控制應該是一種極為明顯約定俗成的社會產物，但是很不幸的是在臺灣社會裡這兩樣東西好似天方夜譚的人間神話，竟然可以各說各話，留給學者不少詮釋上的創意空間，甚至連一般老百姓也可以有其一套說法。這不僅是觀念上如此，行動上也是如此，價值相當混亂，控制頗爲脫序。其背後的成因或許極爲複雜，卻可以以一個主因來做說明，即長期在一個霸權價値體系的壟斷與矇騙之下，虛構法統可以長期地顚倒是非，黨國意識可以霸佔住教育的思想體系，那麼社會的一切文化資源也就可以隨意地便宜行事，在這樣的情況下社會價值與控制體系的失靈與混亂，是可以預見的。

傳統宗教的發展在霸權宰制下原本應該是相當惡劣的，在民間文化接近眞空之下，游走於霸權體系的空隙之中，反而開出一番天地。這是一個奇蹟，也是一種危機。奇蹟的是本土文化在傳統宗教的宣傳下竟能在民間生根，保持住社會的文化傳統；危機的是依舊受到霸權價值體系的宰制，缺乏理性的發展空間，可能使社會的生理體質更加惡化。傳統宗教的危機正是臺灣社會問題的共同肇因，雖然近年來霸權的支配力量已在萎縮，理性的開放聲音逐漸擡頭，但是就傳統社會來說，從來沒有經驗過這麼大的價值變遷，一時不知如何回應，只好回到舊有的價值對策，如戒嚴後的鸞書與戒嚴前的鸞書在內容上出入不大，其社會對策依舊，可是外在社會已由威權體制中走出，要迎接一個現代化的多元社會，傳統宗教是否已經不合時宜，這不單是傳統宗教的問題，而是整個社會的問題，治本清源的辦法在於樹立眞正的自由平等，建立多元社會的共識，那麼傳統宗教也就不用再土法煉鋼了。

注釋

❶ 這些論文收入於「臺灣民間宗教論集」、「中國社會與宗派」、「中國善書與宗教」、「臺灣的鸞書」、「臺灣的宗教與秘密教派」、「中國文學與宗教」等書。

❷ 陳秉璋，「道德規範與倫理價值」（國家政策研究資料中心，一九九〇），第一〇七頁。

❸ 瞿海源，「氾濫與匱乏——八十年代社會評論長篇」（允晨文化公司，一九八八），第二六七頁。

❹ 參閱鄭志明的「當今臺灣鸞書的政教立場」（淡江大學政教關係國際學術研討會，一九九〇）一文。

❺ 李亦園，「社會變遷與宗教皈依」（中央研究院民族學研究所集刊第五六期，一九八三）第一九頁。

❻ 同注釋❷。

❼ 陳秉璋、陳信木，「道德社會學」（桂冠圖書公司，一九八八）第八七頁。

❽ 參閱鄭志明的「儒家崇拜與儒家社會」（鵝湖月刊社當代新儒家國際學術會議，一九九〇）一文。

❾ 鄭志明，「中國善書與宗教」（學生書局，一九八八），第九〇—九二頁。

❿ 葉啓政，「社會、文化和知識份子」（東大圖書公司，一九八四）第一四三—一四五頁。

⓬ 有關鸞堂的歷史問題參閱鄭志明的「臺灣民間宗教論集」（學生書局，一九八四）、「臺灣的鸞書」（正一善書出版社，一九九〇）等書。

⓭ 鄭志明，「儒釋道思想俗世化的危機與轉機」（東海大學儒釋道與現代社會學術研討會論文集，一九九〇）第一七九—一九〇頁。

⓮ 陳秉璋、陳信木，「邁向現代化」（桂冠圖書公司，一九八八）第二三頁。

第十四章　兩岸宗教交流之問題與展望

第一節　探親名義下的宗教接觸

目前兩岸的宗教關係，只是單向的接觸，不是雙向的交流；僅是探親名義下的宗教參訪，而非宣教性質的眞正交流，且一旦涉及到有關實質的交流等問題時，也必然破壞了目前單向接觸的假性和諧，如今年五月中旬大陸當局突然拒絕臺胞證給臺灣出家法師，說明兩岸要達到眞正的宗教交流，還要經過一段漫長的時間。

能利用海外關係進入大陸傳教的是基督教，不過這個傳教活動早在開放探親以前即已如火如荼的進行，如民國七十六年香港中國教會研究中心在臺設立分支機構，並於香港成立中國宣道神學院，培訓有心前往大陸傳教的臺灣青年，筆者在新竹作田野調查時，曾遇到過一對準備到大陸傳教的牧師夫妻。

開放探親以後，部份教會化暗爲明，積極地與大陸教會保持聯繫，如中國信徒佈道會聯合全省十八個福音單位，發起「將福音帶回家鄉」的活動。大陸基督教組織雖然已恢復活動，並且成立「中國基督教協」網羅了大陸新教教會與部份地下教會，仍有近萬名不受中共法律約束的傳教士，到處「流竄傳教」❶，臺灣教會若繼續要到大陸傳福音，依舊要冒著生命危險與地下教會結合。

大陸天主教愛國會雖然不受教宗管轄，但自一九八〇年中國天主教愛國會第三屆代表會議決議與海外天主教人士友好往來❷。加上教宗秘密委任地下主教，使得海外天主教會的勢力逐漸地進入大陸。臺灣教會人士曾經由海外修會的關係到過大陸參訪，離開大陸的神職人員也曾經由修會到了臺灣。開放大陸探親之後，天主教立刻組成大陸探親服務小組，邀請去過大陸的神父、修女與教友舉辦座談會，介紹大陸天主教近況，協助教友在探親之前做好心理準備❸。這兩年來彼此的交流更爲熱絡，臺灣教會人士爲大陸教會與神學院提供師資、書籍、經費等援助。

開放大陸探親之後，佛教界對到大陸弘法相當有興趣，如桃園三乘精舍藉信徒旅遊大陸之便，於七十六年九月即著手舉辦「甘露普施大陸」的長期印贈經書活動，其他印經單位也跟進，一時臺灣印送的優美經書與課誦本成爲搶手貨。臺灣佛教信徒在佛寺與旅行社的安排下紛紛前往佛教聖地四大名山，其大方的佈施香油錢，使中共方面對臺灣信徒倍感歡迎❹，也奠定了星雲法師能夠公開參訪與宣教的基礎。星雲法師弘法探親團一行七十二人，於七十八年三月二十七日前往大陸一個月，參加弘法大會、佛學專題演講與座談會等活動，造成空前的盛況。除了正式與中共官員接觸外，其所到之處善男信女蜂湧而至，對大陸當局有所刺激與衝擊❺，這雖然對大陸佛教有著催化作用，但是也使得後來類似的宣教活動受到管制，如由宏印法師帶領的佛青會訪問團，原本在廈門南普陀的演講會被迫改爲對談。此次停發出家法師的臺胞證似乎也是針對星雲法師而來，因爲佛光山近百名弘法團將於五月底前往大陸向星雲法師母親李劉玉英女士祝壽，大陸當局六月再恢復正常作業，很明顯的有其政策性的考量。

臺灣道教團體赴大陸訪問比佛教更爲熱絡，如道教會已多次組團前往大會參訪，與大陸道教會高級幹部正式會面，並彼此交換意見，如大陸道教協會於一九九〇年五月成立的「中國道教學院」，即受「臺灣經驗」的影響。亦有不少的大廟以道教的名義前往拜會，與大陸各級道教單位有著密切的交流活動。這些交流使得大陸道教人士對臺灣道教有些了解，甚至挾雜些羨慕之情❻。有些廟以道教之名在大陸做法會，如臺北松山慈惠堂的訪問團被大陸方面稱之爲「臺灣同胞西王母朝聖團」，其在泰山王母宮與天山舉辦朝拜法會與瑤池法會，自已佈置法場，由誦經團恭誦經懺，並有扶鸞的宗教活動。但是大陸派出公安人員採清場方式，不准大陸人進入與接觸❼。又臺灣的正一派道士有不少人多次到龍虎山朝拜天師府祖庭，也有些人與福建的散居道士保持連繫。屬於全眞的馬炳文道長發起「重建老子祖庭籌備委員會」，已有經費一千萬，計劃在安徽省渦陽縣鄭店子村重建中太清宮及修護河南省鹿邑縣的西太清宮與老君臺，已積極與大陸有關部門溝通中。

民間信仰的朝山進香，可以算是兩岸眞正的宗教交流，也是兩岸政府最爲頭痛的問題，觸及到某些政治禁忌，如七十八年蘇澳南天宮的進香船隊牽涉直航的刑責問題。大陸官方對臺灣的進香團是又愛又恨，除了增加其行政困擾外，如白雲機場案與莆田車禍案，對大陸的某些政策有所挑戰。

所謂民間信仰是指傳統社會尋常百姓在生活的傳承下自然形成的宗教信仰，不必俱備高深的宗教理念，老百姓只求在祭與拜的儀式中獲得神明的保佑❽。這種民俗信仰常被兩岸政府視之爲迷信，臺灣是採用不禁止與不鼓勵的方式，任其自生自滅。大陸自文化大革命以後，華中以北地區民間信仰已很少活動，華中地區部份民間信仰採秘密方式進行，近年來農村也有了建廟熱❾，華南地區巫醫一直很盛行，雖然被視爲封建迷信，列爲掃六害的首要工作，可是當局勢稍爲緩和，又到處蔓延，尤其是福建、廣東一帶，民間信仰不僅在農村流行，城鎮裏被保留下來的寺廟也有不少善男信女前往祭拜。

臺灣進香團不斷地前往大陸，必然會引起大陸民間信仰的質變與量變，因爲各種進香團不似一般的觀光團看看寺廟捐點香火錢而已，也有著迎回神像，贊助蓋廟等實質宗教交流。迎神像回臺是目前兩岸最具體的宗教交流，僅舉七十八年初幾個個案爲例：雲林縣四湖朝天宮前往山西省太原市關帝廟，捐獻四千元人民幣，迎回關聖帝君神像。臺中縣清水紫雲岩觀音廟前往浙江省南海普陀山，捐獻八萬元新臺幣，迎回觀音神像。臺南縣東山仙公廟前往陝西省西安仙公廟，捐獻三千美元，迎回呂洞賓神像。臺南縣下營慶福宮前往漳州太武廟迎回哪吒神像。臺南縣白河臨水宮前往福建省古田縣迎回臨水夫人神像。有些老廟強調回原來傳過來的祖廟朝聖，其中最有名的祖廟是湄州媽祖廟，開放探親一年左右，來自臺灣朝聖客的捐獻，高達七百五十萬人民幣❿。臺灣保生大帝的祖廟在泉州白礁鄉慈濟宮，七十九年五月二十五日保生大帝昇天九百五十四週年紀念，臺灣保生大帝廟宇聯誼會帶領近千名信徒前往，並舉行盛大的謁祖祭典。其他還有臺南縣麻豆池王府回泉州池王宮祖廟、雲林縣東勢賜安宮回廣東揭西縣霖田祖廟迎回三山國王神像及香爐等⑪。

臺灣傳統宗教會社⑫若未借用佛教或道教的名義，很難直接進入大陸，因爲大陸刑法第九十七條仍把會道門等宗教會社視爲反革命組織，據一九五三年上海公安局所公佈反動會道門的組織有五十幾個，目前在臺灣的有下列幾個：一貫道、同善社、萬國道德會、天德道、先天道、歸一道、歸根道、濟公壇、乩壇等，又臺灣新創的宗教會社如軒轅教、弘化院、天帝教、亥子道等⑬也是不被大陸當局所歡迎。

昔日在大陸盛極一時的悟善社、道院、一貫道、天德教、萬國道德會等佈道所大多被破壞了，其尚存的信徒已很少參加類似的宗教活動，不過這些宗教探親回來後，號稱其舊日的信徒還在世的近百萬人，恢復傳教大有可爲。問題是大陸管制相當嚴厲，如一貫道的前人或點傳師返鄉時整個行程都受到監控，又紅卍字會道院在日本已有總院的組織，也無法再深入大陸，其與百多萬的信徒亦僅能維持探親的關係。又其教友的地下秘密傳教，也大多改頭換面，很難再認同原來的宗教組織，或者爲了自身安全，不敢與海外掛勾。開放探親之後，各教團也有祖庭之旅，但大多化整爲零，各自前往，如一貫道到濟南、青島、天津等處的昔日總堂；紅卍字會到濱縣宗壇、濟南母院、北京總院等地；天德教黃山道場的芙蓉居與宗主墓還在，也是其教徒必定前往的聖地。天帝教教主涵靜老人曾在華山白雲峰下的虛皇古洞參悟宇宙境界，華山成爲天帝教徒前往朝聖的地方。就民間教團來說，夏教是比較幸運的，該教在福建的廟堂被視爲地方性的祠堂，教主林兆恩被視爲地方上的名人，還爲他開學術研討會，臺灣回去的信徒也受到禮待，彼此的交流相當熱絡。

臺灣對兩岸的交流，政策多在民間的腳步之後，不過臺灣當局對宗教交流相當重視，據七十九年五月行政院大陸工作會報頒佈的「現階段文教機構、民間團體派員赴大陸地區訪問作業要點」之後，內政部也制定了「現階段宗教團體派員赴大陸地區從事宗教活動作業規定」，凡已依法立案或登記的宗教團體（包括寺廟、教會團體和財團法人），得向中央主管機關申請派遣人員赴大陸地區從事宗教活動，經許可後在向內政部警政署入出境管理局申辦出境手續，赴大陸地區從事宗教活動不限次數，但每人每次停留時間不得超過兩年，回臺後應於一個月內向主管機關提出訪問經過的簡要報告。這辦法實施後，佛教會成立「兩岸佛教交流委員會」，正式且合法地進行兩岸宗教交流。其他宗教團體似乎無明顯的回應，除了少數團體負責人正式提出申請外，一般仍喜歡採用不被管制的出國觀光方式，赴大陸進行宗教交流事宜。

第二節　大陸當局對宗教交流的態度

事實上目前兩岸交流的眞正阻力來自於中共當局，中共面對外來的宗教接觸，制定了「對外六條」與「對內八條」的宗教管理規定。對外中共拒絕任何外來宗教的傳入，對內依舊推動其無神論的宗教理念。中共的對外六條相當堅持自辦教會與自傳原則，雖然規定可以與各國宗教界人士進行友好訪問，卻拒絕外來任何形式的控制與傳教，尤其這六條當中有一條是規定信仰者要注意「帝國主義文化滲透」，以及「保持高度警惕，並進行必要的鬥爭」，顯示出中共對宗教始終有著相當大的戒心。對內八條是針對大陸宗教信徒而定，規定年滿十八歲才有宗教信仰的自由，但也有不信仰和反對的自由，其中第六條規定黨員不准信教，已信教者要勸其退教，長期信教不退者應令其退黨。足見，從共產黨的立場來說，根本就反對宗教，其允許宗教的存在，只是一種統治的手段而已⑭。

中共現行憲法（一九八二）第三十條「公民有宗教信仰自由」比上一部憲法第四十六條「公民有信仰宗教的自由和不信仰宗教、宣傳無神論的自由」較無馬列思想，但是對宗教仍有多重限制，表面上看起來似乎比以前開放多了，實際上是對現實的一種妥協，如憲法云：「任何國家機關、社會團體與個人不得強制公民信仰宗教或者不信仰宗教，不得歧視信仰宗教的公民和不信仰宗教的公民。」這段話原本就是多餘的，包含在宗教自由的語義裏，但是憲法這段話具有宣示的作用，表示大陸當局對宗教信仰的退讓，可是其對內八條行政法規的公開違憲，卻未引起抗議的聲浪，可見憲法規定的社會團體不包括共產黨，或者共產黨是一個享有特權的團體。另外其但書的限制主觀性太強，缺乏客觀的保障，如憲法云：「國家保護正常的宗教活動。任何人不得利用宗教進行破壞社會秩序，損害公民身體健康，妨礙國家教育制度的活動。」在但書的牽制下，正常的宗教活動也會被「合理」的干涉，更何況中共對宗教的認定原本就很狹窄，「正常」的彈性太大，何時會被冠上封建迷信或外國間諜等帽子是很難預知的。事實上，在民主國家的憲法裏，國家保護正常的宗教活動，根本就不必列在憲法，因為這是信仰自由下的共識，可是在大陸這是一件值得宣揚的大事⑮。

其憲法續云：「宗教團體和宗教事務不受外國勢力的支配。」這是中共當局對外來宗教勢力的政策性提防，可是近幾年海外勢力的滲透也一直是中共當局最爲隱憂的難題，根據中共內部文件顯示其情治單位對於各種地下宗教活動尚能做到整體的掌握，但是要個別的取締極爲不容易，中共當局目前最頭痛的是天主教、基督教與回教的地下宗教活動。

有關中共的宗教政策⑯以及其對各宗教的態度⑰等問題都已經有學者作過專題的研究，因此本文對於有關宗教交流以外問題避開不談，不是不能談，而是已有好幾部專著討論過了，故本文不是故意不作歷史的回顧，只是精簡主題罷了。下面扣緊在大陸當今宗教現象與當局處理的態度上作簡要的敍述，不周詳處請多見諒。

目前中共對待天主教的態度仍以自辦教會爲基本原則，以官方扶持的愛國會，對抗地下的「忠貞教會」。梵蒂岡自一九八一年鄧以明事件⑱以後，秘密委任的地下主教已達五十多位，地下神父數百名，分佈在十八個省、自治區與直轄市，教徒約百萬人。一九八〇年五月中斷十八年之久的「天主教愛國會」召開第三次全國代表大會，通過組織章程，其章程第二條明白表示，在黨與政府的領導下，實踐反帝愛國與自辦教會的宗教政策，又成立「中國天主教主教團」與「中國天主教教務委員會」企圖接近基層的神父與教友，以彌補愛國會的不足。如此，愛國會與忠貞教會的衝突日漸擴大，不屬於愛國會的神父與教友一再地被逮捕⑲，並由中央統戰部發表七項禁令⑳，或地方省委統戰部頒佈十不准禁令㉑，嚴禁地下教會活動，地下教會若欲生存，就必須向愛國會認同。近年來由於大陸的開放政策與外國修會的努力，忠貞教會的活動空間逐漸擴大，加上臺灣教友探親的便利，也給予不少的援助，但是六四以來，大陸對天主教會的管制又嚴格起來。

中共對待基督教的方式與對待天主教有點類似，早期發動自治、自養與自傳的三自運動，成立「中國基督教三自愛國運動委員會」，簡稱三自會。文革後三自教會也隱入地下，一九七九年初三自會重新活動，大陸當局積極地加以控制，一九八〇年十月六日至十三日在南京舉行「中國基督教第三屆全國會議」，除了三自教會外，又成立「中國基督教協會」，從事基督教的整合工作，重點在於解決地下教會的問題。首先承認家庭教會的合法化，但要求向教協登記，即可公開聚會㉒。家庭教會可以說是中國基督教自立教會與本色教會的延伸，最早主張三自的教會，可是不滿三自會的虛假作風，秘密地在家裏舉行小型的家庭教會，家庭教會藉禱告治病的神蹟，暗中流行於民間，一九七六—一九八三年間在三自會組織尚未健全之時，以半公開的方式在華東與華中地區大為流行，其信徒總數估記約有三千萬至五千萬㉓。待三自會地方組織成立以後，不肯登記的家庭教會受到嚴重的迫害，只好再度轉入地下，由於家庭教會有強烈的殉道意識，頗令中共當局感到頭痛。另外海外福音團體也積極地關愛家庭教會給予支持，各種對大陸的福音傳播也成為地下教會的心理支柱。臺灣部分教會與大陸家庭教會原本同一系統，目前借探親之便取得聯繫，進行各種地下的交流。

中共對待伊斯蘭教的態度，還牽涉到種族問題。伊斯蘭教與回民，正如喇嘛教與藏胞一樣，是中共當局最感頭痛的邊政問題。伊斯蘭教雖然如天主教與基督教一樣，有著國際背景，但是遠不如被視作有帝國主義與資本主義為背景的天主教與基督教；引起中共的仇視與警覺㉔。在中共「一弛一強」的鬥爭下，伊斯蘭教與其他宗教一樣橫遭蹂躪，文化大革命下的伊斯蘭教，可以說是遭遇到歷史上最大的浩刼。鄧小平的開放政策，重修各地的清眞寺，恢復回民的宗教信仰與宗教生活，甚至允許回民前往麥加朝覲㉕，但是在官方支持的「伊斯蘭教協會」與伊斯蘭教的舊教與新教等教派有不少內部的衝突，加上回民各族的自主意識，問題依舊不少，如「波灣風暴」前後，回民鼓吹聖戰，有組織地訴求建立「東土耳其伊斯蘭共和國」。臺灣的伊斯蘭教除了少數回民返鄉探親以外，未有積極性的宗教接觸㉖。

中共於一九五三年在北京廣濟寺成立了「中國佛教協會」，文革時被關閉，一九八〇年才又重新開放，並召開第四屆全國代表會議，強調在中共的領導下愛國愛教。佛教在許多「愛國協定」的規定中受到不少的限制或迫害，也使某些佛教活動轉入地下，中國佛教協會健全地方組織也有著對抗地下佛教的用意。目前大師級的宣教仍受到不少的限制，只有各地的法會選擇性的被保留下來，佛事法會信徒日多，常被特意打壓，大致上南方佛教活動大於北方，尤其是福建、廣東等省寺院規模大多已經恢復，且日常活動多相當莊嚴神聖。在教義的宣導上，因三十年的限制而有人才難求的現象，臺灣法師在大陸的宏法，一時在教義上產生了主導性的作用，再加上去年中共香港新華社社長許家屯的出走，與星雲法師的弘法有關，更增加中共對臺灣出家法師的戒心。

中共所謂的道教大致上是指全眞與正一兩大系統下的道士，一九五八年制定佛道界公約，要求道士簽名，限制道士的活動，大陸道教也因而轉入地下。一九八〇年中國道教協會舉行第三屆全國代表會議，重新開始運作，管理全國各地道觀與道士。目前中共最感頭痛的是散居道士，一九九〇年中國道教協會在杭州舉行「關於散居道士管理問題」座談會，會中認爲散居道士人數太多，如湖南省就有一萬人以上，散居各地，不歸屬任何宮觀管理，又深入農家進行宗教儀式，有必要加強登記與管理㉗。這幾年來各地寺廟香火鼎盛，宗教氣氛風靡一時，加上所謂「三信危機」，年輕人反而接受了有神論與宿命論，信仰神仙鬼怪、算命風水與燒香拜佛之風乘勢而起，各種神秘學說如易經象數與巫術法術頗爲流行，中共也深怕臺灣進香團的宗教情緒加快了這種巫術風的惡化。

中共當局對民間教團的態度是不會改變的，對於會道門與神漢巫婆一律不准恢復活動㉘，中共刑法第九九、一六五條仍然對會道門與傳統巫術嚴加取締，對於以看相、算命與看風水等爲業者令其轉業，否者依法取締㉙。近幾年來，由於民間教團又開始活動，中共對會道門死灰復燃的撲滅活動一直是不遺餘力，如一九八三年湖北省皇極道復辟案，北京九宮道復辟案，天津一貫道復辟案等。中共許可學者從事民間宗教的研究，天津社會科學院歷史研究所於三年前成立「中國民間宗教研究中心」，有四、五位研究員以及多位通訊研究員作實際的田野調察，中共的這種開放，有著以學術監視宗教的用意在，故當民間宗教研究中心欲舉行國際性民間宗教學術會議時，受到各種阻礙，一再被迫延期與取消。據學者的調查顯示，秘密性的宗教會社的再度盛行是普遍與自然的事實，也是中共引以爲憂的問題，故極力斷絕這些組織的海外關係，尤其來自臺灣的宗教會社，深怕其以優厚的經濟力量，助長秘密宗教的流行。

第三節 問題的分析與未來的展望

由以上兩節的現象敍述，可知當今兩岸宗教交流的管道雖然多樣，最後要面對還是政治問題。若中共無神論的精神不變，其憲法的宗教自由只是一種手段，其最終的目的在於使宗教自然消滅。故當宗教信仰與政治利益衝突時，憲法的保證根本就不算數，即其宗教自由的政策是用來管制宗教，以便符合其共產主義的理論，並不是眞正的尊重宗教或發展宗教㉚。故兩岸宗教交流的問題，不能僅停留在外在形式的討論，必須就實質內涵加以分析。

首先要追問的是臺灣的宗教爲什麼如此熱衷宗教的交流？除了宗教的傳教動力外，主要還是文化問題，其背後牽扯著政治、社會、經濟等因素。海峽兩岸雖然隔絕了近四十年，但是在臺灣當局的中國情懷的教育與管制下，一直未減低其內在文化的唐山情結，當外省人士能夠返鄉探親時，不僅大陸撤退來臺的宗教想要老水還潮，臺灣鄉民也自然將其宗教文化的發展空間伸向大陸，這種現象受到近年來大陸熱的影響，卻有其特殊的文化景觀在。

臺灣的宗教在歷史的傳承上，大多有著大陸的血脈關係，就如在臺灣自創的宗教如軒轅教、天帝教、慈惠堂等其宗教形式多有著強烈的唐山情結，這種唐山情結是跳脫出統獨的政治意識，而是信仰性的文化尋根，其背後有著圖騰式的宗教情懷，隱藏著神明靈力的儀式作用在。故當兩岸可以交往時，傳統信仰的認祖歸鄉的心態，就成爲宗教信仰的精神象徵，帶動出世俗文化的整體面貌。所以，兩岸的宗教接觸絕不是單純的宗教問題，牽涉出文化接觸的可能途徑。可是四十年來的生活形態的不同，這種文化的接觸自然引申出不少的後遺症，若再加上政治的壓力，問題就更多了。

臺灣宗教最大的特色來自於民間的自發性，任何教派的發展多有其強烈的自主性，其發展的成敗在於信徒的供養與支持，因此宗教必須配合社會文化的脈動，加以變遷或調整，以適應社會或民衆的需要，故臺灣宗教將其活動擴張到大陸，完全來自於信仰的需求，這其中也表現出民衆的社會行爲與文化意識。可是中共當局認爲宗教的背後多有一隻黑手在，中共也以黑手自居，將宗教做爲其政治滲透的工具，因此中共也認爲任何外來的宗教勢力的傳入是別有用心，在交流的過程中採兩面計策，一方面露出友好的姿態，一方面以敵對的方式進行消毒。故兩岸的宗教交流實際上是臺灣民間勢力與大陸官方勢力的對抗，其實質的效果相當有限。

儘管交流的效果不彰，然而這種交流是有意義的，其意義有二，一爲臺灣內部社會文化的整合，一爲促進大陸民間勢力的復活。大陸進香不僅是祖廟情結的文化尋根，也加強了信仰儀式的文化傳承，這對日漸現代化與庸俗化的社會生活，有著新的文化調整的作用。當然兩岸的交流也造成一些負面的現象，也有著不少的誤解，但是這股來自民間的宗教情懷，是超出兩岸狹窄的政治立場，具有文化號召的功能，不管中共如何地加以消毒，無法隔離這種來自宗教的心靈感通。近幾年大陸宗教的地下化，顯示民間力量的復活，這種現象雖不爲中共當局所喜歡，卻也難於有效地加以遏止，只要大陸仍維持目前的開放政策，來自文化深層結構的宗教精神，仍會形成一股自覺的民間力量，遊走在政治壓力的空隙之中。

宗教交流應該繼續保持民間接觸的方式，各個宗教想要用什麼方式交流，政府不宜有太多的干涉，以免中共有了拒絕的理由。可是目前官方只開放大陸探親，探親以外的交流多是非法的，卻又睜一眼閉一眼地讓臺灣旅客到大陸冒險，尤其是各種宗教的接觸其危險性是相當大，當然官方可以用堂皇的理由，拒絕保護未被許可的非法行動，然而政府也未認眞取締，而使人民遊走在法律邊緣。站在人性的立場來說，既然允許探親，就必需保障人民進入大陸的安全性，不管他是否從事探親以外的活動，應該有善後處理的能力。從白雲機場事件與莆田車禍事件以來，光靠海基會的事後處理是不夠的，政府應該明確的表明立場，那些活動是居於現實環境的限制無法保護的，如此人民知道行動的有限性，有所爲有所不爲，如果一定要冒險的話，自己要考量到其中的風險。

由目前兩岸交流的現況來說，根本是不允許實質性的宗教交流，其中最大的阻力來自於大陸的宗教政策，因此未來的展望是很難預測的，最好的方式還是目前的方式，讓各宗教到大陸自由發揮，也自己承擔風險，假如政府願意站在人道的立場給予精神上的協助，那已經是最好的了。

第四節 小結

兩岸的宗教交流是無法避免的，若能以民間對民間的方式進行是最理想的，問題在於大陸雖然也號稱宗教信仰的自由，但是對宗教的限制依舊相當的嚴苛，由官方所支持的宗教組織，是中共打擊異己的外圍組織，而民間自發性的宗教其生存的空間相當的惡劣㉛。在這種情況之下，臺灣去的宗教團體應有高度的警覺性，若只是文化尋根的朝聖之旅，也要注意自己的言行；若有心進行實質的宗教交流，更要知己知彼，盡量在許可的範圍下作點的突破。

本文寫作的方式，偏重在個人觀點的敘述，難免因觀點的不同，引發學術的爭辯，若能如此，本文即有著抛磚引玉的作用了。關心兩岸宗教交流的學者不少，且已有相當的成就，筆者自覺到不是最佳的人選，一再地推辭，最後無法堅持下，匆忙地完成此文，必然對關心此一問題的專家學者有所冒昧與冒失之處，敬請見諒。本文僅討論到交流的實質問題，還有不少可以發展的空間，值得學者再作微觀的討論，也敬請給我更多的指教，以便在未來的研究計劃中有更落實的研究成果。

注釋

❶ 民衆日報社論，「認識限制臺灣僧伽入境大陸的基因」八〇年五月二十八日。

❷ 「中國天主教愛國會第三屆代表會議決議文」，北京，一九八〇年五月三十日。

❸ 徐世華，「天主教、基督教廣向大陸傳福音」民生報，七十七年四月二十五日。

❹ 黃建興，「佛經佛法化整爲零入大陸」民生報，七十七年四月二十六日。

❺ 黎玉璽，「星雲在大陸六大空前」自由時報，七十八年四月二十三日。

❻ 蔡文，「大陸探親尋根之旅」關係我三九期，八十年春季，第六五頁。

❼ 道乾，「臺灣慈惠堂西王金母大陸尋根謁祖記」慈惠道統雜誌四期，八十年一月，第二四頁。

❽ 陳榮捷，「現代中國的宗教趨勢」文殊出版社，七十六年十一月，第一八三頁。

❾ 王延武，「仙桃市道教狀況調查——兼論農村中的宗教活動問題」一九九〇年七月油印本，第一〇頁。

❿ 張建棻，「尋根進香一頭熱」聯合報，七十九年六月十三日。

⑪「兩岸神交專題報導」聯合報，七十八年五月二十二日。

⑫同注釋❽，一九九頁。採用該書的稱呼，一般或稱新興宗教、民間教團、民間宗教等。

⑬參閱鄭志明，「臺灣的宗教與秘密教派」臺原出版社，七十九年二月，第六九—一二四頁。

⑭黃建興，「跨海宣教不忘知己知彼」民生報，七十七年四月二十八日。

⑮「看今年大陸的聖誕樹」香港大公報，一九八二年十二月二十四日。

⑯有關中共宗教政策的論文有：Jonathan Chao「中共宗教政策之發展」，陳永生，「海峽兩岸宗教政策之比較」，淡江大學歷史系，「中國近代政教關係國際學術研討會論文集」，一九八七。邢國強，「中共的宗教政策」政治大學國關中心「中共與宗教」，七十五年九月。

⑰有關中共政權與宗教的關係論文不少，列擧幾篇爲例：James T. Myers，「中共統治下的天主教會」、鮑家麟，「一九四九年以來中共政權與宗教」，淡江大學歷史系，「中國近代政教關係國際學術研討會」，一九八七。葉櫂英，「中共與天主教」、陳永生，「中共與基督教」、廖淑馨，「中共與佛教」、朱文琳，「中共與伊斯蘭教」、江振昌，「中共與道教」政治大學國關中心「中共與宗教」，七十五年九月。薛保綸，「文革後的大陸天主教會」輔仁大學「宗教教育與中國社會之發展討論會論文集」，七十八年十二月。

⑱鄧以明主教獲釋後會晤了教宗若望保祿二世，被眞除爲廣東主教，引起中共的不滿，動員各教區加以指責。

⑲見證月刊，一九八四年三月號，七六—七七頁。一九八四年四月號，第八四頁。

⑳「中共發佈七項禁令，全力扼殺宗教活動」中央日報，七十一年四月二十一日。

㉑「大陸各地教會蓬勃發展，越禁活動越熾」中央日報，七十年十二月三十日。

㉒「中國基督教第三屆全國會議決議」中國教會十四期，第二九頁。

㉓黃亞可，「宗教自由與政治迫害的先鋒——大陸教會大興旺，三自會大驚恐」百姓雜誌二五期，一九八

二年六月，第三一頁。

㉔ 朱文琳，「中共與伊斯蘭教」國關中心「中共與宗教」，第二三五頁。

㉕ 筆者在西安等地的清眞寺作過訪察，回民將麥加朝覲視爲大事，公佈會朝聖的名單，也出現歡送回民出國與回國的海報。

㉖ 徐世華，「回教徒按兵不動默默關心」民生報，七十七年四月二十七日。

㉗ 賴佩文，「浮光掠影看大陸道教」關係我，四〇期，八十年夏季，第三一頁。

㉘ 「我們黨在社會主義時期宗教問題上的基本政策」紅旗半月刊，一九八二年一二期，第六－七頁。

㉙ 「關於我國社會主義時期宗教問題的基本觀點和基本政策」中共中央一九八二年一九號文件。

㉚ 江平，「認眞學習馬克思主義的宗教理論與黨的宗教政策」紅旗半月刊一九八六年九期，第二五頁。

㉛ 大陸自一九七八年以來宗教理論有三種觀點，其主流思想的觀點是二分法的，一方面強調信仰宗教是自由的，一方面也要嚴禁非法律許可的宗教，參閱張綏的「一九七八－一九八八年中國大陸宗教狀況之研究」輔仁大學「宗教教育與中國社會之發展討論會論文集」七十八年十二月，第二一三頁。

第十五章　當代儒學的宗教對談

第一節　當代儒學的意義

本文所謂的當代儒學，或可稱爲現代儒學，即與現代社會結合的儒家學術，其所關心的課題必然與現代社會的生存情境密切相關。也就是說這種儒學有很強烈的現代性格，不斷地隨著當代思潮與文化情境，來守常應變，不僅展示了儒學內在理性的適應能力，也使得儒學有著現代實感的文化生命。

如此的文化生命對於當今的各種生活情境的反省是不會缺席的，反省當今社會的艱難、苦病與過失更是其不可推辭的生命情懷。故當代儒學不只是知識的學問，而是參與文明實踐的學問，經由詮釋或批判，展現儒學因革損益的達變智慧。故當代儒學是一種自覺的學問，致力於當今文化價值的完成，關心現階段每一個具體的文化活動，且積極地尋求理性的轉化。

也就是當代儒學可以落實到政治、經濟、教育、社會、宗教等實務的現象上，化解時代的衝突與矛盾，展現出儒學開創新局的功能與作用。當然這種落實活動，不能停留在舊有的學術系統之中，必然地要放在現代學術研究領域之中，與當今的人文科學與社會科學等有著創造性的對談交流。傅偉勳曾在「現代儒學發展課題試論」一文中強調對談交流的重要性，且特別提到了儒學的宗教對談有助於大小傳統間隙的解消❶。

本文頗贊成傅先生所提出的意見，即現代儒學的發展的一項重要而迫切的課題就是與世界各大宗教傳統進行創造性的對談交流，但是傅先生在該文中對於新儒家如唐君毅與牟宗三等人所曾經有過的努力似乎有所懷疑，僅抓住「儒家不是宗教」話語，指責新儒家沒有釐清天命的問題。如此的質疑，或許是傅先生未眞正讀過新儒家的全部作品，或者是傅先生所謂的宗教對談範圍或層次比較狹小些。本文嘗試重新來詮釋宗教對談的問題。

就今日社會來說，雖然政治與經濟等問題相當的熱門，也是儒學推陳出新的轉機所在，可以由批判與詮釋的過程中，擴大了儒家文化心靈的旺盛生機，可是每一個具體的現實問題，必然都要牽涉到文化重整與創新，其批判的背後還需要有著批判的繼承與發展的創造❷，很難立即產生功效。故本文僅就儒學宗教對談的文化現象，來反省當今儒學現代參與的成果，及其有待改進的缺失，探討儒學在現實運作中調適上遂的可能性。

當今儒學的宗教對談主要可分成三個形態，一爲義理式的對談形態，二爲主題式的對談形態，三爲實用式的對談形態，這三種對談形態反映出當代儒學與宗教相互會通的態度與方法。其對談的目的，不單是爲了概念的會通，也注意到現實生活實務的轉換與安置，各有其時代的意義，顯示出儒家兼容並蓄與承先啓後的自覺精神，在每一階段都能與現實結合，經由反省批判而有所調整。

第二節　義理式的對談形態

義理式的對談，亦可稱爲判教式的對談，如此的對談其實是單方向的，即儒學涉入到不同宗教傳統的義理之中，進行自我充實與轉化的整合工作。這個工作實際上早就在進行之中，尤其是宋明理學其會通佛道的心性之學，對於佛道兩教「終極與整體實在」的宗教意識有著存在融入的體驗❸。這種體驗基本上是單向溝通的，其本質仍立足於儒學的返本歸位，佛道等異質性文化傳統，被消融在儒學自身的形上智慧之中；如此儒學依舊是中國文化的主流，佛道被消化在這個主流之下，自然形成了主從或賓主的關係❹。這種關係的認知，其背後隱藏著以儒學爲本位的判教系統，如此在宗教的對談中，必然地要彰顯出其最圓滿的超越精神。

這種判教的心態，在宗教的對談中必然會產生一些爭執，最著名的是以熊十力的「新唯識論」所引發的當代儒佛之爭❺。其實這種爭執的本身就是一種對話，可是由於雙方各自不同的判教系統，難免就有著意氣之爭，對談反而變成了相互的非難與攻訐。判教是一種單向式的對談，假設其對談的對象是不會說話的，否者如此的對談必然會引起對方的反彈；那麼如此的對談有什麼好處呢？有的，這種對談的方式不是要跟對方交談，而是要跟自己談，尤其在今日各種文化相互激盪，判教有助於儒學經由別同異來定位序，重新顯立出其思想典範的時代價值。

故當代新儒家如牟宗三與唐君毅等人不僅分判儒釋道三家，進一步針對人類心靈最高表現的幾個大教作出更爲深廣的判教[6]，說明儒家文化心靈與道德主體具有著更圓融的詮釋與實踐體系。判教基本上是要肯定儒學具有著現代化與世界化的思想智慧與文化生命，非特意地貶低其他宗教傳統，即這種判教不是排他的，而是相互包容的，彼此可以賓主相安與相互完成；這種判教不是要與其他宗教傳統在信仰上爭得一席之地，而是境界的分判，亦只是形而上的次序先後；可是當有了形式的分別相時，次序的先後也是不被見諒的，所以判教式對談，只能在理上自己談，不宜成爲眞正對談的話題，產生俗化的衝突。

牟先生的宗教對談主要可以分成兩種形式，一種是從整個中國的思想脈絡與義理系統來分判儒釋道三教的文化價值，如「才性與玄理」、「心體與性體」、「佛性與般若」、「圓善論」等；另一種則從中國內在的文化心靈談當今儒學與其他宗教的關係，有一些論文收錄在「中國哲學的特質」、「道德的理想主義」、「現象與物自身」、「時代與感受」等書。

就前者而言，牟先生對中國的義理系統，建立了一個龐大的判教體系。雖然亦有些佛教學者不同意牟先生的意見，仍然無損於其判教體系的建立；牟先生的判教並沒有貶低佛道兩家義理的用意，在「圓善論」中牟先生詳細說明了佛道兩家的圓教與圓善，即兩家都可經由圓教以實踐其可以朗現的生命境界[7]。牟先生所要建立的是儒家圓教的義理規模，認爲儒家經由道德實現的圓教可以更圓頓地體現出理性生命。

就後者而言，牟先生對於與儒學相關的宗教問題有比較實際的對談經驗，比如「作爲宗教的儒教」一文是牟先生在臺南神學院的講辭，雖然是單向的演講，卻是建立在對話的基礎上，尤其是牟先生從天啓的觀念談儒家的立教精神，是一個很好的對話課題；其次對於儒教何以未成爲普通宗教的形式也作了精闢的討論，認爲儒教將宗教儀式轉化爲日常生活中之禮樂，是一種極圓成的宗教精神❽。在「談宗教、道德與文化」、「中國文化大動脈中的終極關心問題」等二文，從判教的立場指出基督教若要在中國生根，就必須在義理上有所轉化❾。牟先生從義理的分判上來進行宗教性的對談，有其精彩之處；可是牟先生的討論亦有所不足，即牟先生很少直接針對宗教本身的現象與問題進行溝通或對談，也就是說牟先生沒有將儒學擴充到宗教的領域上來，他所要討論的依舊是哲學問題。在這一點上唐先生與牟先生有很大的不同，唐先生對於宗教的討論，在質與量上皆不亞於其他文化課題❿。

唐先生有不少宗教對談的經驗，如其「與勞思光先生論宗教書」、「致謝扶雅先生論宗教書」、「致陸達誠神甫書」等書信，已進行了實質性的宗教對談。另外唐先生也有一些雜文也是用來做作宗教對談的，如「聖經是狂幻的傳奇?」、「宗教精神之偉大」、「收拾精神，自作主宰」、「我與宗教徒」、「國人的信仰問題」等⓫，可以看出唐先生對宗教問的相互對談是相當積極的了，這種積極性格也表現在其學術論文裏，且涉及的層面更爲寬廣，其對談的內容與方式主要可以分成三種形式，第一種從宗教的觀點討論中國的儒學與宗教，第二種比較中西宗教的特色且對世界各大宗教作理論性的判教，第三種從心靈境界的分判建立出更廣度式的判教系統。

就第一種而言，可知唐先生對於宗教課題是相當熟知的，比如他以人類學原始宗教的概念來談中國儒學與宗教的發展，在當時是極爲前衞的，且談得頗爲深入，這一類的論文有「論中國原始宗教信仰與儒家天道觀之關係兼釋中國哲學之起源」、「中國科學與宗教不發達之古代歷史原因」、「中國原始民族哲學思想之特徵」、「中國原始民族哲學心靈狀態之形成」⑫、「中國文化之原始精神及其發展」⑬、「中國文化與宗教的起源」、「中國哲學之原始精神」⑭等。可見唐先生談中國哲學與文化時相當重視宗教及其發展，這與他的成學過程有關，唐先生在「我對於哲學與宗教之抉擇」一文中談到其基本信念，是以超人文的方式來談宗教精神⑮，如此宗教也是人文活動的重要環節，因此唐先生在談人的精神活動時必然涉及到宗教問題，如「我們的精神病痛」、「論精神上之大赦」、「精神上合內外之道」等文，甚至談中國儒學的發展也是從宗教問題談起，如「宗教信仰與現代中國社會」⑯、「中國宗教的特質」⑰、「儒家之學與教之樹立及宗教紛爭之根絕」⑱、「中西文化之比較」、「人類精神之行程——中西文化發展三階段之對比」⑲等，唐先生的中西文化對談或者與現代文化對談時，宗教對談是其中頗爲重要課題，以彰顯出儒學的新精神。

就第二種而言，可以說是唐先生的宗教學或宗教哲學的建立，對於世界各大宗教的異同建立宗教意識的判教系統。此一判教系統唐先生在「中國之宗教精神與形上信仰——悠久世界」一文中已觸及到這個問題，針對幾個大宗教作比較⑳，後來唐先生對於這個問題作了更細密的思考，寫成了「人類宗教意識之本性及其諸形態」一文，將當今已有的宗教活動，分判其信仰意識的高低及特有的表現形態，總共把宗教意識分成十種形態，即指人類十種信仰的心理狀態，這十種信仰心理影響到社會文化的整體發展，其中當然以儒家意識爲最高，因爲其具有著人文的道德意識㉑。如此的判教作爲宗教哲學的理論建構是可以的，若作爲宗教之間彼此對談的話題，高低的分判，很可能就是紛爭的焦點。

就第三種而言，可以說是唐先生晚年智慧的結晶，從「中國哲學原論」到「生命存在與心靈境界」等書，唐先生對於中國的義理思想作了全面性的省思，進一步地就人類整體的心靈活動，建立了一個更大的哲學系統。這個系統比他早期的判教更爲圓融，對於心靈境界的分判更能達到體系性的要求，減少了對話時不必要的誤解與衝突。唐先生深入到西方基督宗教與印度佛教的義理系統之中，分判其心靈境界，亦肯定其心靈境界的價值與作用，只是儒家盡性立命的天德流行境界，更能感通生命的存在㉒。

義理式對談實際上就是一種高層次的文化交談，這一點牟先生與唐先生已有相當高的成就，是不能忽略的，也就是說兩位先生已解決了高層次的宗教交談問題，這一點是傅偉勳沒注意到的，比如傅先生所提到的天命問題在知識性的討論上已獲得解決。傅先生對新儒家的質疑，可能是就現實的交流現象而言，傅先生稱爲「嘗試跳過雙方的高度思想文化綜合等等」㉓，或許傅先生認爲高層次的判教沒有解決了現實上相互衝擊的問題。這是二個不同層次的問題，傅先生沒有明白的區分開來，以致在語意上似乎否定新儒家在這方面的既有成就。義理式的對談是要解決本質性的問題，比如在天命疑難的澄清，唐先生已有不少專門性的論文，未見傅先生加以引用，是否不承認唐先生在這方面所作的努力。

義理性的對談或許不能解決實質性的問題，可是在形上體系上解決不少理念上的問題，這一點是後人難以超越的。當代儒學的宗教對談似乎也很難再走義理性的對談方式，一方面是由於可以發展的空間已相當有限，一方面則是時代的不同，宗教間的相互衝擊不少實質問題有待反省，逼迫當代儒者必須改採另一種對談方式，傅先生的呼籲也可能是來自於這種時代的需求。這種需求是時代造成的，不能因此而否定前人的成就，也就是說前人的宗教對談方式在今日看來是有所不足，這個不足正是當今儒者所應該接棒的。

第三節　主題式的對談形態

義理式的判教是一種自我擴充的對談形態，不符合傅先生所謂的創造性對談，傅先生認爲創造性的對談應該是互助互利，而非自擡身價，即傅先生是從現象的相互成就談對談的好處，與前賢所作的境界交流是不同層次的問題。傅先生強調在多元開放的現代社會不應與時代潮流完全脫節，此一論點本文完全同意，可是也因爲社會的多元，部分儒者還是要從事義理的判教工作，不能罵他們是自甘落後與故步自封。這原本就可以各行其事，或許傅先生有強烈的期待，所以語氣比較嚴苛些，這也是可以諒解的；可是光是期待是不能解決問題的，應該進一步地了解當今儒學對談的成就，然後再針對其所不足的地方，尋求改進之道。

在臺灣的生態環境中，積極地想與儒學進行對談的是基督宗教，如封尙禮、徐松石、孫再生、羅光等多人對儒家與中國文化頗有興趣，出版了不少專書[24]，這些人大多是神職人員，其觀點與傳統儒學有些出入，也因此常引起了一些對辯與爭執。七十年間蔡仁厚與基督教的周聯華、梁燕城有一次比較理性的對談，宇宙光出版社將相互間的對談編成了「會通與轉化」一書。

蔡先生是一個頗爲厚道的學者，但是在學術的討論上是相當犀利，在其「新儒家的批判性與戰鬥性」一文中指出新儒家的學術對話的態度，是依於文化使命之承擔而顯發出戰鬥性，這種戰鬥性是批判的與理性的，其目的不在於擊敗對方，也不在於黨同伐異，而是批謬正誤與化干戈爲玉帛，與人爲善[25]。基於如此的對談態度，蔡先生主動地與基督宗教對話。

六十九年元旦蔡先生在輔仁大學主辦的「當代哲學與宗教問題」的國際哲學會議中，發表了「儒家精神與道德宗教」一文，對於儒家的宗教精神有著整體性的說明，也觸及到當今宗教間對談與會通的問題，引起了熱烈的討論，尤其是有關基督宗教與儒家會通，後來引起一些回響，蔡先生在七十年元月東海大學主辦的中國文化研討會中進一步疏通，發表了「關於宗教的會通問題」一文，該文順著基督宗教的綱領性教義提出了六個會通的交點，第一人人可以成爲基督嗎？第二基督是神而人，還是人而神？第三人不通過耶穌就不能得救？第四是耶穌獨尊，還是與孔子釋迦同尊？第五非基督宗教必須讓位嗎？第六是基督教中國化，還是中國基督教化[26]？

這六個問題相當具有挑戰性，對於一個外來宗教如何進入到中國原有的文化系統之中，這六個問題頗爲尖銳，可以作爲雙方繼續對談的主題。周聯華牧師於七十一年六月起在宇宙光雜誌刊出「新儒家與基督教的對話」一文，以很誠懇的態度回應了蔡先生的六大問題；周牧師深入到基督宗教的神學系統中，企圖解答這六個問題；周牧師雖然態度很誠懇，亦有其信仰上的堅持，認爲基督徒是不會將他的基本的教義輕易的與其他教義妥協的，會通的本意是在溝通與了解，並不在讓步與妥協[27]。由於這種堅持，二者還是有不少的話題可以談的，蔡先生立即作了回應，寫了「再談有關宗教會通的問題」，指出基督宗教因其基本教義系統而與中國文化所引發的問題。梁燕城針對著二人對話，寫了「會通與轉化——與蔡仁厚教授及周聯華牧師對話」一文，梁燕城雖然是基督徒，曾受教於唐君毅與牟宗三兩位老師，對新儒家有些了解，不採護教學的角度，而以「聖經的啓示」與「人神相遇的體驗」的根本開始，然後以中國的方式重整福音的內容，以解消這六個尖銳的問題[28]。

在這一場對談中，雖然新儒家對於中國文化慧命的理解，獲得了肯定與尊重，可是眞正最大收穫的是基督教，他們因這一次的相互會通，學到了他人之長，補充已家之短，擴成了發展基督宗教的外在資源。而新儒家得到了什麼？雖然蔡先生提到了其對話的基礎是就「宗教能決定文化生命的原則方向」這面層面上來著言[29]，可是在日漸西化與俗化的當今社會之中，如何使儒家的主體生命眞正落實，讓每一個人都能在自己的民族文化之中，領受到生命存在的尊嚴，應該是這一次對談中，當今儒者所需要自覺到的問題，甚至進一步的追問在現代化的文化安置上，儒學能具體地發揮出多少助力與效果。基督教勇於改變，積極地想進入中國社會；那麼當代儒學是否應該比基督宗教更積極地投入到中國社會與文化之中？

第四節　實用式的對談形態

沈清松在「儒學與基督宗教的會通」一文中提出了另一種對談形態，沈先生認爲以往的對談偏重在觀念體系上的會通，可是觀念上的相合性，並不代表眞正的會通，還需要在生活世界的層面來定位此一會通的問題。沈先生特別指出儒學與基督宗教可以相互合作，汲取在彼此的傳統中最好的資源，協助現代人化解現代化的各種弊端，重新恢復兩大傳統中的理念，價值與實踐的生命力㉚。

沈先生這種主張相當具有時代意義，可以稱爲實用式的對談，或合作式的對談。其對談的對象可以不限於基督宗教，凡是在傳統社會與中國文化能夠相互合作的宗教，都可進行實用式的對談，彼此相互會通，共同地形塑現代化的正面精神。這種對談是動態性，其表現形態不單限於文字的交談，也包含行動的交流，可以說是社會參與的宗教交談；如此，儒學不單是一種知識傳統，也是一套與社會脈動緊密結合的實踐傳統。

當儒學落實到社會文化的具體運作時，必然躲不開與宗教的對談，除了西方的基督宗教外，傳統社會的佛教與道教，以及各種民間宗教與信仰，原本就與儒學有著密切的關係，他們不想與儒學作主題式的交談，但是要求相互完成，甚至期待儒學能夠開風氣之先，克服現代社會的弊端，有助於其社會資源的開拓。在如此的情況下，當代儒者應該如何與其他宗教相處呢？彼此如何相互合作，共同在現代化的處境中相互提升？下面僅以鵝湖雜誌社的同仁近十年所作的努力爲例，來討論這個問題。

鵝湖雜誌社近十年來，除了每年舉辦學術研討會外，也積極推動社會參與，舉辦文化講座，推動社會讀經風氣。後來由於場地的關係中斷了一些時候，龔鵬程主持國文天地雜誌社繼續推動民間講學，鄭志明接受企業家的贊助，成立尋根文化中心，推動傳統經典的研讀風氣，主要的師資大多來自鵝湖同仁；王樾主持華山講堂與林安梧主持自然文教基金會接收了宗教的社會資源，也借助鵝湖同仁的協助，繼續民間講學。在民間講學的過程中與社會其他宗教有所接觸，如王邦雄、曾昭旭、唐亦男、林安梧、鄭志明等經常接受各種宗教團體的邀請，前往演講或座談，擴大了民間講學，促進了彼此間的互動關係。也進入到其他宗教的教學體系中進一步交談，如萬金川在法光佛學院，鄭志明在輔仁大學神學院，林安梧、高柏園、李正治等在道教學院的講學活動，增進了彼此相互合作的情誼。

在文章方面，王邦雄的「緣與命」、「再論緣與命」等書可以視爲實用式對談，這些書大多是演講集，原本就是要與聽衆交談的，記錄成書影響的層面更廣。王先生以儒家思想來作生命安頓時，面對到一般民衆的宗教意識即緣與命的困擾，王先生以其豐富的生命體驗與哲學智慧，將這種存在的衝突轉向於儒家主體生命的成全。這樣的生命指引實際上已介入到社會的信仰活動，充實了聽衆自身的宗教價值，有助於社會理性的發展。曾昭旭的「論語的人格世界」、「道德與道德實踐」等書[31]，也有一些文章討論到儒學與宗教之間現代化的問題。林安梧近年來也在這方面作了一些努力，如「因道以立教」[32]等文對於中國民間宗教現象作理論性的詮釋。筆者比較專攻這個主題，撰寫了不少這方面的論文，爲了避免自我宣揚，僅簡述幾個努力的方向：第一探討大小傳統宗教與文化意識的差別，如「儒釋道思想俗世化的危機與轉機」、「儒家崇拜與儒家社會」、「敦煌寫本家教類的庶民教育」等。第二探討小傳統自身的宗教意識，如「從臺灣俗諺談傳統社會的宗教思想」、「臺灣勸善歌謠的社會關懷」、「臺灣人的宗教觀」等。第三調查傳統社會的各種宗教團體，除了調查報告與研究成果外，並積極與這些教派作有關現代化的對話，如「遊記類鸞書所顯示之宗教新趨勢」、「當今臺灣鸞書的社會控制機能」、「當今臺灣鸞書的政教立場」等[33]。

以上鵝湖同仁與宗教接觸的現況，純屬個人自發性的行為，非集體性的共同認知，也可能因個人成學歷程的關係，未必贊成如此的接觸。這與儒學的發展有關，即儒學基本上是承續了大傳統的文化慧命，開示的是內在生命普遍而永恆的眞理，雖然也強調因時制宜，承擔了社會變遷的文化責任，可是儒學所承擔的思想觀念的疏通，有無必要親自投入嗎？蔡仁厚在「儒家思想與中國現代化」一文中自覺到這一點，認為中國現代化的責任，不單是儒學的責任，儒學只能在思想疏通上盡其責任，至於落實到政治、法制、社會、經濟等層面來促進中國現代化，那要靠法學院來盡心努力；而有關科學知識的學理研究，以及全面推動現代化的種種建設，則必須靠理工學院、農學院、商學院、醫學院等來分工合作；蔡先生強調中國現代化，是所有知識份子的共同責任[34]。

順著蔡先生的說法，大致上可以將中國現代化的建構分成兩個層面來說，即「觀念的現代化」與「行動的現代化」[35]。原則上觀念與行動應該是一脈相成的，但是由於西方社會學科的傳入，使得觀念與行動之間有了距離，蔡先生亦曾在「當代儒家的關懷與落實」一文中指出，儒家之學著重在「原則性」與「方向性」上說話，屬於文化層次；社會科學著重在「專業性」與「專技性」上探究，屬於知識層次。對於這兩種不同層次的學問，蔡先生期望社會學科的學者能夠主動與中國文化與儒家思想相關聯、相通接，以開創有中國性格、中國智慧的社會科學[36]。可是如此的期待是有問題的，因為社會科學不僅具有技術性的知識，也承續了西方現代化的觀念系統，即在「觀念的現代化」的認知上有很大的出入，即使有些學者自覺到這一點，願意深入到儒學的知識系統中討論現代化的問題，如黃光國、張德勝、蕭欣義、楊君實與孫中興等企圖結合二者對談[37]，可是由於成學背景的不同，對於儒學的中心綱領與基本原理未必完全相應。那麼，儒學如何與這些學者達到不相隔而相通與不相妨而相益的境地呢？當然，彼此應該進一步的對談，在對談之時，儒學是不是應該進入到「行動的現代化」之中，理解社會學者思考問題與解決問題的方法。

由此可知，當今儒學的發展可能存在著兩種不同的路線，一是繼續在「觀念的現代化」中從事思想層面的疏導，以消解觀念意識的糾結滯礙；一是由「觀念的現代化」跨入到「行動的現代化」，化解傳統文化沒有開出分門別類知識性學問的缺失，與社會科學進行實質交流的科際整合。這兩種路線應該是相輔相成的，不致於有路線之爭，只是第二個路向的發展，在今日儒學的內在性結構來說，其發展是有些困難的。可是外在壓力一再地增強，有不少社會學者要求儒學不要單作觀念的指導者，也要積極地成爲實踐的行動者。與其彼此的相互期待，不如相互成全，進行合作式的對談。

這種合作式的對談正如蔡先生所說，一要精誠，二要機緣，三要時間等條件的配合[38]。目前儒者與宗教有了實質性的接觸，可以說是機緣的開始，儒學經由與宗教的相互接觸與會通，進一步地思考相互成全之路，則有賴於時間的考驗。在考驗的過程中，也可能引發出學者心態上的轉變問題，如果沒有妥善的協調，將造成路線之爭，因爲在「行動的現代化」的要求下，儒學對於一些現實的時代課題必須謀求自我轉折與自我充實，在這樣的轉化的過程中，很可能引起一些觀念上的疑慮，產生內部自身的衝突。故實用式的交談，必須先在內部相互合作，取得彼此的信賴，然後共同成全由「觀念的現代化」走向「行動的現代化」的完成。這種內部的自我交談也是在剛起步的階段而已，卻又必須同時進行與外部交談，在如此的情況下，儒學同時面臨到了內外資源的擴充問題。

第五節　宗教對談的主要焦點

儒學與其他宗教的實用式對談，即是儒學內外資源的擴充，是建立在義理式與主題式對談的基礎下，善於開發自身內在資源與援用其他外在資源，共同造就儒學現代化的發展。儒學的宗教對談最迫切的問題應該是天命問題，即儒學形而上學的問題，這一點傅偉勳在其「儒學思想的時代課題及其解決線索」一文中曾加以討論，可是傅先生對於新儒家形上學的批評似乎只是針對某些人而發的，忽略了其他人在這方面所作過的努力。如此的對談，在技巧上不是很成功的，不僅引發被他指責的某些人之反感，同時也打擊了其他有心人所曾付出的心血。比如傅先生認爲儒家形上學本來可有開放性格，只是新儒家急以擡高儒家形上學的地位到「絕對眞理」的程度，終於拋落了此一性格㊴；傅先生的這種批評忽略了唐先生及其弟子們所作過的努力，而被指責的人也不認爲有如此的缺失。如此的交談變成了沒有意義，雙方最後還是不歡而散。

就內在資源而言，唐先生與牟先生在這方面的努力是值得尊重的，就外在資源而言，由於時代環境的不同，兩位先生較少接觸，這種不足，正是其弟子們與當代儒者共同努力的方向。傅先生對新儒家的批評，如果是就內在資源立說，就應該好好地進入到新儒家所建構而成的判教系統；如果是就外在資源立說，請傅先生改變身份，由批評者轉爲參予者，或者改善批評的語氣，建立良性的合作式對談。

儒家的天命觀與民間其他宗教傳統所建構的天命觀在本質上是不一樣，可是二者由於長期在生活上相互交流，實際上已建立了一些合作性的對談關係；如果儒學要由「觀念的現代化」走向「行動的現代化」，與其他民間宗教傳統建立良性的關係，就必須對民間的天命觀念有著整體性的認知，這一點筆者已有不少相關性的論文可供參考㊵，對民間的天命觀念已有所釐清，接著就是要尋求相互成全之道，解消掉二者之間的間隙，讓大小傳統的文化形態都能經過現代化的考驗，繼續展現其光彩。

這種相互成全，是將儒學的天命思想從形上學的精彩處，落實到現象界的具體運作之中，如此不要求民間宗教傳統一定要認同於儒學，而是在儒學傳統的教化之下，有著理性的開展；這種理性的開展在傳統社會裏原本是自然而然的，可是由於社會結構的變遷，小傳統很難再從大傳統處獲得滋潤的養料，在發展上面臨到不少存在的限制，當代儒學應該接手這個工作，而且還要比以前鄉間的知識份子更盡責，因爲對於傳統儒學的形上思想，當代儒者有著更主體性的覺醒，其對民間宗教智慧的啓迪，就更具有說服力了。這一點也是儒者要自覺的，也就是我們究竟要比傳統知識份子更如何地熱愛社會，參與社會文化的理性發展呢？假如我們的存在與社會的具體發展是不相干的話，談儒學不就掛空了嗎？

同樣地以儒學的天命形上學來與外來的宗教對談，可以在理上壓過對方，可是在現實的具體實踐中，我們確實能保有著多少優勢呢？尤其在現代化的過程中，儒學在「觀念的現代化」中所建構而成的疏通之法，如何眞正落實到「行動的現代化」中成爲文化信念與生命實踐的實現原理呢？當今儒學如何在前人已完成的基礎下轉向於現實關懷的具體實踐，一再地被期待著；沈清松的那篇文章也是強烈地期待儒家從觀念的建構中走出，在實際的行動與生命的體驗中，因共同情境的需要，而與基督宗教相逢與合作，各自仍可保存許多差異性，也可以在差異性中增加彼此的豐富性㊶。

問題是從「觀念的現代化」步入到「行動的現代化」，對傳統儒學來說是一個嶄新的挑戰，牽涉到觀念在轉換與安置過程中可能產生的誤差的問題，儒學幾乎很少思考過這個問題，原因是儒學一直是偏重在生命主體的自覺，少去計較實用的問題；可是在實踐的過程中，必然要考慮到各種外在條件，如此由理論到實踐的建構過程中必然存在一些差距，對於這種差距，當代儒學應該多把心力擺在這裏，進行修潤、創新與轉換，其基本精神是務實的，亦講求行動策略與利益計算。可是如此的務實性格必須從「觀念的現代化」中引申建構而成，才能避免路徑化過程中不必要的衝突與矛盾，也就是要努力地化解理想與現實之間可能存在的對立與緊張的關係。或者說儒學與宗教的對談其主要焦點也應該擺在這裏來思考，如此雙方的對談才能在實用中相互成全。

儒學與民間各種宗教傳統的對談，可以視爲中國大小傳統宗教的轉化與安置的過程；如此儒學參與社會的宗教活動，也是一種積極性的文化工作。這個工作重點就在於形而上天命的生活性或宗教性的完成，即儒學不只是生活傳統的指導者，也是實踐者，其過去所依託的生態環境完全轉變了，儒學的指導地位已被其他人文學科所取代，如果不再努力地扮演著社會的實踐者，就無法再成爲指導者；故儒學必須深入民衆的生活傳統中成爲其生活理念的依託，如此天命思想可以宗教化，但是儒學的主體精神依舊是生活的重心。可是由於儒學長期掌握優勢，難免有人把實效性的落實行爲視爲離經叛道，背離了儒學的原創精神；可是今日，儒學若仍停留在觀念的建構上，又如何能夠眞正的現代化呢？再加上這個社會儒學已漸失去了中間的轉換者，轉換與安置的工作就變成儒者必須承擔的角色。問題是當代儒學足於承擔這樣的角色嗎？這中間需要不少知識的轉折與開拓，即儒學內外資源的擴充，須要與其他人文科學來相互成全，即借助人文學科的實效性知識，開出儒學具體的實踐之學。

第六節 小 結

宗教對談不只是一種交談的活動，也是文明的重建活動，由義理式與主體式的對談，進一步完成實用式的對談，正是當代儒學在宗教課題上的最大成就，不僅在「觀念的現代化」中有了理論體系的建構，也在「行動的現代化」中確立了儒學未來發展的主要方向。

在宗教的對談中，儒學由自我的肯定，跨入到與其他宗教的相互成全，即是民族文化心靈的整體表現，展現出儒家思想通向社會的開物成務之功，也是當代儒者的社會責任意識，努力地把儒學的人文理念，經由方法進路的確立，建構出具實效性的實踐策略與合理性的行動程序。在努力的過程中，難免會產生一些路線之爭，這只是短暫心理調適與知識轉型的問題，到最後必然經由具有醒覺的文化智慧，開顯出儒家主體生命的創造能力。當然，這也是每一個當代儒者所無法排斥的文化責任與知識任務。

注釋

❶該文發表在第一屆當代新儒家國際研討會，收入「當代新儒學總論篇」（文津出版社，民國八十年）第四三—六八頁。

❷蔡仁厚，「儒學的常與變」（東大圖書公司，民國七十九年）第七頁。

❸成中英，「儒家與宋明儒家哲學中的宗教實在與宗教理解」（「知識與價值」聯經出版公司，民國七十五年）第二一七頁。

❹蔡仁厚，「新儒家的精神方向」（學生書局，民國七十一年）第二二頁。

❺參閱林安梧所編「當代儒佛之爭」（全國出版社，民國七十年）。

❻蔡仁厚，「唐君毅先生的文化意識」（同注釋❷引書）第二〇〇頁。

❼牟宗三，「圓教論」（學生書局，民國七十四年）第二六六—三〇五頁。

❽牟宗三，「中國哲學的特質」（學生書局，民國六十三年）第九九頁。

❾牟宗三，「時代與感受」（鵝湖出版社，民國七十三年）第一八〇頁。

❿鄭志明，「唐君毅先生的宗教觀初探」（「唐君毅思想國際會議論文集二」法住出版社，民國七十九年）第一一三頁。

⓫皆收錄在「中華人文與當今世界補編下」（學生書局，民國七十七年）。

⓬以上四篇文章收錄在「中華人文與當今世界補編上」。

⓭收錄於「中華人文與當今世界下」（學生書局，民國六十四年）。

⑭ 收錄於「中國文化之精神價值」（正中書局，民國四十二年）。

⑮ 唐君毅，「人文精神之重建」（學生書局，民國六十三年）第五八一頁。

⑯ 以上四篇文章收錄於「中國人文精神之發展」（學生書局，民國六十三年）。

⑰ 收錄於「中西哲學思想之比較論文集」（學生書局，民國七十七年）。

⑱ 同注釋⑬。

⑲ 同注釋⑮。

⑳ 同注錄⑭。

㉑ 唐君毅，「文化意識與道德理性」（學生書局，民國六十四年）第一九九頁。

㉒ 唐君毅，「生命存在與心靈境界」（學生書局，民國六十六年）第一一二四頁。

㉓ 同注釋①，第六三頁。

㉔ 專著不少，僅以前舉四人爲例，封尙禮的「中國文化的正反合」（港臺東亞歷史文化研究會），徐松石的「基督教與中國文化」（浸信會出版社），孫再生的「先秦六家思想與基督眞理」（東方神學院）、「漢唐文化思想與基督眞理」（弘智出版社）、「宋明理學思想與基督眞理」（弘智出版社），羅光的「儒家形上學」（輔仁大學出版社）、「儒家哲學的體系」（學生書局）等。

㉕ 蔡仁厚，「新儒家的精神方向」（學生書局，七十一年）第三一頁。

㉖ 同注釋㉕，第七五－八五頁。

㉗ 「會通與轉化」（宇宙光出版社，民國七十四年）第九四頁。

㉘ 同注釋㉗，第一八七頁。

㉙ 同注釋㉕，第八八頁。

㉚ 沈清松，「儒學與基督宗教的會通」（哲學與文化十八卷十二期，民國八十年十二月）第一〇七六頁。

㉛ 以上四書皆由漢光出版社出版。

㉜ 鄭志明編，「宗教與文化」（學生書局，民國七十九年）第二九一—三一三頁。

㉝ 以上論文收錄在學生書局出版的「臺灣民間宗教論集」、「中國社會與宗教」、「中國善書與宗教」、「中國文學與宗教」、「中國意識與宗教」等書，臺原出版社的「臺灣的宗教與秘密教派」。

㉞ 蔡仁厚「儒家思想的現代意義」（文津出版社，民國七十六年）第二〇頁。

㉟ 筆者曾在「儒釋道思想俗世化的危機與轉機」一文中，使用了理論學派與批評學派二詞，現用觀念的現代化與行動的現代化代替之。

㊱ 同注釋㉞，第七五頁。

㊲ 黃光國的「儒家思想與東亞現代化」（巨流出版社）與「王者之道」（學生書局），張德勝的「儒家倫理與秩序情節」，以及在「儒家倫理與經濟發展」一書中，蕭欣義的「儒家思想對於經濟發展能夠貢獻什麼？」，孫中興的「從新教倫理到儒家倫理」，楊君實的「儒家倫理，韋伯命題與意識形態」等。

㊳ 同注釋㉕，第八四頁。

㊴ 傅偉勳，「儒家思想的時代課題及其解決線索」（「儒家倫理與經濟發展」，允晨文化公司，民國七十七年）第二四頁。

㊵ 筆者有「唐代古文家的天命觀初探」、「評論臺灣民間鸞書天道與義的形上理論」、「關漢卿雜劇的宗教意識」、「從臺灣俗諺談傳統社會的宗教思想」等文，同注釋㉝。

㊶ 同注釋㉚，第一〇八五頁。

第十六章　臺灣民間宗教的成人教育

第一節　成人教育

所謂成人教育是指學校教育以外的社會教育，是成人離開學校以後的再教育，這種教育包含著具體的進修教育與抽象的生活教育❶。宗教在傳播的社會化過程中，原就是一種廣泛式的成人教育，教育信徒如何經由信仰的神聖性轉而為世俗性的生活實現，除了聖神的啓示教育外，也有著社會統合的人格教育。尤其是民間宗教，其世俗化的宗教特性，更具有著統整社會文化的教育功能。

本文所謂的民間宗教是泛指與社會文化結合的世俗性宗教活動，包含民間信仰與民間教派❷。這種宗教活動也可視為一種小傳統的文化活動，具有著促進個人行為社會化的教育作用；雖然某些教派有其自身的特殊的教義，可是這些教義也是相容於社會文化之中，其教義的推廣，同時具有著傳遞社會文化、塑造社會人格與統整社會機能的教育功能。

問題是在現代化衝擊下的當代社會，傳統的生態環境逐漸在消逝之中，其所傳承的價值文明也不斷地面臨著嚴酷的時代考驗。在這樣的情況下，民間宗教的社會教育，是否能隨宜應變，展現出社會內在機能的融攝會通，開拓了民間宗教所凝聚的文化慧命，克服了外在環境一連串的挫折與失敗；或者是在挫敗下瓦解了其教育的功能，喪失了其整合社會的應變能力，且在頑強的抵制下，一再呈現出其衰竭的文化形態。這個問題在當今社會應該是一個頗爲重要的觀察現象，値得深入的研究。

故本文不去討論民間宗教社會教育的形式問題，而是扣緊在其社會教育的實質內涵上，探討其社會文化的價値系統，在現代化文化結構的大震動中，如何凝聚其信仰的力量來穩定社會結構性的變遷，產生了「實質的」與「功能的」社會對策❸。所謂「實質的」是指理性的知識傳承，在傳統社會即是指來自於儒釋道等教化體系的理性啓迪系統；所謂「功能的」是指理性的知識系統在現實的安置過程中所形成的具體對治系統。

第二節　「成人」教育的問題

臺灣的民間信仰與民間宗教基本上來自於傳統社會的教養環境，可以說是世俗化相當深的宗教，這些宗教所面臨的現代化也必然是最大的，可是這些宗教也可以仰賴其他社會文化的結構保持其特殊的傳承力與散播力。瞿海源與姚麗香在「臺灣地區宗教變遷之探討」一文中指出，與大部份民衆日常生活密切相關的民間信仰或民間宗教，也可能透過與其他社會制度的關連，穩住其維持不墜的持續力量❹。換句話說，民間宗教所面臨的現代化問題，即是整個社會現代化的問題，當傳統社會不被現代文明所衝垮，則民間宗教依舊有其發展的空間，甚至有更強的生存力與適應力，在社會的變遷與轉型過程中快速地與社會的各種文化結構結合產生了更旺盛的活力。

這一點，瞿海源在其「臺灣社會的功利思想與新興宗教」一文中指出，宗教在臺灣過去四十年中並未因科際發達、經濟繁榮與知識水平的提升而自社會中隱退，反而世俗化的各種民間宗教大行其道❺。瞿先生從政治、經濟、人口等文化現象來分析社會變遷下的宗教發展，基本上偏向於民間宗教外部資源的討論，至於有關內部資源的討論，瞿先生在「探索新興宗教現象及相關問題」一文中有所涉及，分析民間新興宗的七個特性，即全區域與都市性、悸動性、靈驗性、傳播性、信徒取向、入世性、再創性與復振性等❻，可是瞿先生還是從社經與政治等外在現象來加以討論，實際上這些特性的背後牽涉到民間宗教的教義形態與教化方式，屬於其自身文化調整的問題，雖然與外在環境的變遷也有關係，但是主要還是其內部資源調適與轉化的問題。

這種內部轉化的問題，民間信仰是比較不自覺的隨著社會的變遷而調整，民間教派則是自覺性的調整，主動地將這種改變轉化成靈活性的傳教策略與教化目標。有關民間宗教內部轉化的現象，也已有不少學者加以討論，如陳主顯在「善書的宗教倫理要義初探」一文中，認爲民間宗教是一種傳統道德教化的宗教社會，這種宗教社會雖然主要來自儒家的道德教訓，可是本質上是一種神啓式的道德教育，重點在於解釋神諭代天宣化。陳先生進一步指出這種神啓式的道德不具有反省批判的主體性格，實難作爲今日自由社會的規範❼。然而，民間宗教卻能利用如此一套教義在社會上大行其道，是有必要再進一步討論。

民間宗教的天啓性道德亦有其龐大的思想體系，是建立在「修道」理論下的一套宗教性實踐行動系統。有關民間宗教的修道理論，筆者在「聖賢眞理鸞書的社會思想」一文中作過思想來源的討論，指出民間宗教的修道理論基本上是採用儒家的性命之學，再加上佛教與道教的修行理論，其信仰形態則類似墨家，結合了傳統的權威主義與功利主義，強化了修道的神秘經驗，作爲其入世倫理的主要憑藉❽。這樣的道德教化實際上由來已久，筆者在「臺灣民間鸞書的神道設教」一文指出，如此現象即是傳統社會神道設教的主要內容，也是傳統社會世俗化文化體系的傳承方式，會隨著社會的變遷與文化的發展，在內容上作適度的轉換與安置，展現出其社會教育的實際效用，是傳統社會一種潛在教育機能❾。

民間宗教的社會教育可以視爲小傳統的一種「成人」教育，其對象當然是以成人爲主，更重要的是傳遞了民間一套「成人」的教育。此處「成人」的概念主要還是承續了儒家的社會教化而來，偏重在個人人格的完成，如此的人格教育也正是民間宗教修道的主要目標。傳統社會的成人教育基本上是承續了儒家教化而來，是正規教育以外的民間教化活動，其傳播的方式原本相當多元，宗教只是其中的一個管道而已；可是由於社會的變遷，教育制度本身有著很大的改變，西方的優勢體制取代了舊有的教化管道，加上新式教育的逐漸普遍，造成舊有教化形態的萎縮或消失，到目前還能在民間保持教化民衆的傳統管道，大概就以民間宗教最爲大宗的了。

如此，民間宗教的成人教育有著傳統社會自身的教養目標，企圖將神明信仰轉化成世俗的生活秩序與個人的人格完成，如此面臨到兩個現實的問題，第一傳統的教養方式如何與現代社會結合，這是整個中國文化體質現代化的問題；第二宗教與道德結合的教養方式之內在理性與外在適應等問題，這牽涉到宗教社會教化與現代處境的運作問題。筆者曾在「當今臺灣鸞書的社會控制機能」一文中想要疏通這些問題，但是主題僅限於社會控制，探討傳統社會教化之生機控制所面臨的時代轉化問題[10]，尚未全面地處理了民間宗教的社會教化問題。

討論民間宗教的社會教化大致上可以分成兩個層面來說，第一就現有的材料作主題式的分析，筆者過去的論文大多屬於這方面的研究，討論到的教化現象大多是片面的實徵研究；第二就當前的現象作理論的分析，探討其教化的本質意義，及這種本質意義其未來發展的可能性。後者的方式不再是實徵的研究，而是藉助既有的實徵研究，作進一步的理論性思維活動，反思其社會教化的表現形態，及其現代化走向所可能面臨的困境與對應之道。

前面提到民間宗教的社會教化主要是一種「成人」教育，本文就其「成人」的定義與認知，針對前面所謂的兩個現實層面提出下列幾個問題：

第一、民間宗教的「成人」教育是怎樣的一種教育？其「成人」的目標如何承續了儒家的教化性格？如果說民間宗教的「成人」是以儒家的人生實踐爲其思想的主要規模，又如何與其天啓的天命觀相契合呢？即重靈驗性的民間宗教如何與重道德性的儒家教化結合，形成了民間的人倫道德體系？如此宗教與道德結合的社會其特徵爲何？對於社會內在的理性發展有何不好的影響？有無必要去對治這種不良的影響？還是將其視爲道德秩序現實建構下社會化的必然過程呢？

第二、民間宗教的「成人」教育能否經得起現代文明的挑戰？民間宗教所依附的傳統教化環境是否已經萎縮，導致產生了道德權威的失靈現象？在如此的情境下，民間宗教是否能夠獨力地承擔起傳統教化的社會責任？如果民間宗教願望接受時代的挑戰，應該如何調整其「成人」教育的內容，扣緊在生活的新環境與人文的新需求上呢？可是這種宗教性的現代轉化，除了價值的理性行動外，是否也會產生附帶的世俗化的危機？民間宗教將如何克服這些危機呢？

這些問題也正是當今民間宗教在發展上所面臨的主要關卡，在神聖需求與世俗需求的相互激盪之下，民間宗教如何經由理性的轉化，建構出整合性的社會教化功能，可以說是民間宗教「成人」教育的主要課題；故「成人」教育不僅是民間宗教的人格教育，也是民間宗教自我提升的「成人」教育。「成人」不單是儒家心性主體的具體實踐，同時也是成己成物，使社會教育功能擴大到社會事功的完成上，確保著社會大衆利益與公共福祉。如此，民間宗教不單是一種信仰的團體而已，同時也是民間教化的統整者；故「成人」教育對民間宗教來說是極爲神聖的，一方面要帶領信徒克服外在生存情境的挑戰，一方面也要主動地建構出一個符合時代需求的文化秩序。

問題是今日的民間宗教對於如此的「成人」教育有多少自覺呢？如果沒有，談民間宗教的成人教育似乎沒有意義，或者說民間宗教根本就沒有成人教育，即無法協助成人獲得文化教養來渡過生存的危機，反而在惡化的生存情境中更加迷失。民間宗教是否能從失調與失序中重新注入新的「成人」力量，即是本文撰寫的主要動機，僅從學理的反省來作分析。

第三節 「成人」教育的宗教性格

當今臺灣的各種民間宗教雖然有著不少新的發展，卻又同時面臨到不少新的挑戰，尤其是工業化挑戰所引起的結構性社會變遷，使得原已制度化的教化功能產生了動搖與失調，造成傳統社會精神文化的惡化，民間宗教因靠信仰的支持反而一枝獨秀，可是當信仰的熱潮減退以後，民間宗教如何繼續以其價值的理性行動來帶領民衆呢?或者信仰熱潮長在，民間宗教是否也有著各種危機存在?這些都是新時代所帶來的嚴酷挑戰，民間宗教若想再創新的機運，就必須勇敢地面對自己，釐清自己的價值目標與實踐理性，如此其成人教育才有可能。這種釐清實際上就是民間宗教教義的轉折與擴充。

近幾年各種民間宗教也頗重視自身教義的充實，各種類似成人教育的講習班也在各地被推動開來。問題是民間宗教的教義原本就是一種流動性的組合，其組合的方式可以視爲民間內在價値理性的完成，目前大多採三教混合的方式，以儒家心性論爲主調，以佛道的修道工夫與境界爲目標。這種流動性的組合有優點，也有缺點。優點是解消掉三教的正統觀念，使得三教思想隨時被民間宗教所採用，展現出民間宗教會通三教的精緻面；可是民間宗教也會產生其自身的正統觀念，使得三教思想受到扭曲與變型，暴露其信仰權威的世俗面，這正是民間宗教常不知以爲苦的缺點。

這種流動性的組合最大困擾還是在於宗教神明權威與人文道德理性如何組合的問題。這個問題也正是民間宗教最核心的問題，可以說是民間宗教最重要的部份，其整個信仰的動力來源即在於此二者的結合上，故組合的問題不是對錯的問題，而是信仰的神學問題，是可以自圓其說的。問題是民間宗教若不去建構屬於自身的神學體系，而是在應用的層次任意地取用三教思想來幫自己說話，也可能就愈幫愈忙，或者造成世俗性的失調與墮敗。這一點就是民間宗教推動成人教育時最需迫切面對的問題。

神明權威與道德理性結合，民間宗教以「代天宣化」的觀念來代替之，所謂代天宣化，就是將天視為道德的化身，也是人間的救世主，這個救世主以神明的權威性格來維護人間的道德生活。如此的觀念即是民間宗教的終極信念，與其他各大宗教相比，是可以作為宗教經驗的主要來源。換句話說，民間宗教將傳統社會的儒道思想宗教化，回到中國原始宗教的天命信仰。這種回歸就宗教活動來說是可以的，因為宗教與哲學可以是兩種不同層次的人文活動。可是民間宗教回歸以後，就應該離開儒道兩家思想體系，重建屬於自身的神學體系。民間宗教卻不願離開，反而扭曲儒道思想來推動其宗教信仰；這一點筆者在「評論臺灣民間鸞書天道奧義的形上理論」一文中討論過民間宗教如何從儒道思想中曲轉而出的問題[11]。

其實，民間宗教願以儒道思想或再加上佛家思想，作為其主要教義，也是可以的，如此民間宗教必然地要將其信仰的「天」加以「道」化，這一點民間宗教也能做得到，可見民間宗教的問題不在這裏。民間宗教最大的問題在於用巫術化的宗教儀式或活動來宣揚其教義。如此其一切的宗教活動都在於神恩的控制之下，不僅無法開出理性的教義系統，其「成人」教育也必然喪失人的主體性，轉而變成了神的附庸。筆者曾在「臺灣鸞堂與鸞書的社會教育功能」一文中，提出一個民間宗教必須重視的問題，即有無必要繼續讓神直接說話⑫？這個問題就是要民間宗教反省其巫術性格。

民間宗教之所以在臺灣風行與其巫術性格有著密切的關係，各種占卜、扶乩、神算、符咒、啓靈、渡亡、神通等巫術經驗，展現出民間宗教豐富的靈異世界。就宗教形式來說，有巫術性格也不是一件壞事，有助於宗教神秘性與靈異性的傳播。問題出現於巫術變成了該宗教最核心的部份，如此其他宗教儀式與活動都不重要，重要的是一切活動都要聽神的旨意，甚至教義就直接由神來書寫，如此人間好似神界的延續，神意成爲人間生活的最高準則。神要常常自己跑出來說話，才能使該宗教繼續傳承下去。

這種讓神直接說話的宗教形態，在發展上有不少潛存的危機，尤其是在成人教育等民間教化上，民間宗教究竟要完成什麼樣的教化目標呢？比如鸞堂的宣講是要傳達神的旨意呢？還是要啓發人性的自覺？或者二者都有，可是由於巫術的加入，人性還是附屬在神性之下，如此的教化方式可以稱之爲「成人」教育嗎？神自己的現身說法，使得宗教的教化功能停留在神人的交感巫術上，一切人性化的努力最後還是缺乏迴旋與突破的空間，徘徊於神來神往的熱鬧與虛無之中⑬。

有些民間宗教也自覺到這一點，將巫術與教化分離，致力於世俗性的民間教化，關心其信徒人格培養的「成人」教育。如此的「成人」教育與巫術化的「成人」教育是兩種不同層面的問題，可以暫時擺開信仰的牽扯，直接就其「成人」的內容來說，這是教義層面的問題，非信仰層面的問題。

如果巫術眞能與教化分離，其「成人」教育就比較單純些，可以把重心擺在宗教權威與道德教化的結合上來討論。民間宗教的「成人」教育必然不同於儒家的「成人」教育，卻可視爲儒家「成人」教育的一種宗教性的轉換與安置；也就是說儒家的「成人」可以視爲一套理論，而民間宗教的「成人」教育則是這種理論的宗教性的轉折或實現。當然，任何現實性的運作都可能與理論有所距離，更何況是宗教性的實現，避免不了宗教權威的加入。或者說宗教權威與道德教化的結合，就宗教信仰來說，原本就是一種正常的現象；只是這種正常現象如何轉化爲客觀化的「成人」教育呢？

民間宗教的「成人」教育實際上不應該直接從儒家的「成人」理論上來說，應該從傳統社會的「成人」教育來說，其成人的道德教化不是從儒家的道德精神直接運作的，而是轉化成「道德權威」。有關傳統社會的「道德權威」，陳秉璋在「道德社會學」與「道德規範與倫理價值」等書已有了不少精闢的討論⑭。本文不再討論道德權威的問題，關心的是道德權威與宗教權威結合的文化現象，這種現象也正是民間宗教「成人」教育的核心部份，不僅是教義的主要依據，也是其行動的主要來源。

「道德權威」來自於社群道德意識的具體運作，所形成的一種外在性的控制力與權威力，這種道德權威是道德意識制度化的必然產物，形成了道德意識的社會規範，是集體性社會活動的轉化過程，讓個人對社會有著向心力與整合力，遵循習俗、傳統、組織與制度產生了規範性道德。當道德逐漸在社會互動中建立其權威之時，又常會與宗教信仰結合，形成了宗教性的道德權威；這種宗教性的道德權威，其權威的來源不是道德意識，而是宗教權威，即以巫術化的神秘主宰賦予道德規範化的制裁力。如此民間宗教的「成人」教育的重點，不在於個人道德的主體實踐，而是靈異神能的皈依。

如果民間宗教的「成人」教育純粹就個人的道德作自我轉化，就必需把神明的主宰性格在教義上轉化成客觀化的價値實體，把信仰權威消失於無形，而轉化成個人自身道德的整合力量。也就是說民間宗教的「成人」教育不是直接來自於神明信仰與宗教權威，而是將信仰權威轉化成社會化的人文活動，是基於客觀的人文需求來推動「成人」教育，雖然背後有著強烈的宗教色彩，可是在教育的這個層次上，信仰歸信仰，人文歸人文，可以分開來討論。民間宗教在儒釋道的教化下也可以做到這一點，建立出屬於自己的一套修道理論，然而民間宗教爲了生存，常把巫術擺在第一線上，人文的教義體系就變成了附庸，失去了其獨立存在的精緻性格。

第四節　「成人」教育的人文性格

民間宗教雖然有強烈的巫術色彩，可是其信仰行爲的背後有著儒釋道通俗教化的文化意識，這種文化意識雖然不等同於儒釋道的形上思想，也還能多少保存些內在的精義，轉變成民衆賴於生存的原理系統。民間宗教的「成人」教育，要宣揚的就是這種民間意識的文化經驗，轉化成適合衆生生存的行動法則。故對民間宗教成人教育的探討，除了理解其宗教性格以外，還必須深入的研究其人文性格。

民間宗教的「成人」教育還是有著強烈的宗教目的，那就是修道的終極境界，只是這個境界可能停留在原始性的巫術需求，也可能發展出一套複雜的修養理論與工夫。民間宗教的宗教屬性就要看其終極境界是偏向於前者，還是偏向於後者。下面主要就偏向於後者的民間宗教，討論其「成人」教育的人文性格，以及這種人文性格在現代文明的洗禮與衝突下可能產生的文化現象。

前面曾論及到民間宗教的教義是一種流動性的存在，是社會大衆在經驗世界中，經由長期互動所體現的共識性價值體系，這個價值體系有理想性的人文教化，也有現實性的經驗認知，經由彼此間的相互轉化，產生了社會性的選擇與調整。問題是我們對於這樣的調整過程了解多少？這個調整的過程，不是少數人的理性創作，而是民間價值面向的多樣組合，構成了一種互賴關係的文化經驗。

在中國的傳統社會這種文化經驗與儒家教化有著密切的關係，比如民間宗教主要還是承續了儒家的心性思想，或者說就是依賴於儒家的價值體系之中。當儒家的道德意識與道德倫理仍然是社會的主要價值規範時，民間宗教也必然依附在儒家的保護網下，支持儒家天人合一的道德生活，如此的支持即是儒家文化生命的傳承，儒家對民間宗教產生了作用，導致民間宗教也著重在自覺於內在的生命本體，進而通貫到生活行爲上來成就各種善的價值，這正是民間宗教「成人」教育的主要課題。

問題是這種依賴於儒學的社會價值體系如何在現代文明的衝突下理性地面對與變遷呢？這原本也是當代儒學所面臨的時代問題，可是儒學可以暫時從現實情境中抽離開來，權衡斟酌其應付良方與實踐步驟。民間宗教則是站在第一線上，直接面對的是現實情境的衝突與挑戰，而當代儒學又無法及時提供應對的良方，只好自求多福，應用其原有的價值認知來面對新舊時代的挑戰；當然這種挑戰也正是社會價值體系的創新活動，這種創新能否掌握到理性的社會生機，協助社會大衆完成社會整合的工作⑮？對民間宗教而言是相當艱難，尤其必須在第一線上，在稀少的外在資源上，或是在逐漸動搖或瓦解的舊有社會結構之中，其創新的可能性是相當微弱的，可是也因此更凸現出來自於民間的活力，民間宗教的「成人」教育即是這種活力的展現，表達民間宗教應付社會變遷的改革能力。

社會的改革與價值的安立不能光靠民間的活力，還必須有一套周延的應對體系。那麼民間宗教所依賴的傳統儒學是否足夠提供其一切的應對能力呢？這個問題應該分成兩個層次來說，一是個人層次，一是社會層次；現代化衝擊最大的是社會變遷的結構問題，這是社會層次的問題。民間宗教避開了社會層次的討論，純粹就個人的修道來說，如此其所依附的儒學依舊可以產生作用。再加上當代新儒家提供了心性修養論的資源，使得民間宗教開辦了各式各樣的「國學講習班」，從傳統經典中傳播其「成人」教育。

儒學的成人教育在於德性生命的主體發用，新儒家主要也是從德性主體的自主自發談道德實踐，成就一切文化存在的價值。民間宗教依附於儒學，表面上看來好像也是來自於天人合德的德性生命，重視個人存心養性的主體自覺。當然，談民間宗教的修道論可以推到這個層次上，這也就是民間宗教還可以吸引人的地方；可是就民間宗教的信仰本質來說，其修道論與儒家的成人教育是有距離的，這種距離若不仔細的思考，一時還很難分辨出來。爲了減少說明的文字，採用陳秉璋等人所使用的術語，將民間宗教的修道論稱爲「天—人—鬼」三位一體的道德體系⑯。

民間宗教的修道，主要就是要成就天人之間的超越性，去除人鬼之間的墮落性。民間宗教如果只有前者的話，與儒家的出入就不大了；然而民間宗教就信仰來說，不能不重視後者，如此其天與鬼形成了強烈的善與惡的對比，加入了福禍報應的觀念，使得其修道的目的，在於斷除人鬼的糾纏，成就天人的殊勝；那麼民間宗教比儒家更重視修道後的境界，在這樣的情況下，民間宗教引進了佛道的修眞理論，強調修道的工夫與成道的境界。這種道德體系實際上已超出了儒家的道德體系，甚至受佛教的影響，強化爲因果報應的道德體系，如此其「成人」教育多少也含有著順從天意的皈依之情。

這種「天—人—鬼」三位一體的道德體系作爲民間宗教「成人」教育的理論基礎，有其優點，亦有其缺點。優點是民間宗教可以同時涵攝三教的義理，作爲個人修道的終極目標，如此可以保有儒家體現人性的尊嚴與價値，同時也擁有著佛道的成道境界，作爲其吸引衆生的利器，對於民衆世俗生活的存在困境，能給予強力穩定的精神支撐。問題是這種精神支撐是否在理論上有著「法病」的缺失，進一步在現實運作中無法避開「人病」的困擾。

所謂「法病」是指這一套道德體系在某些理論的建構有著無法自圓其說的缺失，民間宗教理論的缺失在於其道德體系，實際上承續了原始宗教的泛靈道德⑰，卻又要以儒家自居，造成泛靈道德與儒家道德有著曖昧的關係，這種勉強的結合，使得民間宗教一方面要強調神化式的道德，一方面又要肯定主體式道德，如此人性化的儒家道德與神性化的宗教道德並存，很難在理論上加以消解，導致有著並存後的迷亂。這種迷亂會在具體實踐的活動中一再湧現，形成了各式各樣的人病。

所謂「人病」是指這一套道德體系在現實運作中因人爲的缺失所形成的問題，人爲的缺失有二，一來自理論的缺失所形成的無心之過，一來自個人的私慾所形成的有心之過，本文只討論前者。民間宗教的道德觀在運作的過程中會產生了群體與個體之間的矛盾與對立，因爲在泛靈的道德思想中，人要解消個體投入到神恩之中，而在儒家的道德思想中要由個人的自覺來安立人倫的關係。民間宗教的修道論在這一點上是相當曖昧的，一方面重視神恩的追尋來積善消惡，偏重在個體的自覺，一方面又強調人際的倫常關係，重視群體的和諧。民間宗教以爲體驗天恩就可以化解群體的問題，這是民間宗教對儒家的誤解，儒家是從人文的基點上，安立個體的自覺與人文的發展；民間宗教就神恩的信仰來說，個人的自覺與人文的發展是兩個不同層次的問題，民間宗教應該努力地建構二者之間的轉化問題，可是民間宗教依舊以依附儒家的方式來漠視這個問題，而且不認爲有對立與矛盾的問題存在。

李亦園曾在「臺灣民間宗教的現代趨勢」一文中，指出民間宗教有兩個趨勢，一是功利主義，一是道德復振教派的興起[18]；這二個趨勢實際上是受民間宗教理論的影響，重點就在個體與群體安立的過程中所形成的兩種取向，即泛道德取向與功利取向。所謂泛道德取向就是把社會複雜的群體關係簡化爲道德問題，如此才能表現出其修道的妙用；所謂功利取向就是把修道的妙用與世俗社會結合，只關心個人的利益或教派的利益，有著強烈利己需求的功利取向。

泛道德取向可以說是民間宗教現代化的最大限制，因爲現代工業社會的內在結構完全不同於舊日的社會。民間宗教泛道德的處世法則，不僅無法應付新時代的結構性變遷，反而造成傳統社會道德權威的失靈與解體。所謂泛道德是要重構道德的權威，把個體修道的生命自覺轉化成今日社會的共識性價值標準。問題是民間宗教缺乏對現代社會的理解，其泛道德取向本身是否就是一種冒進行爲？在加上傳統社會原有的道德價值體系在當代社會文明的衝擊下存在著不少危機，這種危機絕不是民間宗教復古式的泛道德運動所能解決；更何況民間宗教由於理論上的缺失，容易在行動上有著游離性格，只顧及到個人或教派的利益，反而造成傳統社會道德權威的不調適與不均衡，在各種惡劣現實情境的挑戰下，更加速既有社會道德秩序的解體。

民間宗教的功利性格即是其泛道德取向的一種嘲諷，也就是說民間宗教若不去面對現代社會尋求宗教理論的安置與轉化，依舊停留在個體的修道殊勝上，不僅個人難以有成，甚至會被世俗社會所銜垮，只成爲一種現代人逃避災難的避風港而已。或者只是經由神明的權威性滿足信徒的私欲私利，成爲當今社會道德解體的另一個罪首。

由此可知，民間宗教的「成人」教育不是只是開課講學，而是整個教義體系的重建與創新，再經由開課講學散播其新的社會價值體系，幫助社會重整其文明的調適性與創造性。本文這樣推理，或許是對民間宗教期望過高，可是民間宗教眞的關心成人教育的話，就必須要有如此的魄力或目標；否者民間宗教只要推廣神明信仰就好了，不要去碰頗爲莊嚴性的教育問題。民間宗教如果不需要教育，其發展的層次更爲低下了，只好靠神明的威力，自求多福罷了。問題是民間宗教原本就是依賴於基層社會的通俗教化，當通俗教化愈來愈庸俗時，又如何期待民間宗教來改造社會呢？目前民間宗教最大的難題是宣教人才的缺乏，這是由於民間宗教缺乏屬於自己的教育體系，或者教育體系的層次不是很高，尤其是高層次的理論部分未建立起來，難以使其成人教育達到「成人」的效果。故當今民間宗教的各種講學大多只是宗教性的信仰宣示，尚未達到建立共識性價值體系的教育目標。

第五節　小結

本文提到不少民間宗教有關「成人」教育的問題，卻不能一一加以回答，尤其是民間宗教現代轉化的問題；這是民間宗教自己要去回答的問題，有待時間來加以考驗。本文只就傳統社會的教化內涵與人文環境，談民間宗教從事社會教育時可能面臨到的相關問題，這些問題的討論大致上在於說明民間宗教的內在本質，及其可能發展的文化形態。

這樣的思考方式，好像沒有敍述民間宗教成人教育的實況與成就，是一種遺憾；且討論主題頗爲抽象，缺乏實證性的說明，難讓人信服。可是抽象的本質討論亦可深入其核心問題，將一些潛在的現象具體化了，更有助於我們對實際現況的掌握與疏通。

注釋

❶ 白秀雄等,「現代社會學」(五南圖書出版公司,民國六十七年)第三七五頁。

❷ 鄭志明,「臺灣民間宗教論集」(學生書局,民國七十三年)第一八頁。

❸ Karl Mannheim 著,劉凝譯,「變革時代的人與社會」(九大桂冠聯合出版,民國七十九年)第三三頁。

❹ 瞿海源、姚麗香,「臺灣地區宗教變遷之探討」(「臺灣社會與文化變遷」,中研院民族所,民國七十五年)第六六六頁。

❺ 瞿海源,「氾濫與匱乏長篇」(允晨文化公司,民國七十七年)第三八二—三八三頁。

❻ 同注釋❺,第三七三頁。

❼ 陳主顯,「善書的宗教倫理要義初探」(民間信仰與社會研討會,臺灣省民政廳,民國七十一年)第一四頁。

❽ 鄭志明,「中國善書與宗教」(學生書局,民國七十七年)第三九六頁。

❾ 鄭志明編,「宗教與文化」(學生書局,民國七十九年)第二三五頁。

❿ 鄭志明,「當今臺灣鸞書的社會控制機能」(宗教與社會控制研討會,中研院民族所,民國八十年)第一二頁。

⓫ 同注釋❷,第一五七—一七一頁。

⓬ 鄭志明,「中國文學與宗教」(學生書局,民國八十一年)第二二三頁。

⓭ 同注⓬,第二二四頁。

⓮ 陳秉璋與陳信木,「道德社會學」(桂冠圖書公司,民國七十七年);陳秉璋,「道德規範與倫理價值」(國家政策研究資料中心,民國七十九年)。

⓯ 同注釋❿,第一五頁。

⓰ 「道德社會學」第四六〇頁。

⑰ 同注釋⑯，第四六一頁。

⑱ 李亦園，「文化的圖像下」（允晨文化公司，民國八十一年）第一二二—一三二頁。

附錄：當代（一九八〇—一九九〇）臺灣民間信仰研究的面向（摘要）

按：本文為講稿的整理，提供參考，引文僅注明年代，其他資料與論證過程，則見於正式文稿的發表。

一

劉枝萬曾將光復後臺灣地域研究分成四期，即前期、中期、後期、現在等四個階段，基本上此一分法是對臺灣地域研究有相當的認識，若用在民間信仰研究上，時間應作如下的調整，即七十年代以前爲承續日據時代民俗調查的停滯期，七〇—八〇年代爲過渡期，在研究上已逐漸產生新的方向，八〇—九〇年代爲豐富期，亦即民間信仰的學術研究多樣化與精緻化是近十年的事。此一研究的突破與整個客觀的時代背景有密切的關係，在此之前，民間信仰只在少數民俗學家、人類學家、及神學家的關注下，雖偶有小成就，也大多是單打獨鬥，備爲辛苦。直到近十年始匯成一股洪流，足以單獨成爲一個內容豐富的學門，此一學門可稱爲「民間信仰學」或「寺廟學」。

二

早期民間信仰研究大多承續了日據時代的寺廟調查，偏重在寺廟、主神的淵源與普查上，如劉枝萬、林衡道等人都曾收集了不少這方面的數據。其次或偏重在與民俗活動有關的宗教祭典，其中以劉枝萬有關建醮祭典的調查報告最爲詳實。其他如吳瀛濤、廖漢臣、李獻章等人也有一些實地調查報告。七十年代前後人類學家如李亦園、黃美序、范珍輝、許嘉明、施振民、莊英章、宋光宇等人開始以其專業的學術見解投入寺廟的研究，改變了早期民俗調查的研究風格，另外神學家董芳苑的投入，以基督神學來批判傳統寺廟信仰，也引起了學界的注意。

七〇—八〇年代的過渡期中有一些集結性研究專著具有承先啓後的價值，如董芳苑的「臺灣民間宗教信仰」（七五），劉枝萬的「中國民間信仰論集」（七四）、李亦園的「信仰與文化」（七八）、仇德哉的「臺灣廟神傳」（七九）、鍾華操的「臺灣地區神明的由來」（七九）、林衡道的「臺灣寺廟概覽」（七八）等書，幾乎總結了前期研究的成果，成爲後來研究者必須參閱的基本文獻，阮昌銳「莊嚴的世界」（八二）更可謂集大成的鉅著，在主神與儀式的調查與報導下，充分地展露出早期研究的風貌與特色。

阮氏這部文圖並茂的大作，對出版社與民俗研究者有相當大的啓示作用，一時寺廟的訪問與報導蔚成風尚，大部頭的圖文報導專集一再集結，有漢皇出版社的「臺灣聖地之旅」（八四）、彭紹周的「臺灣寺廟誌」（八五），規模最大的則是全國寺廟整編委員會的「全國佛刹道觀總覽」採用專輯的方式，從八十五年起，陸續出版瑤池金母、媽祖北區、媽祖南區、玉皇上帝、玄天上帝、保生大帝、王爺專集等，每一專輯耗資近千萬，動員數十位專業編採人員，在寺廟的報導上頗爲可觀，另一個耗資千萬以上的「寺廟大觀」報導一百間大廟，經過四年的編撰，於九〇年正式出版。另外地方政府如臺南縣、臺北市、花蓮縣、苗栗縣、高雄市、臺中縣等亦有寺廟大觀等專輯的編印。除此，尚有數部與寺廟相關課題的大部頭著作，如熊宜敬的「臺灣寺廟古蹟大觀」（八〇），凌志四的「臺灣民俗大觀」（八五），劉還月的「臺灣歲時小百科」（八九）。

以寺廟爲主題的研究專著則有莊芳榮的「臺灣地區寺廟發展之研究」（八七），林勝俊的「臺灣寺廟的職權與功能之研究」（八八），黃維憲的「變遷中臺省寺廟的社會福利服務」（九〇）等書，但是由於寺廟內涵的界定不夠清楚，使得扣緊於臺灣寺廟的宏觀研究，似乎成爲總結前人研究成果的概論罷了。

三

什麼是寺廟，寺廟與佛教、道教、民間教團等在內涵上有何不同，這是有賴於細部微觀的研究。在這十年間在微觀的研究上成績是相當可觀，是值得重視的。

「寺廟」一詞大量地被使用在日據時代的民俗調查上，留下一些統計資料，於是有人開始從各種統計資料來分析寺廟的宗教內涵，如余光弘的「臺灣地區民間宗教的發展——寺廟調查資料之分析」（八二），潘朝陽的「臺灣民俗宗教分佈的意義」（八六），余文將寺廟定義為「民間宗教」，潘文將寺廟定義為「民俗宗教」或「民間信仰」、「通俗宗教」等，亦即認為寺廟雖具有道教、佛教的一些形態，但是與社會文化結合後自成一套宗教系統。余文是經由主神統計數字的變遷來說明寺廟的社會特徵，潘文則經由主神的地緣分佈來說明寺廟信仰的文化意義。

寺廟的發展與閩粵祖籍漢人社會的開墾有密切的關係。早期學者已關心此一課題，如李添春的「臺灣地區之開拓與寺廟」（六二），林衡道的「臺灣農村寺廟分佈情形之調查——漳泉移民村落與粵東移民村落寺廟之比較」（六二），李獻章的「笨港聚落的成立及其媽祖祠祀的發展與信仰實態」（六七），蔡相煇的「臺灣寺廟與地方發展之關係」（七六）等，當代學者作了更細（七二），王世慶的「民間信仰在不同祖籍移民的鄉村之歷史」（七六）等，當代學者作了更細

在小區域的研究，探討鄉鎮與寺廟之間的互動關係，如陳宇卿的新埔、余光弘的馬公、黃文博的鹽分地帶、郭銀漢的鹽水鎮、曾瑪琍的澎湖外鞍漁村、莊英章的枋寮義民廟、廖秋娥的觀音鄉閩客村落、林美容的草屯聚落等。

當注意到寺廟發展的地緣關係，必須配合地域的宗族組織與祭祀組織的研究，早在日據時代即有學者從事這方面的調查，如岡田謙曾作臺灣北部村落祭祀圈的研究。臺灣光復後莊

英章、施振民、許嘉明、胡台麗等人繼續開拓祭祀圈研究的研究，探討漢人社會的祭祀組織。當代林美容在這方面的研究成果頗爲可觀，曾以草屯鎭爲例作了一系列地方組織的研究，並由祭祀圈拓展到信仰圈，以彰化媽祖的信仰圈爲其探討的對象。其他人的相關作品有黃清漢的「新埔義民廟祭祀圈結構之研究」（八七），莊英章的「新竹枋寮義民廟的建立及社會文化意義」（八六），黃樹民的「從早期大甲地區的開拓看臺灣漢人社會組織的發展」（八一），溫振華的「清代一個臺灣鄉村宗教組織的演變」（八〇）、「北港媽祖信仰大中心形成試探」（八四）等。

與寺廟地緣有關的另一種研究即是宗教空間的探討，是地理學家與建築學家關心的課題，蔡主恩曾在「宗教之地理研究」（八四）一文中強調宗教地理空間的重要性，這方面的論文有潘朝陽的「新竹縣地區通俗宗教的分佈」（八一）、「苗栗嘉盛庄村廟的空間配置及其內涵」（九〇），高麗珍的「臺灣民俗宗教之空間活動——以玄天上帝祭祀活動爲例」（八八），蔡主恩的「臺灣民間宗教的區域發展研究」（八七）等，對寺廟空間結構的傳播與擴散等現象進行研究。建築師則偏重在建築空間與宗教信仰的關係上，如張文瑞的「臺灣地區空間觀念與信仰之探討」（八八），劉詮芝的「臺灣佛教寺院空間之研討——以顯宗寺院爲題進行宗教空間現代化之初探」（八六）等。

四

寺廟不單是有形的時空配置，其宗教活動的現象也是學者注目的重心。目前海內外有不少學者以駐點的方式作長期的觀察，尚有不少自發性的民間學者如黃有興、黃文博、陳健銘、劉還月、黃榮洛、周榮杰、鄧相揚等人提供了大量田野調查的成果。

有關寺廟的宗教活動，早期以劉枝萬的建醮祭典採錄最爲詳盡，當代則以黃有興的王爺祭典調查最具有代表性，作品有「五府千歲巡禮——記臺中市保安宮信徒的進香活動」（八八）、「澎湖風櫃溫王殿迎送五府千歲活動」（八八）、「澎湖內垵向塹宮迎送三府千歲活動紀略」（八八）、「澎湖舊奎璧澳六村之祭王活動」（九〇）等。黃文博對西南沿海地區祭典活動的田野採錄頗爲用心，作品不少，比如「光復後學甲慈濟宮上白礁的變遷與香陣結構」（九〇）、「臺南縣西南沿海地區的廟會形色與特色」（八七）、「臺灣西南沿海五大香的現況比較研究」（八九）等多篇文章，集結有「臺灣風土傳奇」（八九）、「臺灣信仰傳奇」（八九）、「南瀛民俗誌」（九〇）等書。劉還月的「臺灣民俗誌」（八六）、「臺灣歲時小百科」（八九）等書也記錄了不少廟會活動。

寺廟的儀式與活動在內容上是相當豐富的，每一單項都值得作專門研究，比如進香活動的探討文章不少，如劉汝錫的「從群體宗教活動看媽祖信仰」（八六），陳維新的「進香的界定——由象徵人類學的角度」（八七）、「信仰、懼怕與權力——以大甲進香爲例」（八六），張珣的「進香、刈香與朝聖宗教意涵之分析」（八六）、「百沙墩拱天宮進香活動與組織之研究」（八八）、「臺灣民間信仰的組織——以大甲鎭鎭瀾宮進香組織爲例」（八九），王嵩山的「從進香活動看民間信仰的儀式」（八三）等。

寺廟的宗教儀式牽扯的文化層面甚廣，中國民族學會曾於一九八五年召開「民間宗教儀式之檢討」研討會，會中討論到的儀式內涵相當豐富，涉及到迎神賽中戲曲與陣頭遊藝的民俗活動。另外舉一些稍具代表性的研究領域，如陳壬癸的「民間祭祖拜神儀式之檢討」（八五），鍾華操的「臺灣民間信仰中的收魂法」（八〇）、周榮杰的「臺灣民間信仰中的厭勝物」（八七），莊慧秋的「收驚的心理源流」（八九），林會承的「從儀式行爲看傳統建築的意義及空間觀念」（八九），陳金田的「民衆在神廟祈願的種類與方法」（八〇），阮昌銳的「儀式活動中的反常行爲及其社會的意義」（八二），宋錦秀的「傀儡戲的宗教儀式」（八六），王嵩山的「扮仙與眞神——臺灣地方戲的宗教信仰與儀式」（八六），周雪惠的「臺灣民間信仰的宗教儀式行爲之探討」（八九）等，若再包括民俗道教的科儀，研究領域就更大了，如呂鍾寬的「臺灣的道教醮祭儀式與科儀」（八九），呂理政的「臺南東嶽殿的打城法事」（九〇）等。

執行儀式的巫師、法師及其巫術的效果也是値得探討的，如黃有興的「澎湖的法師與乩童」（八八），周榮杰的「閒談童乩之巫術與其民俗治療」（八七），阮昌銳的「民間的巫術信仰」（八七），張珣的「社會變遷中仰止鄉之醫療行爲」（八一），丁煌的「臺南世業道士陳、曾二家初探」（八九）等。

五

傳統寺廟在現代社會變遷下，其信仰形式有很大轉變，當代不少學者注意到寺廟信仰現代化的問題，如陳慧容的「臺灣的都市發展與寺廟祀神的研究」（八一），宋光宇的「臺灣民間信仰的發展趨勢」（八五），李亦園的「傳統民間信仰與現代生活」（八三），董芳苑的「臺灣民間信仰之認識」（八二），鄭志明的「遊記類鸞書所顯示之宗教新趨勢」（八七），姚麗香的「臺灣地區光復後宗教變遷之探討」（八四），瞿海源的「現代人的宗教行爲與態度」（八六），洪健棣的「從臺灣民間信仰勃與的現象分析宗教人的心態」（八八）等。

欲有效地探討寺廟的社會功能與宗教意義，從事理論的分析與建構是有必要的，當代理論與實證是同時被重視，如李亦園的「社會變遷與宗教皈依」（八三），宋文里、李亦園的「個人宗教性——臺灣地區宗教信仰的另一種觀察」（八八），楊淑欣的「臺灣民間來世思想的探討」（八四），吳世芳的「臺灣民間宗教混合主義考源」（八四），董芳苑的「宗教信仰對於臺灣人政治態度之影響」（八八），張恭啓的「多重宇宙觀的分辨與運用：竹北某乩壇問乩過程的分析」（八七），謝世忠的「試論中國民俗宗教中的通神者與通鬼者的性別優勢」（八六），劉子健的「中國式的信仰——用類別來解釋」（八五），侯怡泓的「義民廟的社會功能——婚域的探討」（八二），瞿海源的「宗教倫理與社會發展」（八九）等。

六

寺廟的宗教性質相當曖昧的，除了佛道不分外，也包含了民間各種自發性的教團組織。

早期日人的寺廟調查包含了民間教派的齋堂與鸞堂，近年來各種新興宗教與寺廟也經由各種管道相互合流，派性更爲複雜。七〇年代初期李亦園曾指導臺大人類學系學生對新的教派作實地的觀察，撰寫學士論文，有王志明的「聖皇宮」、宋光宇的「守德佛堂」、周用蘭的轅教」、張燕秋的「行天宮」等，當代對民間教派的實地採訪與研究的成果漸多，其中以一貫道最受重視，有宋光宇、董芳苑、瞿海源、楊惠南、鄭志明、蘇鳴東、王光賜、何穎怡等人的調查或研究成果。其他教派的調查與研究，有董芳苑的「大原靈教」，鄭青萍的「慈惠堂」，林永根的「鸞堂」，林萬傳的「先天道」，鄭志明的「齋教」、「儒宗神教」、「夏教」、「弘化院」等。鄭志明的「臺灣的秘密宗教」（九〇）概述臺灣二十來個民間教派。

寺廟在經典的使用上也常佛經、道經並用，或者另撰通俗經典，俗稱善書。在善書的研究上有鄭喜夫的「從善書見地談白衣神咒在臺灣」（八一）、「清代臺灣善書初探」（八二）、「關聖帝君善書在臺灣」（八三），林永根的「鸞門暨臺灣聖堂著作之善書經懺」（八二），陳主顯的「善書的宗教倫理要義初探」（八二）、「功過格倫理思想試探」（八五），林漢章的「清代臺灣的善書事業」（八七），張之傑的「民間的善書」（八七），吳國慶等人的「臺中聖天堂善書之研究」（八七），鄭志明的「中國的善書與宗教」（八八）、「臺灣的鸞書」（九〇）等。

七

臺灣寺廟所呈現的文化現象也可純粹從歷史、文學與藝術等領域來作研究，如民間信仰的主神媽祖，引起歷史學家如李獻璋、石萬壽、蔡相煇等人在歷史考證上的爭辯。文學家則可對媽祖傳說的文學性質作深入的研究，如李豐楙的「媽祖傳說的原始及其演變」（八三），另一主神王爺也是歷史學家與文學家關心的對象，有蔡相煇、黃有興、黃文博、康豹、鄭志明等人的研究。在藝術方面研究的領域也是相當寬廣的，研究的學者不少，如寺廟建築方面有楊仁江、王鎭華、石萬壽等人，美術方面有劉文三、莊伯和、宋龍飛等人，宗教音樂方面有李國俊、呂鍾寬、林清財等人。

八

由以上的概述可知寺廟的研究是一個跨越了許多專業領域的學問，是値得經由科際的相互整合，建構出一門具有深度與廣度的完備學科。假如這條路是可行的話，我認爲有二個研究的面向是要加強的。第一：寺廟或民間信仰的宗教本質與內涵，應加強理論的建構，比如寺廟與佛、道、民間教派之間的關係必須釐清，建立屬於寺廟本身的宗教學領域。這樣的工程是相當艱難的，希望有宗教理論家與哲學家的投入。第二：寺廟與民間文化的互動關係是相當密切的，朱柔若的「社會學世俗化理論的回顧、溯源與臺灣民間宗教的世俗化」（八六）、鄭志明的「聖賢眞理鸞書的社會思想」（八七）、「臺灣鸞堂與鸞書的社會教育功能」（八九）等文已注意到這個問題。但是民間文化不單是世俗化而已，還有著精緻化的創造功能，是有賴社會學者與文化學者的共同努力。

國立中央圖書館出版品預行編目資料

中國意識與宗教／鄭志明著.--初版.--臺北市：臺灣學生，民82

面；　公分.（宗教叢刊；14）

ISBN 957-15-0490-4（精裝）.--ISBN 957-15-0491-2（平裝）

1.宗教-中國-論文，講詞等

209.2　　　　82000678

中國意識與宗教（全一冊）

著作者：鄭志明
出版者：臺灣學生書局
發行人：丁文治
發行所：臺灣學生書局
臺北市和平東路一段一九八號
郵政劃撥帳號○○○二四六六八號
電話：三六三四一五六・三六三一○九七
傳眞：（○二）三六三六三三四
本書局登記證字號：行政院新聞局局版臺業字第一一○○號
印刷所：淵明印刷廠
地址：永和市成功路一段43巷五號
電話：九二八七一四五
香港總經銷：藝文圖書公司
地址：九龍偉業街九十九號連順大厦五字樓及七字樓
電話：七九五九五九五
定價 精裝新臺幣三五○元 平裝新臺幣二九○元
中華民國八十二年二月初版

20009

ISBN 957-15-0490-4（精裝）
ISBN 957-15-0491-2（平裝）

臺灣學生書局出版

宗教叢刊

①嘉祥吉藏學說	廖明活著
②莊子宗教與神話	杜而未著
③中國善書與宗教	鄭志明著
④明代三一教主研究	鄭志明著
⑤明末中國佛教之研究	釋聖嚴著 關世謙譯
⑥唐代的比丘尼	李玉珍著
⑦西域與佛教文史論集	許章眞譯
⑧中國社會與宗教	鄭志明著
⑨漢代的相人術	祝平一著
⑩宗教與文化	鄭志明編
⑪中國民間諸神	呂宗力 欒保群 編
⑫中國文學與宗教	鄭志明著
⑬游戲三昧：禪的世界與終極關懷	吳汝鈞著
⑭中國意識與宗教	鄭志明著